U0689947

启真馆 出品

莫洛亚作品集

André Maurois

雪莱传

Ariel ou la Vie de Shelley

[法] 安德烈·莫洛亚 著

谭立德 郑其行 译

ZHEJIANG UNIVERSITY PRESS

浙江大学出版社

雪莱画像

雪莱，约七八岁

玛丽·雪莱画像

英国伊顿公学

19世纪英国伊顿地区的风光

菲尔德庄园，雪莱出生地

雪莱在英国的住所

雪莱在爱尔兰的住所

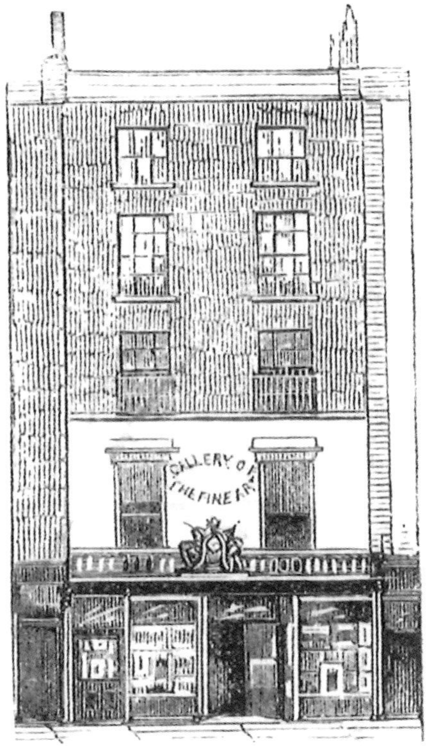

威廉·雪莱，雪莱挚爱的儿子，三岁夭折

雪莱和玛丽·雪莱的大理石雕塑

"I never saw the sun. We will walk here
"Tomorrow; thou shalt look on it with me"

That night the youth & lady mingled lay
In love & sleep — but when the morning came
The lady found her lover dead & cold.

Let none believe that God in mercy gave
That stroke. The Lady died not, nor grew wild
But year by year lived on — in truth I think
Her gentleness & patience & sad smiles,
And that she did not die, but lived to tend
Her aged father, were a kind of madness.
If madness 'tis to be unlike the world.
For but to see her, were to read the tale
Woven by some subtlest bard to make hard hearts
Dissolve away in wisdom-working grief
Her eyes were blank & lustreless & wan,
Her eyelashes were worn away with tears,
Her lips, & cheeks were like things dead — so pale!
Her hands were thin, & through their wandering
And weak articulations might be seen (veins)
Day's ruddy light. The tomb of thy dead self
Which one vexed ghost inhabits, night & day
Is all, lost Child, that now remains of thee!

"Inheritor of more than earth can give,
"Passionless calm & silence unreproved,
"Where the dead find, oh not sleep! but rest,
"And are the uncomplaining things they seem,
"Or live, a drop in the deep Sea of Love,
"Oh that like thine mine epitaph were — Peace!"
This was the only moan she ever made.

1818

Song

On a faded violet

—

The odour from the flower is gone
Which like thy kisses breathed on me —
The colour from the flower is flown
Which glowed of thee & only thee!

A shrivelled, lifeless, vacant form
It lies on my abandoned breast
And mocks the heart which yet is warm
With cold & silent rest

雪莱诗稿

雪莱画稿

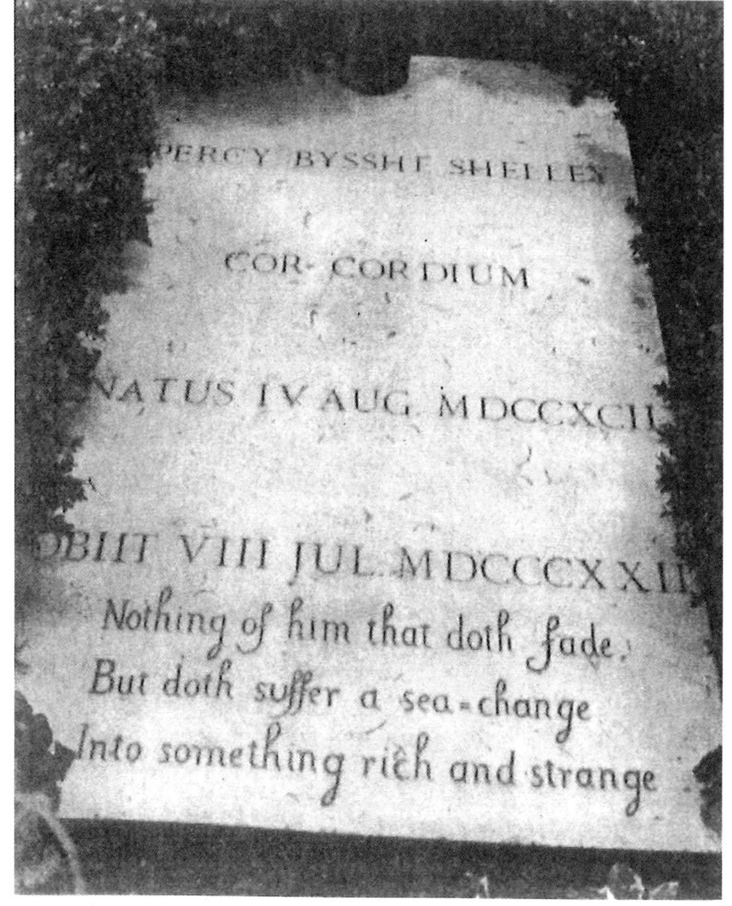
PERCY BYSSHE SHELLEY
COR CORDIUM
NATUS IV AUG MDCCXCII
OBIIT VIII JUL MDCCCXXII
Nothing of him that doth fade
But doth suffer a sea-change
Into something rich and strange

位于罗马的雪莱墓

我只好转向爱的花园
无数美丽的鲜花在那里绽放：
而我满目所见，
却是遍地坟茔。

——威廉·布莱克

目录

第二部分

致好意的读者

我当初执笔时曾这样想过：与其把这本书写成一部历史著作或评论性作品，倒不如把它写成一部小说。诚然，书中所列举的事件无疑都是确凿的；而且，凡在雪莱的朋友们所写的回忆录以及他本人的书信和诗集里，未予阐明过的一句话或一种想法，我也决不妄加引用。不过，我竭力把这些真实的素材按事情发展的逻辑整理得井井有条，给人一种自然、清晰的印象，就像小说给人的印象一样。因此，希望读者在这儿既不要探求广博的知识和见闻，也不要寻找什么启示。而且，如果读者对情感教育并无强烈兴趣的话，那就大可不必打开这本微不足道的书。对本书所叙述的故事感到好奇并想要用别的书来与之对照的读者，他们可在卷末找到一份容易查明出处的书单。

第一部分

一　基特博士的教育方法

1809年，英国国王乔治三世任命基特博士为伊顿公学[1]校长。这位博士身材矮小，令人望而生畏。他认为，鞭打体罚是使学生道德完美的唯一有效的途径。他每次训话总是这样结束："孩子们，要以慈善为怀，否则，我就鞭打你们，直到你们成为慈善的人为止。"

英国的官宦绅士和巨贾富商，都对这位几乎鞭笞过当代历任首相、大主教和将军的人物怀有特殊的敬意。他们见他由于执着于美好的愿望而采用极其粗暴的办法管教他们的子弟，心中倒也没有丝毫不满。

那时，对孩子们的任何严酷的惩戒都会受到社会上头面人物的赞许。因为自由主义一旦侵蚀了领导阶层，就会造成无穷的祸患，而法国大革命[2]已经使自由主义的祸患露出了苗头。英国官方——神圣同盟的灵魂——认为，与拿破仑较量就是与这种"成则为王"的哲学作斗争。因此，官方要求公立学校造

[1] 伊顿公学于14世纪由英国国王亨利六世创立，是一所贵族子弟学校。因坐落在伦敦西面的伊顿镇上，故名。它跟英国历代国王所住的温索尔宫堡相毗邻。——译者注。以下注释如无特殊说明，均为译者注。

[2] 指1789年法国国内爆发的资产阶级大革命。

就一代深具城府的虚伪青年。

为了抑制伊顿的贵族青年可能有的热情，课程中精心安排了不少无聊的东西。一个学生在学校学习五年，至少已把荷马[1]的史诗通读两遍，几乎读完维吉尔[2]的全部作品，以及贺拉斯[3]作品的删节本，而且能写一些蹩脚的拉丁文短诗，来颂扬威灵顿[4]或纳尔逊[5]。当时，在这一阶层的年轻人中舞文弄墨、引经据典已经成为风气。有一次，庇特[6]在国会上讲话，当他引用《埃涅阿斯纪》[7]的诗句突然中断时，全体议员——无论是辉格党[8]人还是托利党[9]人——都站起身来，异口同声地把这段诗背完。这就是教育划一的极好例证。各种科学在该校是选修课，因此，大家也就不去学习，而跳舞却是必修的。至于宗教，基特认为，怀疑宗教就是犯罪，但谈论宗教也没有什么意义。这位博士对神秘主义所抱的恐惧心理比他对宗教的冷漠要严重得多。他允许学生在教堂内说笑，对能否遵守安息日也不在意。为了使人了解这位教育家的马基雅维利主义[10]——就他来说也许是无意识的，在这儿说明这样一个事实倒是大有必要的，那就是他并不憎恨别人在他面前说几句谎话。因为他往往独怀卓见地说，这是“对我表示尊敬”。

---

[1] 荷马（Homère），公元前9世纪的古希腊诗人，著有《伊利亚特》、《奥德赛》。

[2] 维吉尔（Virgile，公元前71—公元前19），古罗马诗人。

[3] 贺拉斯（Horace，公元前65—公元前8），古罗马诗人。

[4] 威灵顿（Wellington，1769—1852），英国著名将军。曾在1815年的滑铁卢战役中击败法军。

[5] 纳尔逊（Nelson，1758—1805），英国历史上著名海军统帅。

[6] 庇特（Pitt，1759—1806），英国政治家。当时任英国内阁大臣。他一贯反对革命、反对法国。

[7]《埃涅阿斯纪》系维吉尔所作的著名史诗，共12卷。

[8] 辉格党，英国自由党的前身。

[9] 托利党，英国保守党的前身。

[10] 指为达到目的而不择手段的政治主张。

一些相当野蛮的习俗支配着该校学生间的相互关系。低年级学生就是高年级学生的“书童”或奴隶。每个“书童”要替他的“宗主”铺床叠被，一早便去给他汲水，还得替他洗衣刷鞋，如果不听从指使，那么就要受到种种“恰如其分”的处罚。有一名学生在给他家长的信中写道：“我是鲁尔斯的‘书童’。他系上了靴刺，要我跨过一条很宽的沟渠。每当我躲闪时，他就用靴刺刺我。我的大腿自然被踢得鲜血淋淋，那本《希腊诗人》被弄得一塌糊涂，新衣服也撕破了。”他这样写并不是为了诉苦，而只是叙述一下自己的日常生活而已。

拳击是荣誉的活动。有一次，发生了一场十分激烈的殴斗，一个孩子当场被人打死。基特闻讯赶到现场，瞧着尸体说：“发生了这样一件惨事是令人遗憾的！但我要特别强调的是，一个伊顿的学生必须时刻准备对他人以牙还牙。”

这种教育制度所深藏的秘而不宣的目的，就是要造就一些同一类型的严酷无情的性格。学生在行动上有很大的独立性，然而，严格制止创新。譬如独到的见解、与众不同的服饰或别出心裁的语言等等，都是要受到申斥的弥天大罪。有些学生对探索生活和思想意识的问题有较浓的兴趣，就被当作难以忍受的矫揉造作，必须用武力加以纠正。

该校学生的生活就是这样的。绝大多数英国青年对这样一种生活绝无恶感，因为伊顿学校是一所由国王创建的学校，而且离历代君王近在咫尺，深受王恩的荫庇。他们以能维护这所具有悠久历史的学校的传统而深感自豪，这种自豪感足以补偿他们所受的痛苦。只有几个生性敏感，血气方刚的学生才会为这样的生活而感到痛苦。年轻的珀西 · 比希 · 雪莱就是其中之一。他是苏塞克斯郡一位非常富有的财主的儿子，比希 · 雪莱爵士的孙儿，男爵爵位的世袭继承人。他对该校的环境就显得很不适应。这个长得极其英俊潇洒的孩子，有一双炯炯有神的蓝眼睛，一头金栗色的鬈发和娇嫩的皮肤。他经常显露出一种精神上的不安，这对一个有他这样地位的男子来说，是极不寻常的；同时，他又有着令人难以置信的倾向，那就是对俗规表示怀疑。

他刚进学校时，六年级的那些学长见了他那纤弱的身躯，天使般的容貌以及他那女性般的动作，以为他性格怯懦，不费吹灰之力便可对他施以淫威。但是，他们很快就发现，任何一种威胁都立即会激起年轻的雪莱的猛烈反抗。在他那纤弱得不堪一击的躯体里，具有一种不屈不挠的意志，这就注定了他必然会有离经叛道的行动。他的眼睛，在安宁时带着一种梦幻般的柔情，一旦受到热情或愤懑的刺激，就会射出一股异乎寻常或近乎野蛮的光芒。他那平时低沉而又温柔的嗓音也会一反常态，变得尖厉刺耳，令人不寒而栗。

雪莱对书籍的酷爱，对运动的轻蔑，他那迎风飘曳的头发，他那袒露出女性般的颈项的衬衫，总之，他身上的一切，都触犯了那些学监，而在这个小团体中，学监是负责、维护一切道貌岸然的粗俗行为的，并为自己的职责感到自豪。雪莱从到伊顿的第一天起，就断定，对“书童”所施行的暴虐是完全违背人的尊严的。因此，他断然拒绝服侍他人，这就使他成为大逆不道的人。

大家都叫他“疯子雪莱”。那些最强壮的“审讯官”发现，他打起架来像个女孩似的张开双手，又打又抓，情急时，往往破釜沉舟，什么事情都干得出来。于是，他们放弃了一对一的方法来攻击他，而是采用折磨的办法来“拯救”他。

有组织地成群结队地追逐雪莱，成了伊顿的大型游戏之一。几名探子发现这古怪的人在河边吟诵诗篇，便立刻呼唤同伙。雪莱听见有人呼喊，拔腿就逃。他穿过草地和大街小巷，钻进学校的大院里，四处奔逃着，跑得他那长发不断地起伏飘动。最后，他被他们团团围住，被逼至墙边，在四面楚歌中，他像走投无路的困兽，发出一声撕人肺腑的尖叫。此时，这帮学生就用湿泥球往他身上乱扔，这一阵泥球弹雨打得他贴在墙上，不能动弹。一个学生大声喊道："雪莱！"另一个紧接着也叫一声："雪莱！"四周古老的灰色垣墙顿时响起一片狂叫"雪莱"的回声，声浪此起彼伏，尖厉得像狼嗥。一个趋炎附势的"书童"揪住这受难者的衣服，另一个前去扭他，第三个就悄悄地过去踢他一脚，把雪莱使劲挟在肋下的书打落在泥泞里。接着，所有的人都伸出手指戳着这个受难者，又一阵"雪莱！雪莱！雪莱！"的吼声彻底搅乱了他的神经。这些暴徒所期待的剧变终于发生了。满腔狂怒使雪莱的眼睛闪出火一样的光，他气得脸色惨白，浑身颤抖。

学生们看够了这单调乏味的场面后，便又回去做他们的游戏了。雪莱俯身拾起沾满泥泞的书本，独自一人沉思着，慢慢地向泰晤士河沿岸美丽的草地走去。他坐在洒满阳光的草坪上，凝视着东逝的河水。水声潺潺如音乐，是那样的柔和，使忧伤变成了一缕如怨如慕的愁思。音乐般的流水好像在轻轻地倾诉着什么，在雪莱痛苦的心灵中徐徐地渗入一种恬静感，使他忘却烦恼。温索尔和伊顿的钟楼高高耸立，在这奋起反抗的孩子的周围勾画出一个令他永远抱有敌意的世界，然而河边婆娑的垂柳在水中映出的婀娜多姿的倒影，却又使他渐渐地平静下来。

他又重新打开书本阅读起来。读的是狄德罗[1]、伏尔泰[2]的作品和霍尔巴哈[3]的著作。这些被他的老师们所深恶痛绝的法国思想家，雪莱却对他们顶礼膜拜，这足以证明他的勇气。一部概述这三位作者思想的著作，即葛德文[4]的《政治正义论》，是他最爱读的书。在这部著作中，作者把一切阐述得都很简单。如果世界上的人都读了这部书，那么人类一定会生活在牧歌般的幸福之中。如果世上的人倾听了理智的呼声，也就是听信了葛德文的妙语，那么，一天工作两个小时就足够养活大家了。自由恋爱就可取代愚蠢陈腐的婚姻约束。真正的哲学就会代替种种迷信的恐惧。可惜，“偏见”使人的心肠都变得冷酷无情了。

雪莱合上书本，在阳光的抚慰下，伸直身躯躺在百花丛中，思索着人间的愁苦。从近在身旁的中世纪式的校舍里，一班庸夫俗子们乱哄哄的嬉笑声，朝着这佳木葱茏、溪流淙淙的迷人境界袭来。在这静谧的田野上，他周围没有卑劣的眼光在窥视他。于是，他热泪滚滚，紧握双拳，高声立下奇特的誓言：“我发誓，必将尽我一切可能，做到理智、公正、自由。我发誓，决不与自私自利、有权有势之辈同流合污，甚至也决不以沉默来与他们变相地同流合污。我发誓，要把我的一生献给美……”

在这所校规严格的学府里，居然会有这种类似宗教狂的热情冲动，是令人深以为憾的。要是基特博士亲眼目睹这一情景，他一定会拿出他所热衷的办法来对付。

---

[1] 狄德罗（Denis Diderot，1713—1784），法国启蒙思想家的杰出代表人物之一，《百科全书》的组织者，主编。

[2] 伏尔泰（Voltaire，1694—1778），法国著名哲学家、文学家，政论作者。

[3] 霍尔巴哈（Holbach，1723—1789），法国唯物主义哲学家。

[4] 葛德文（William Godwin，1756—1836），英国哲学家兼小说家。

二　家庭

假期里，倔强的奴隶却成了王储。他父亲蒂莫西·雪莱在苏塞克斯郡的菲尔德庄园里拥有一所大宅邸。那是一幢深具匠心的白色长形楼房，四周由一座花园和大片树林环抱着。在那儿，雪莱又跟他四位俏丽的妹妹，一个3岁的小弟弟以及那位据说跟他长得很像的美貌的表妹哈丽雅特重聚在一起了。这位兄长教他的小弟弟学会喊“魔鬼”，为的是要触怒那些宗教信徒。

身为一家之长的比希·雪莱爵士，住在镇上。这位爵士是个老派的英国绅士，拥有万贯家财，富得像个公爵，而生活节俭得像个偷猎人，他却以此为荣。他身高六英尺，身材魁梧，相貌英俊，思想活跃，玩世不恭。雪莱一家人的眼睛都酷似他：湛蓝而又明亮。

比希爵士曾花费了8万英镑为自己兴建一座古堡式的大宅邸，但由于日常开支太大，他始终没住进去，宁可只带一名随身仆从住在一所简陋的小房子里。他打扮得像个乡巴佬，整天泡在镇上的酒店里，跟过路旅客谈论政治，消磨时间。他从美国返回时，已沾染上一种粗野的幽默感，把这些好脾气的英国人吓得惊恐万状。在他的女儿中，有两个因在家里过于苦闷，只得离家出逃，这反而成了他不给她们妆奁的绝好借口。他唯一的愿望就是要充实这一份业已巨大得惊人的家产，并由雪莱家族原封不动地世代相传下去。为此目的，他早已把大部分家当立为不可让与的贵族世袭财产。这笔家产应由珀西继承，绝不让他的兄弟姐妹分享一分半毫。他把这个孙儿看作实现自己身后雄心壮志的必然倚靠，因此，对珀西有某种偏爱。至于他那擅长夸夸其谈的儿子蒂莫西，他是不屑一顾的。

蒂莫西·雪莱先生是国会议员。他长得跟他父亲一样，金栗色的头发，身材高大而匀称，气宇轩昂。他的心地比比希爵士善良，意志却远比父亲薄弱。比希爵士是个自认不讳的利己主义者。他由于有这种本性，才颇讨人喜欢，因为这种本性正是玩世不恭者所具有的魅力。蒂莫西先生心地善良，但这种善良反而使别人觉得他不堪忍受。他爱好文学，但像目不识丁的人学斯文那样，笨拙得令人恼火。他佯装对宗教怀有一种时髦的敬意，对新思想和浮夸的哲学抱有容忍态度，这是一种带有挑衅性的容忍。在表达政治和宗教见解时，他喜欢把自己标榜为自由主义者，但又执意不去触犯自己圈子里的任何人。身为诺福克郡里笃信天主教的公爵们的朋友，他也阿谀逢迎地谈论爱尔兰天主教徒的解放问题。他既为自己这一惊人的胆识沾沾自喜，同时又有些提心吊胆。他轻易地就会泪水盈盈，但如果有人伤他的虚荣心，却又会变得凶残不堪。他深以自己的举止温文尔雅而自负，但主观上又很希望在文质彬彬的外表中蕴含着一种咄咄逼人的威严。他在处理小事情时，外交家风度十足；而在处理重大事情时，却粗俗不堪。他不得罪人，却又令人恼火，生来就会把一个严厉的评判家刺激得火冒三丈。对雪莱来说，他父亲的俗不可耐的唠叨使他十分讨厌，这对形成雪莱的桀骜不驯的性格起了很大作用。至于蒂莫西·雪莱夫人，她以前曾是苏塞克斯郡里最俏丽的姑娘。她所向往的是一个仪表堂堂、好斗而且善于献殷勤的男子汉，因此，每当她看见自己的长子到树林里去，肋下所挟的是一本书而不是一支枪的时候，她总是用鄙夷的眼光望着他。

雪莱在他妹妹们的眼里，是一位非凡的人物。他刚从伊顿回到家里，府上立刻宾朋满座，来客都是些稀奇古怪的人。蒂莫西先生家的花园也顿时生机盎然，喃喃细语声若断若续地四处回荡着，颇有《仲夏夜之梦》[1]里那种温柔软款的意境，姑娘们在一种惬意和无名的恐慌中欢度良辰。

雪莱乐于使日常宁静的事物充满神秘色彩。他在每一个旧墙洞里都插进一根小木棍，要寻找秘密通道。他早就在宅邸的阁楼上发现了一间终年锁着的房间。他硬说这屋里住着一个长胡子的炼丹老人，而且，这位老人不是别人，就是那个令人生畏的高尔纳吕斯·阿格里帕[2]。当大家听到阁楼上有声响时，雪莱就说，准是高尔纳吕斯打翻了他的油灯。为此雪莱全家还在花园里忙碌了整整一星期，给高尔纳吕斯挖了一个避暑洞。

其他的妖魔鬼怪也随着这个学生的到来而苏醒。在这些妖魔鬼怪中，有一只藏身在池塘里的大乌龟精，还有一条老蛇精。这条可怕的长蛇，从前确实曾出没在花园的矮树丛中，但后来被蒂莫西先生家的一名园丁砍了一镰刀，早已呜呼哀哉了。“这个园丁嘛，小姑娘们啊！这个园丁虽说跟你我似地长

[1] 《仲夏夜之梦》是莎士比亚所著的喜剧，描写两对年轻男女的爱情波折。

[2] 高尔纳吕斯·阿格里帕（Cornelius Agrippa，1486—1535），法国学者，炼金术士和哲学家，他曾著书论述炼金术、幻术和占星术。

着一副人样，其实，他就是那个把传说中的妖魔鬼怪斩尽杀绝的时光老人呀。”雪莱煞有介事地说道。

这些编造出来的故事之所以会如此动听，就是因为连讲故事的人本身也不太敢肯定自己是在胡诌。那些巫婆和鬼怪之类的故事，曾在雪莱神经过敏的孩提时期里把他吓得惶惶不安。但他越是害怕鬼怪出现，就越是硬要自己蔑视它们。他经常先在地上画个圆圈，把小碟子里的酒精点着了火，然后在蓝悠悠的火焰包围之下，开始口中念念有词地说：“空中魔鬼，火里妖怪……”有一天，庄重威严、仪表堂堂的贝瑟尔——也就是他在伊顿公学里的那位级任老师——打断了他的法事：“啊！这是怎么回事！雪莱，你在干什么？”“对不起，先生，我在伏魔降妖啊。”

在乡间的田野上，“黑暗之神”也经常被一个坚定而又尖锐得出奇的年轻声音召唤着。有时候，这几个孩子欢天喜地地遵照这位至高无上的兄长的命令，装扮成精灵或鬼怪。在这些浪漫的游戏中，化学往往替代了炼金术。科学对雪莱来说是十分陌生的，但他喜欢科学的魔术性。他手持着人家刚发明的一种机械玩意儿，让一群深怀敬意的姑娘过电。当最年幼的小海伦见他手里拿着一只电瓶和一根铁丝时，不禁吓得哭了起来。

他的大妹妹伊丽莎白和美貌的表妹哈丽雅特·格罗夫则是他最钟爱的门徒，她俩对他也忠心耿耿。朦胧的爱的追求和探索真理的热忱，把三个孩子结合在一起了。爱情在孩子们的心中渐渐苏醒了，它像一只纤细的手在轻抚着三个纯洁的灵魂，这是一种多么富有魅力的抚摸啊！雪莱把这两个美貌的学生引向墓地，在他看来，这个地方是生命和死亡的分界点，是那样神秘，而且洋溢着醉人的诗意。他坐在一座质朴无华的墓上，又被一座老教堂的阴影遮挡着，这完全能避开他父亲蒂莫西先生的寻找。于是，他伸开双臂，搂住了一对柔软纤细的腰肢，对两位用倾慕的眼光凝视着他的少女，滔滔不绝地评论起宇宙和诸神来了。

他给她们描绘了一幅简单明晰的宇宙图画。这一边是代表罪恶的国王、教士和富人；另一边则是代表美德的哲学家和穷人。这一边是为暴政服务的宗教；另一边是葛德文和他的《政治正义论》。不过，贯穿在他谈论中的一条主线是爱情，神圣的爱情。

“法律竟敢对我们天赋的感情妄加各种清规戒律，真是痴心妄想，荒谬绝伦！当我们的眼睛看到一个容貌出众、惹人喜爱的人儿时，内心便燃烧起火样的热情，这怎么能免得了呢？爱情在压抑的气氛中是会枯萎、凋谢的。爱情的要素是自由，它与屈从、嫉妒和畏惧是水火不相容的。爱情需要信任和忘我。然而，婚姻却是囚人的牢狱……”

用怀疑主义的思想谈论婚姻问题是处女们不太赏识的。形而上学的哲理，有时倒能使她们产生兴趣；而婚姻方面的异端邪说往往把她们带到一种无名的恐怖之中，她们仿佛嗅到了一股处火刑时所散发出来的强烈的柴薪燃烧的味道。

“束缚吗？”哈丽雅特说，“那是毫无疑问的……不过，要是这类束缚并不厉害，那也无关紧要嘛。”

“要是束缚不厉害，那它也就毫无用处。人家会给一个自愿坐牢的人戴上手铐脚镣吗？”

“但是宗教……”

雪莱为了证明葛德文的理论，就向霍尔巴哈求援。

“如果上帝是公道的话，叫人怎么能相信他会惩罚那些由他自己一手造就的意志薄弱的人呢？如果上帝是万能的话，叫人怎么去触犯他、抗拒他呢？上帝宽宏地把自由赐给不幸的人，允许他们信口开河。如果上帝是理智的话，他又怎么会对这些不幸的人大发雷霆呢？”

“风俗习惯……”

“我们所称的19世纪，在永恒的时间里是转瞬即逝的。那么，这段短促光阴中的风俗习惯对我们又有什么重要意义呢？”

伊丽莎白支持她兄长的说法。在这种情况下，哈丽雅特又怎么能跟一个双目炯炯、细嫩的脖子露在敞着领子的衬衣外、头发光亮、柔软得像金色缎子似的半神人物争辩呢？

“咱们还是写《扎斯特鲁齐》吧。”她为了改变话题，叹息着说。

《扎斯特鲁齐》是他们三人共同创作的一部小说。书中有一个仗义的侠客，一个妄自尊大、不顾廉耻的暴君，一个“长得幽雅匀称，温柔纯洁得过人”的女主人公。在他们继续写《扎斯特鲁齐》时，时光在不知不觉地消逝着，没有多久，暮色降临了。伊丽莎白，这个知心的妹妹悄然离去，把这一对天真的情人留在沉沉的暮霭中。

雪莱和哈丽雅特，迎着弥漫在草地上的白雾，双双紧搂着，漫步回家。在一片浓密的小树林里，新月东升，微风徐来。被微风轻拂着的枝条在窃窃私语。牡丹垂下了白色的花瓣，随着柔弱无力的花梗的摆动而颤抖着。这凄凉的夜景不由得使雪莱想起，不久又将重返四周被垣墙围住的充满阴郁的伊顿公学。但是，当他觉察到他那美丽的表妹的温暖躯体在战栗着的时候，他又感到勇气十足。他要坚强地投入到传播新思想的生活中去。

三　莫逆之交

1810 年 10 月，蒂莫西先生护送他的儿子到牛津大学。这位国会议员踌躇满志，心情极佳。他就在一家挂着“铅马”招牌的旅店里下榻。从前，他也曾在这家旅店里住过。他在旅店里认出了那位老店主的儿子。蒂莫西先生这次是到学院里来给一位未来的男爵注册的，他本人也曾在这所学院里出过一阵风头。这类注册仪式总是令一个英国人心旷神怡的；而对蒂莫西先生这样一个生性浮夸的人来说，当然更是这样。他走进斯拉特先生的书店里，让书店老板给这位新大学生立一个买书和纸张的无限信贷户头。“这是我的儿子，”他和蔼地指着头发蓬乱、双目炯炯的高个子青年说，“斯拉特先生，我儿子是个有文学修养的人。他已经写就一部小说了（即指那部著名的《扎斯特鲁齐》）。如果他还急于要印书的话，我希望您让他这种热望得到满足。”

牛津这所大学使雪莱欣喜不已。有一间供自己专用的房间，上课与否听任自便，可以从事自己所选择的工作，读书、写作或散步均可随心所欲，这真是把修道士生活的一切妙处和哲学家的思考自由结合在一起了。这种生活正是雪莱一直幻想着的，他情愿这样过一辈子。

当天晚上，在大饭厅里，雪莱坐在一位青年身旁进餐。这位青年和雪莱一样，也是一名新生。他向雪莱作了自我介绍，他名叫杰斐逊·霍格。接着，他就像牛津大学的风气所要求的那样，矫作矜持，缄默不语。但是，吃了半晌，这两位邻座再也不能保持这种令人难耐的沉默了，便开始谈论起各自的读物来。

“当今最好的诗歌文学，”雪莱说，“要数德国文学了。”

霍格含笑反驳说，德国人写得自然不足，矫饰有余。过多的不切实际的传奇使他厌倦。

“您能拿哪种现代文学来跟德国文学相比呢？”

“意大利文学。”霍格说。

这句话唤起了雪莱的急躁情绪，而且引出了他一席滔滔不绝的议论，以至在校役撤去餐具之后，这两位年轻人才发觉餐厅里只剩下他们两人了。

“您愿意上楼到我房里去待一会吗？”霍格说，“我们可以在我屋里继续讨论。”

雪莱欣然同意。但登上楼梯时，他竟忘掉了自己刚才这番宏论的线索，同时也完全失去了对德国文学的兴趣。正当霍格点燃蜡烛时，他的客人突然镇静地说，他看不出有什么理由再继续这场讨论，因为他既不懂意大利文也不懂德文，还说他刚才的谈论只不过是为了要同霍格攀谈一番而已。霍格微笑着说，他对这类事也同样冷漠、无知。然后，他便在桌上放了一瓶酒、两只酒杯和一些饼干。

“此外”，雪莱说，“任何文学都只不过是一种轻薄的儿戏而已。研究一门古代语言或一门现代语言究竟是怎么一回事呢？无非就是学些新名词来装点各种事物罢了。但是，研究这些事物的本身，也许倒是更明智吧。”

“研究事物本身？”霍格说，“那么，怎样研究呢？”

“譬如说，可以通过化学来研究嘛。”

于是，雪莱又谈论起化学分析，物理学方面的新发明和电学来了，其劲头远远超过谈论德国文学。对这些话题不感兴趣的霍格，趁机打量他的新朋友。只见他：穿着十分体面，甚至可说非常考究，但衣服却被他穿得凌乱不堪；身材苗条，弱不禁风，个子很高，但显得有些佝偻，这是因为他每当谈论得激动时，总是向前伸出脑袋的缘故；他的手势既文雅又剧烈；他的脸色白皙而红润，活像女性的肤色；他的头发长而蓬乱，就像一堆乱荆棘；整个面孔洋溢着一股神奇的热情，一种不可思议的生气和一种异乎寻常的智慧，而时时显现的道德的闪光，却别有一种慑人的力量；他的温和、细腻、热情、诚挚的神色使人想起佛罗伦萨大壁画上所画的诸圣的形象。

正当雪莱谈论得津津有味时，时钟响了。他如梦初醒地叫了一声：“我要上矿物学课去了。”话音刚落，他已拔腿在过道里飞奔而去。

霍格答应第二天早晨去看他。他一进门，便见雪莱在跟一个校役激烈地争论着，因为那校役要替他收拾房间，而雪莱却不愿意。

书籍、鞋子、纸张、手枪、内衣、火药、瓶子、试管，横七竖八散得满地都是。在这似遭浩劫的场面中，一台起电机，一台气泵和一只日光显微镜尤其引人注意。雪莱转动着起电机的手摇柄，于是，明亮而干涩的火花到处飞迸。他站到一张玻璃板凳上去，金栗色的长发披散着，倒垂着。霍格兴致勃勃地睁大了眼睛，注视着雪莱的这些动作，心中却略带几分不安，尤其留神地看着那些盆盘器皿。在他这位主人要去斟茶时，他急忙从他的杯子里取出一枚已被盐酸腐蚀了的小钱币。

两个年轻人从此就形影不离了。他们每天早上一起出去散步。一路上，雪莱的行动举止活像个孩子。他时而在坡地上奔跑，时而跳越沟渠。每见一湾池塘或一条河流，他就往水里扔纸叠的小船，而且还在岸上跟随着这些纸船奔走，直到它们沉没为止，而火冒三丈的霍格却只得眼巴巴地站在岸上等着。

散步结束后，他们重又上楼，回到雪莱的房里。此时，雪莱由于不断地消耗精力，已是疲惫不堪了。一种无法抑制的困倦攫住了他，使他浑身麻木得再也无法动弹。于是，他就躺在火炉前面的一块宽大的地毯上，像猫似的蜷曲着身子，从 6 点钟一直沉睡到 10 点。到那时候，他突然站起身来，拼命揉着一双睡眼，一边伸着懒腰，一边将手指伸进他那长发中挠着，捋着，然后，马上开始同霍格讨论一个形而上学的观点，或者以一种几乎是痛苦的劲儿背诵起诗句来了。

他到 11 点钟才进晚餐，不过，他一日三餐都很简单。他喜欢吃面包，原则上反对肉食。他的口袋里总是装满了面包，而且在走路时，边嚼面包边看书，结果是，凡他走过的路上，面包屑总是撒得到处都是。除了面包外，他最喜欢的下饭的菜是从杂货铺里买来的葡萄布丁和李子干。对他来说，坐在席上正正规规地进一次餐，是一种难以忍受的烦恼，而且，要他挨到散席那更是罕见的事了。

晚餐后，他的头脑就清醒、敏锐了，这时他的各种议论也就大为出色。他对霍格谈起自己的表妹哈丽雅特。他不时地给她写些冗长的信，信里总是把爱情的冲动和葛德文的哲学交织在一起。他还谈起他的妹妹伊丽莎白，说她是个勇于反对偏见的女性。要不，他就放声大笑着朗读蒂莫西先生最近写来的一封语气庄重的信。然后，他抓起一本诸如洛克[1]、休谟[2]、或伏尔泰写的为他所深深喜爱的书，热烈地评论一番。

霍格每当见到这种情况时，总是久久地寻思着，为什么这些怀疑主义者竟然对他这位具有浓厚的神秘思想和宗教意识的朋友会有这样大的魅力。霍格觉得，雪莱似乎是在博览群书的过程中迷途了；各类思想体系的浩如烟海的著作使他犹如置身在深谷之中；峰回路转，参互交错的断崖，把他搅得晕头转向；唯有一种诸如葛德文之类简单明了的理论才能使他从这种虚无缥缈的形而上学迷宫中解脱出来。雪莱乐于用空洞清晰的理论来砌成一幢一眼便能看透的大厦，以此来代替庞杂的历史堆积；他沉浸于美妙的幻境之中，那是他透过纷纭复杂的事物用清醒的头脑精心编织而成的，而不喜欢支离破碎得令他胆战心惊的现实世界。

当学院的大钟敲响两点的时候，霍格站起身来，尽管他的朋友竭力反对，他还是要去就寝了。“真是个惊人的人物，”他一边穿过寂静无声的长廊回房去，一边想道，“他具有姑娘的娴雅和一个从未离开母亲身边的处女的纯洁，然而，却又具有一种不驯的力量……有赐福僧士的心灵和长裤汉[3]的激进思想……”

事实上，雪莱是一个十分耐人寻味的混合体。不过，杰斐逊·霍格少爷并不喜欢作绞尽脑汁的思索，而他的朋友雪莱却总是使得他产生一种无法抑制的想睡觉的欲望。

---

[1] 洛克（John Locke，1632—1704），英国哲学家，著有《人类理解论》。

[2] 休谟（David Hume，1711—1776），英国哲学家，历史学家。

[3] “长裤汉”是反动贵族在1789年法国资产阶级大革命后，给过激共和党的革命者所起的绰号。

四　橡树旁的一棵松树

圣诞节的前几天，蒂莫西先生在他所收到的信件中发现一封由某位斯托克达尔先生寄来的信。这位伦敦的出版商在信中提请蒂莫西先生注意，年轻的珀西·雪莱想请他出版一本别出心裁的书，而且印刷量相当大。眼下，这一部名叫《圣·伊尔维纳（又名：玫瑰十字会会员[1]）》的小说手稿正在斯托克达尔的手头，小说里充满着最具破坏性的思想。这位德高望重的出版商，看到像蒂莫西先生这样一位可敬人物的儿子正在误入歧途，心中不无忧虑。他认为，事先通知这位身出名门的家长，尤其是使这位家长对年轻的雪莱先生的那位邪恶的“护神天使”加以注意，是他义不容辞的职责。雪莱的“护神天使”就是他的同窗学友杰斐逊·霍格。据说，此人虽是英格兰北部一个托利党世家的子弟，但却是个虚假、冷酷而又危险的文人。

蒂莫西先生得讯后，先是通知斯托克达尔先生，说他决不支付一个便士的印刷费，这番话顿时使这位出版商感到问心有

[1]“玫瑰十字会”是17世纪初期在德国创立的一个宗教团体，主张靠人体内在的智慧透视自然的奥秘，并扬言这样便能改善宗教，使国家和个人世代繁荣昌盛。

愧，惴惴不安。然后，蒂莫西先生就在等候他儿子回家的同时——雪莱应在本周内返回菲尔德庄园度圣诞节——准备了一篇内容杂乱的训辞。这篇训词既富有感情又咄咄逼人，既庄严又诙谐，这类文章正是他所拿手的。

说教从来就说服不了任何人。然而，一心以为父亲的说教能改变儿子的想法，这才是十足地道的说教狂。雪莱听完父亲的训诫，愤然离去。他对自己家门的蠢俗大为恼火，对斯托克达尔先生那种与绅士雅号绝不相称的行为深感愤懑，而对他唯一的挚友杰斐逊·霍格却比昔日更为依恋。他当晚就挥笔疾书，给这位挚友写了一封诉说衷肠的长信。

> 这里的人都在攻击我那些被他们视为邪恶的原则。我成了个受众人唾弃的无赖之徒……一场可怕的风暴正在酝酿着。就我自己而言，我临危不惧，镇定自若，就像凌驾于恶浪四起的大海之上的一盏灯塔，含笑鄙视着脚下的浪涛在徒然拍击。我曾试图开导家父。说也奇怪！[1]他在听了我的论证后，曾一度同意我的关于上帝不可能直接干预人事的主张。他甚至也同意我的关于不迷信巫婆、鬼魂和其他一些传奇性的奇迹的观点。但是，当我试图用这种主张和观点认识、分析他的信念的时候，他就暴跳起来了，并且专横地、强词夺理地用一种独一无二的“格言”，一种所谓“流芳百世”的箴言来强堵我的嘴：“我相信，就是因为我相信。”至于家母，她认为她已经目睹我踏上了通往阴府地狱的大道，而且还以为我想把我的几位妹妹引入歧途。

[1] 此处原文为拉丁文 Mirabile dictu。

这一切有多可笑啊！

以前，每逢假期总是乐融融、欢快异常的宅邸，现在已被这一事件搅得凄凄切切、忧郁不安。蒂莫西·雪莱夫人叮嘱她膝下的几位女儿，不准她们跟这个大逆不道的长兄过多交谈。母亲的叮嘱把这几个小女孩搞得局促不安。一家人虽按以往的习惯在继续做过圣诞节的准备工作，但在内心里，节日的欢乐早被这骤起的狂风吹得无影无踪了。大家强颜欢笑着，毫无热情地筹备着种种往常令人惊喜的小礼物，这类小玩意儿在一个和睦谐调的家庭里会引起多少令人心醉的甜蜜的欢乐！

唯独伊丽莎白还是暗自忠于雪莱。不幸的是，她已看出，她对雪莱的崇拜心情已不再与表妹哈丽雅特所共有了。她觉得这位表妹已变得日益冷淡，她在支吾、敷衍，而且百般回避。

哈丽雅特在前一阵子曾收到雪莱寄自牛津的一些书信。这些信件里充满了热情的言词和令人费解的宏论，使她感到哀愁而又惴惴不安。雪莱所引用的葛德文语录，引起她极大的反感，而无端的恐惧蓦地袭向了她。古往今来，世上爱好危言耸听的俏丽女子实属罕见。美是秩序的一种很自然的形式，因而它在本质上就是保守的。美支持着既定的宗教，并用宗教来装饰各类庆典、仪式；美神维纳斯向来就是主神朱庇特最得力的使臣。

美貌的哈丽雅特曾把这些内容可疑的信札给她母亲看，然后又在母亲的规劝之下，给父亲看。她父亲看后，气急败坏地声称这些信都包含着十恶不赦的理论。于是，她身边的人都预言年轻的雪莱前途黯淡，凶多吉少。生性风流的哈丽雅特难道应该爱一个疯疯癫癫、众人讨厌的怪人吗？她热衷于参加郡里的舞会，且又好出风头。若跟这个连婚姻制度都不屑尊重的过激的人结为终身伴侣，生活将会怎样呢？更何况，宗教毕竟也还是像大家所想的那样，很值得信奉的呀！

两位少女在雪莱回家度假之前曾进行过颇为激烈的争论。伊丽莎白为自己的兄长辩护。她认为，出于自尊和虚荣所得到的些许华而不实的满足是微不足道的，能跟一个见识卓绝的人厮守终身才是真正的幸福，这两者是无法类比的。哈丽雅特怎么会鼠目寸光到这种地步，竟在渺小和伟大之间失去了权衡、抉择的能力呢？

"您把您的兄长说成是个举世卓绝的人物，"哈丽雅特答道，"但我，我怎能知道他是否确是这样的人呢？我们一直生活在乡下，对一切全然无知。我们的父母，包括你那身为国会议员的饱经沧桑的父亲本人在内，他们都在斥责珀西的思想。即便珀西是个天才吧，那么，在这种情况下，我又有什么权利跟他一起过亲密无间的生活呢？当他将来发现我远不是他用那过于狂热的想象力所设想的人时，这种亲密的结合就将会以失望而告终。我只不过是一个平凡的姑娘而已。我和别的姑娘没啥两样，他却把我理想化了。要是他知道我就是这样一个人的话，他可能会出乎意外地感到吃惊的。"

这种过分的谦虚是令人不安的，因为爱情是不那么讲究理智的。

雪莱刚回到家里，伊丽莎白立即就把此事如实地告诉了他。他急忙跑到哈丽雅特家里去找她，发觉她完全像伊丽莎白向他描述的那样。她对他冷若冰霜，疏远得很。她甚至并不希望雪莱自我辩解；她只要求雪莱让她安静。她指责他不该怀疑一切。

"但是，哈丽雅特，"雪莱说，"这些信念是我以显而易见的推理所得出的。不准我承认这些信念，未免太可怕了。凭什么我的神学信念会使我丧失作为兄长、朋友乃至情人的资格？”

“哼！”哈丽雅特说，“您爱怎么想，就怎么想吧，我可并不在乎。但请您别要求我把我的命运和您自己的命运结合在一起。”

雪莱自有生以来还是第一次领略到女子的这种冷漠之情，它就像非洲中部的黑夜一样，突然降临在他身上。他惊魂稍定，便痛苦欲狂地从她家里出来。他穿过光秃秃的、寒气逼人的树林，无精打采地慢慢走向菲尔德庄园；然后，又跨着大步来到镇上的公墓——这里曾是他初恋时流连忘返的地方——迷惘中，他在那里徘徊了大半夜，丝毫没发觉自己已浑身是雪。到了凌晨两点钟左右，他才回到家里，就寝时还在床边放了一支装上了子弹的手枪和从他的化学药品库里取出的各类毒药。他要告别人世了，但想到伊丽莎白在发现他的尸体时悲恸欲绝的情况，便打消了自杀的念头。

早晨，他挥笔给霍格写信。信中，他并没表示出对哈丽雅特有任何怨恨，甚至也没针对蒂莫西先生或格罗夫先生说半句怨言。他认为，应对这场悲剧负责的唯一元凶，就是“不容异说”。

> 我的朋友，我在此发誓——要是我违背自己的誓言，那就让上苍惩罚我——我发誓，永不饶恕“不容异说”。我原则上不赞成报复，但唯独“不容异说”是一例外。我认为，对“不容异说”进行报复是合法的。我将把我全部空闲的时间都献给这一使命。“不容异说”损害社会，助长偏见，而偏见则摧毁人世间最亲密、最温柔的关系。呵！我真想当一名复仇者！但愿我能成为一个粉碎魔鬼的人，做

一个把魔鬼打入地狱并使它永世不得翻身的人！但愿我能用毕生精力成为一个宽容世界的创始者，在那世界里，人人都有信仰的自由！

我希望，我这种贪得无厌的心愿能在我的诗句中得到稍许满足。您将在我的诗中看到并听到，这恶魔把我伤害得有多厉害。哈丽雅特已经不再属于我的了！她恨我是个怀疑主义者。往日，她自己却也是这样一个怀疑主义者！呵！偏执呀，偏执，你把我害得好苦哇！要是我会饶恕你，愿苍天罚我粉身碎骨（如果苍天真会动怒的话）……请原谅我，我亲爱的朋友，我深恐在这种爱情的苦难中会夹有一些自私心，因为我每时每刻都觉得我的心快要碎了。我要逃避这种感情，因为这种感情是自私的。除非是为了他人，否则，我再也不愿领受它了……至于我，我宁愿在斗争中捐躯！对，那倒是一种慰藉……自杀有罪吗？我昨天晚上睡觉时，在身边放了一把装上了子弹的手枪。要不是为了我的妹妹和您，我也许已和你们永别了。

假期还剩两个星期，但仍得在菲尔德庄园度过它。这段悲怆的日子里，雪莱必须与怒不可遏的父母及惴惴不安的弟妹们生活在一起。哈丽雅特虽说接到伊丽莎白的多次邀请，却执拗得很，拒不涉足菲尔德庄园。那些消息灵通的人，已在私下里秘密地议论，说她要跟一个陌生人订婚了。

雪莱试图以他人的幸福来平息自己的痛苦。他事先已酝酿了一项计划，想让妹妹和他的朋友订婚。但这两位当事人却从未见过面。他把伊丽莎白所写的诗寄给霍格，这些诗里充满了良好的意愿和对“不容异说”的仇恨，在韵律上却错误百出。

"四海之内皆兄弟，"雪莱的好门徒伊丽莎白歌颂道，"四海之内皆兄弟，即便在心肠冷酷的英国人鞭笞之下曲着身子的非洲人，也是兄弟……"她还以这种笔调写了一首挽诗。雪莱也把霍格写来的诗赠给伊丽莎白，作为对她的酬答。他对霍格的诗赞不绝口，把它们说得"美不胜收，华丽之极"，因为霍格诗中把他比喻为一棵年轻的橡树，哈丽雅特·格罗夫被比喻为常春藤，常春藤缠住了橡树，橡树被扼得窒息致死。

"但您没说，"雪莱在给霍格的回信中写道，"常春藤毁了橡树后，又去缠住了邻近的那棵松树，以示嘲笑。"

所谓邻近的那棵松树，就是那位思想稳健的希利亚尔先生。此人是个富裕的地主。这个男人被上帝特意创造出来，就是为了让他陪着夫人赴郡里的舞会。"我永远失去了她！她出嫁了！嫁给了一个任人摆布的泥塑人！往后，她将变得跟他一模一样，也成为一个麻木不仁的粗坯。众多的良机均将坐失了！别再提它了，我的朋友。"

雪莱可真想把霍格邀请到菲尔德庄园来，以便伊丽莎白能亲自判断霍格是位何等可爱的人。但蒂莫西先生牢记着出版商就那个邪恶的"护神天使"一事向他所发出的警告，因此绝不允许雪莱发出这一邀请。

五　证讫[1]

这个凄切悲伤的假期结束了。事后，约莫过了一个月，芒迪和斯拉特两位先生——即蒂莫西先生曾向他们介绍过他儿子有文学狂想的那两位牛津城的书商——见年轻的雪莱闯进他们的书店里来。只见他鬈曲的长发随风飘荡，衬衣敞开着，腋下挟着一大包小册子。他希望这些小册子能以每本六便士的价钱出售，要他们把这些书陈列在橱窗里显眼的地方。不仅如此，而且为了确实看到橱窗布置得合乎他的脾胃，他居然还亲自动手。

他推开了两位书商，马上就动手干了起来。兴致勃勃的芒迪先生和斯拉特先生，脸上带着一种慈父般的揶揄神情，和颜悦色地看着他忙个不休。他俩的这种神态，正是各大学城里的商人们惯于对那些口袋里装满零用钱的大学生所作的姿态。这位贵族青年顾客把一摞摞书放进他们那体面的橱窗里，设计得十分雅致。倘若两位书商仔细看一看的话，他们准会被这些富有爆炸性的小册子吓破胆的。小册子的书名是《无神论的必要性》。在书上署名的作者，是一个不为人所熟悉的杰里迈亚·斯

[1] 此处原文为拉丁文 Quod erat demonstrandum，意为证讫，证完。缩写为 Q. E. D. 系数学术语。

塔克利。在一座伪装正经的神学城里，展示这种书是最为大逆不道的。倘若芒迪和斯拉特两位先生略为翻阅一下这本小册子的话，那他们越发会被这位化名为斯塔克利的作者的骄狂傲慢的逻辑吓得魂不附体了。

“官能是通晓万物之本。”这本用数学著作的体例写就的论战性小册子，就是用这句目空一切的格言来开宗明义的，它力图证明上帝是不可能存在的，并傲慢地以三个拉丁字母Q.E.D.[1]收尾。雪莱对数学是一窍不通的。在他看来，这个带有魔术性的公式好像是一道阐明真理的现代符咒。虽然他怀着一种诚挚的热情，对创造并督导万物的十全十美的“善良之神”深信不疑，并相信未来的生活和英国圣公会中也会有萨瓦助理主教[2]个人所主张的整套神学，但是，“无神论者”这个词却以其激烈性博得了他的欢心。他喜欢用这个词来嘲讽那帮偏执之徒。他把从前在伊顿公学时人家向他掷来的这个名词拣了起来，就像接受挑战的骑士拣起手套一般。任何一个血气方刚的英国人在体格和道德方面都具有十足的勇气，他却力图再增添一种智慧方面的勇气。这样做，危险性是相当大的，引起公愤也势所难免。但既然朝三暮四的常春藤已缠住了橡树旁的那棵松树，那么，“不容异说”就该受到惩罚。

《无神论的必要性》问世仅仅20分钟，正赶上尊敬的约翰·沃克路过书店门口，并看了看橱窗。他是一所普通学院里的辅导教师，长着一副判官似的凶神恶煞的相貌。“无神论的必要性！无神论的必要性！无神论的必要性！”这位可尊敬的

[1] 参看27页注[1]。

[2] “萨瓦助理主教”是法国18世纪启蒙时期的文学家卢梭于1762年所著的哲理小说《爱弥儿》第四卷中的人物。这位教士宣扬泛神论思想，否定至高无上的神的存在。

约翰·沃克反复念着书名。他被这书名触犯了，显得惊恐万状，怒不可遏。他气势汹汹地冲进书店，盛气凌人地冲着书店老板说：

“芒迪先生！斯拉特先生！这意味着什么？”

“天地良心哪！阁下，天地良心。我们对此一无所知。我们没有亲自审查过这本小册子……”

“《无神论的必要性》。光是这书名就该说明……”

“当然喽，阁下。现在这书名已引起了我们的注意……”

“既然书名现在已经引起了你们的注意，那么，芒迪先生，斯拉特先生，就得劳驾你们两位，立刻把这些小册子从橱窗里撤下来，还得把你们库存着的这本书统统搬出来，送进厨房去，把它们扔进火炉里销毁掉。”

实际上，沃克先生决没有任何合法的权力下达类似的命令。但两位书商心里明白，只要他去控告一下，就足以使当局禁止他们的书店再向大学生们营业。因此，他们带着谄媚的微笑，卑躬屈膝地向他连连欠身，然后，派了一名店员前去请年轻的雪莱先生到店里一谈。

“很抱歉，雪莱先生。不过，我们也确实是出于无奈，不能不这样做。沃克先生坚持非这样做不可。再说，这也是为您本身利益着想……”

但这个“本身利益”却是最不为雪莱所关心的。他扯着尖锐的嗓门，在两位局促不安的书商面前急切地强辩；要维护自己思考的权利和把自己的思想传播给他人的权利。

“此外，”他对他们说，“我已妙不可言地在这一群瞎了眼睛的牛津城的老鸦面前布下了罗网。我已经给全体英国主教，还有那位副首相和各院校的学监们，每人寄了一本《无神论的必要性》，而且还用我自己未经乔装的笔迹，以杰里迈亚·斯塔克利的名义署写了贺词。”

几天后，校方的一名传令人到霍格的房里，向雪莱先生转达了院长的致意，并请他立刻去见院长。雪莱随即下楼，走进院部会议室。他发现全体院部的当权人士都聚坐在这个会议室里。这一小撮学监都是些知识渊博的清教徒，也是些不折不扣、身体力行，又正正规规的基督徒样板。他们几乎全都对雪莱憎恨已久，就因为雪莱留着长长的头发，有着异乎寻常的穿戴方式和对科学试验具有地道的“庸俗”趣味。

院长向雪莱出示一本《无神论的必要性》，并问他是否是该书的作者。由于院长的态度粗暴而傲慢，雪莱不予回答。

“您是这本书的作者吗？您说！是，还是不是？”

“要是您能证明我是这本书的作者的话，请您拿出证据来。用这种方式来查问，是既不公正，又不合法的。这是宗教审判官所用的方法，绝不是一些自由人在一个自由国土里所用的方法。”

“您否认这是您的著作吗？”

“我决不回答。”

“既然这样，那您被开除了，而且我要您最迟在明天早晨离开本院。”

其中一位“陪审员”立即递给雪莱一只盖了学院印章的信封，信封内装有一份宣判开除他的“判决书”。

雪莱跑回霍格房里，坠倒在沙发上。他气得瑟瑟发抖，牙齿格格作响，接连重复道：“被开除了！我被开除了！”这种处罚是可怕的。这不仅断送了他的全部学业，而且还意味着他不可能再进其他大学重新学习，他喜欢的这种宁静美好的生活也无疑被剥夺掉了，而且还得忍受他那位父亲的持久而又尖刻的怨愤。霍格也很为之愤愤不平。他出于一种不自量力的愤慨，当即写了一份“照会”，表示了自己的悲痛和惊讶，像雪莱这样一位绅士何以能受人如此对待。他希望这不至于是最终“判决”。

他吩咐校役将这份“文书”交给尚在“开庭”的“法庭”。校役很快又捎来了院长对霍格的致意，以及要召他下楼的命令。“传询”为时极短。“这是您写的吗？”指的是霍格刚派人送去的那份“照会”。霍格也毫不隐讳地承认是他写的。

“那么，这本书呢？”

霍格以一个久经“沙场”的老律师所具有的出众才干和善辩能力，阐明了这个问题的荒谬性，对雪莱判决的不公道和任何一个意识到自己的权利的人所应尽的义务……

“好哇！您也被开除了！”院长狂怒地说。

今天，院长的心情显然坏得会把全学院的学生都开除了的。于是，这下子就轮到霍格接受一只盖了印章的信封了。

当天下午，在大厅的每个入口处都贴出了一张布告。布告上写着两名“违法分子”的姓名，并宣布，他们两人因拒不回答校方向他们提出的问题，因此被正式开除出校。

六　蒂莫西先生“高明”的辩证法

辚辚的驿车载着两个被逐者和他们的行李离开了牛津城。雪莱事先向两位书商借贷了 20 英镑，作为在伦敦等候他父亲的信息时应付食宿的费用。他觉得，他与霍格一起去看过的那些房子都是没法住进去的：不是街道太嘈杂、地段太脏，便是女仆长得太丑。最后，波兰街这个字眼使他想起了那些与他气味相投的团体……“波兰……华沙……自由”，他只有在波兰街才能找到配得上让一个自由人居住的房间。果然不出所料，他们俩在波兰街找到的第一所住房，是一间墙上糊着一层印有大串大串青葡萄和紫葡萄花纹的糊墙纸的房间。他们觉得，这种糊墙纸是世界上最美的了。

“这房间，”雪莱说，“将作为我们定居的住处。我们在这儿重新开始过牛津的生活：围着火炉攻读，悠然散步，探讨问题。我们将在这儿度过我们的一生。”

这美妙的计划只待蒂莫西先生和老霍格先生的同意。

蒂莫西先生获悉牛津大学所发生的事件时，气得暴跳如雷。对他这样一个大地主、国会议员及本地的治安法官来说，这桩倒霉事件是不光彩的，而且处分也是莫名其妙的。而校方对雪莱的无神论的指控，尤其使他惶恐不安，尽管他自己素以自由主义者著称，此时也不能不因此事而囿于正统了。

他郑重其事地写了一封信给老霍格先生，一方面是为了对“你、我的儿子在牛津大学所发生的不幸事件”鸣冤叫屈，另一方面则是为了请求老霍格先生尽快召回“他的年轻人”。“至于我，”他补充道，“我要规劝我的儿子阅读佩利[1]的自然神学。这本书对他目前的境遇极为适合，我甚至会陪他一起阅读。”

然后，他又拟了一封措辞严厉而又强硬的信给他的“年轻人”：

> 你因你的那些罪恶的想法给自己招来了处分。作为父亲来说，我虽然可以替你忍受这种受处分的痛苦，然而，我肩负着重任，要对我自身的名誉、对你年幼的弟妹及对我作为一名基督徒的感情负责。倘若你希望得到我的帮助、接济和保护的话，那你必须做到如下几点：
>
> （一）立即返回菲尔德庄园，往后不再与霍格先生有任何交往；
>
> （二）你的一切要由我选择的绅士名流进行督导，并且得听从他们的管教。

如果这些条件不予接受的话，那么蒂莫西先生就要把他那个执着于邪恶念头的儿子置于贫困落魄的境地而不顾。

雪莱的回信很简短：

[1] 佩利（William Paley，1743—1805），神学功利主义代表人物。著有《道德与政治哲学》,《自然神学论》,《基督教的论证》。他认为各种自然现象都是由上帝安排的。

我亲爱的父亲：

蒙您错爱，您问及我的意向，以便作为您采取行动的依据。我认为（尽管我不想就您自身的名誉和您家庭的名誉问题伤害您的感情），我的职责是断然拒绝接受您在信中所提的两点建议，并且向您保证，今后凡向我提出类似的要求，永将遭到同样的拒绝。我对您的厚意深表感谢。我仍是爱您并尊敬您的儿子。

珀西·比希·雪莱

父亲外交的最大困难，就在于谈判者中有一方要竭力避免决裂，这就使制裁难以付诸实现。蒂莫西先生所提的条件遭到断然拒绝后，他便感到不知所措。

实际上，他并不是一个坏人。他相信一瓶葡萄美酒具有雄辩的威力。他决定到伦敦去走一趟，邀请两个叛逆之徒到备有美酒的米勒饭店用膳。

"说实在的，"他在等待这两个怪人时，自言自语道，"说实在的，对孩子们还得有好脾气，甚至可以与他们商量，不管这么做会显得有多可笑……一个深思熟虑的成年人，能毫不费劲就使一个18岁的哲学家就范的，而且，巨大的不幸是可以通过恰如其分的一席话来予以避免的……再说，珀西是产业的继承人，雪莱家的爵位也得由他来承袭。为此，引导他恢复理性是至关紧要的。"好心的蒂莫西先生一面在脑中重温佩利的神学论断，一面满意地搓着双手。

正在这时，两个年轻人从波兰街步行前来饭店赴约。一路上，他们边走边高声朗诵着伏尔泰的《哲学辞典》，并大开其玩笑。雪莱对这位法兰西长者[1]所谈的有关犹太族、《圣经》中比比皆是的“不容异说”以及耶和华的性情等问题上的卓越见解尤为欣赏。

当他们抵达饭店时，雪莱家的经纪人格雷汉姆先生已同他的委托人兼朋友会合在一起了。蒂莫西先生带着溢于言表的奉承态度接待霍格，接着，便转身向他儿子仓猝发表一番冗长而令人费解的讲话，讲得就像演戏似的，用抑扬顿挫来加重语气。这在两位青年看来，是十分可笑的。雪莱俯身低声询问他的朋友：“哎！怎么样？您对我父亲有何想法？”

“这不是您的父亲，”霍格低声答道，“他简直就是耶和华本人。”

雪莱听了，发出一阵大笑。

“珀西，你怎么啦？你病了吗？”蒂莫西先生愤懑地问道，“你疯了吗？你笑什么？”

幸好，侍者宣告开饭了。席间，蒂莫西先生态度幽雅，几乎堪称诚恳。在吃甜食时，他差他的儿子去订驿马，并抓住时机，着手降服霍格。

“先生，您与我想象中的人是迥然不同的……您谦虚而又理智，是一位讨人喜欢的绅士。请告诉我，我对我那可怜的孩子究竟该怎么办？他真是疯疯癫癫，您说是吗？”

“是的，是够疯的了，先生。”

“那么，您认为我该怎么办呢？”

“如果他与他表妹结婚的话，那他就会变得跟现在决然不同了。他需要有一个人来管束他，需要有一个好妻子。您为什么不让他结婚呢？”

---

[1] 即指伏尔泰。

“怎么啦？这是不可能的！要是我对珀西说，去和一位年轻女子结婚吧，他肯定会断然拒绝的。我了解他。”

“如果您命令他结婚，他当然会拒绝喽，这我也同意。但是，如果您只字不露，只是让他与一位严加选择的年轻女子往来，那他可能会爱上她的。更何况，如果第一位女子不行的话，您完全可以再另试一位嘛。”

经纪人格雷汉姆先生说，这倒是个极妙的计划。于是，两人在一个桌角上开始排起少女的名单来了。当雪莱回来时，他们正起劲地在排名单。蒂莫西先生要了一瓶陈葡萄酒，接着，就开始自吹自擂起来，说他在下议院是很受尊敬的，并得到整个议院，尤其是下议院议长的器重。议长曾对他说：“雪莱先生，要是没有您，我真不知我们能干什么。”他在苏塞克斯郡里的本家领地上深受爱戴，而且是一位杰出的治安法官……他讲述了他曾经判决过两名私猎者的那个冗长的故事，说道：“格雷汉姆，您是认得他们俩的，您知道他们是何许人吗？”格雷汉姆对此表示同意。“嗯，是啊！当他们从牢里释放出来时，他们还来向我道谢哩！”

霍格永远也闹不明白，为什么这两个不幸的人出狱后还要去向一个无情的法官致谢。因为，蒂莫西先生说到这儿时，认为酒的功效已到火候，于是就一转话题，单刀直入，言归正传了：

“好，说正经的吧，”他说，“上帝肯定是存在的，这件事是无可置疑的，是毫无疑问的。”

在座的人中，没有一人对此表示有丝毫怀疑。

“您呢，先生，”他转身向霍格说，“您本人对此毫不怀疑吗？”

“我丝毫不怀疑，先生。”

“因为，要是您有疑问的话，我在一分钟内就可向您证明上帝的存在。”

“但是，先生，我没有任何疑问。”

“啊！……不过，您也许乐意听听我的论点吧。”

“非常乐意，我洗耳恭听。”

“嗯，好吧。我来给您念念这个吧。”

于是，他掏遍了身上所有的口袋，拿出一些信件、发票，最后终于找到了一页纸，便开始读了起来。雪莱向前俯着身子，专心致志地倾听着。

“但这一切我早就听到过啦。”他听了一会，开口说道。然后，他又转过身来问霍格：“我是在哪儿听到过这些话的呢？”

“嘿，”霍格说，“这些论点都是佩利的理论。”

“对啦，”这位诵读者得意地说，“您说对了。这些都是佩利的理论。我是今天早上亲手把它们从佩利的书中抄录下来的，但佩利是从我这儿把这些论点接了过去的，佩利在整本书中所述的观点都是我的观点。”

说罢，他便把纸叠好，放回口袋里，心中大为不快。他儿子带着比以往更为轻蔑的神色瞅着他。饭后，双方未达成和解。雪莱拒绝随父亲回去，父亲则拒不给他分文。只有两个人在分手时彼此对对方很满意，那就是霍格和蒂莫西先生。蒂莫西先生觉得，他儿子的朋友远比这个不孝之子通情达理。这个人与珀西不同，珀西总是锋芒毕露，浑身长刺，摆出一副剑拔弩张的架势，把自己的思想禁锢在那些原则中，别人稍一违逆，就无法不伤害他那阴冷可怕、夜郎自大的感情。霍格虽然与雪莱一样年轻，但他懂得生活，他对婚姻的见解合情合理。至于霍格，他却宣称议员的口才委实颇为逊色，但他为人和气，殷勤好客。

几天后，霍格通过与自己的父亲达成和解，再一次证明他是懂得生活的。他父亲——一位老派的保守家庭的家长，这个家庭是素以纯正虔诚的宗教感情而闻名的——不必再像菲尔德庄园的那位自由主义老爷那样，为自己的“年轻人”的言行担惊受怕了。

老霍格劝告他的儿子从事法律工作，并替他在约克郡某个律师事务所里谋到一个职位。于是，霍格只得撇下雪莱，让他一人留在波兰街的那间房里，在一串串又青又紫的葡萄丛中孤寂地愁思着。

七　女子学校

雪莱孑然一人留在伦敦，举目无亲，无所事事，分文不名，因而深深陷于绝望之中。他整天待在房里，写些忧郁伤感的诗歌，给霍格写写信，以此消磨时日。到了晚上，他更不知做什么是好，早在八点钟就上床就寝了。唯有睡眠才能阻止他无休无止地回忆自己不幸的遭遇。当他一旦放任自己恣意遐想时，他那美丽但又朝三暮四的表妹的形象便萦绕在他空空洞洞的脑海中，不断地折磨着他。他力图用三段论推理法来抵御这些令人痛苦的回忆。

"我曾经爱过一个人，"他自言自语道，"然而，这个人的灵魂已不再像过去那样，因此，这个人也就不复存在了。因为，我爱的是她的心灵，而不是她的肉体。假如我所爱的是她的肉体的话，那我岂不是同样可以去跟那些蛆虫谈情说爱啦，因为我所爱的人的遗体将每天会在骸骨堆里孕育出无数的腐蛆。"他觉得，这种推理是十分完美的，然而，使他感到奇怪的是，他并不能从中得到丝毫慰藉。

雪莱的经济日渐拮据。蒂莫西先生杳无音讯。有一天，雪莱在伦敦街头与他邂逅，便彬彬有礼地向他问道："您近来好吗？”不料，得到的回答却是像雷雨天般阴冷的一瞥和威风凛凛的一声：“鄙人不敢当，先生。”

幸好，他的几位妹妹并未忘怀于他，还把她们的零花钱节省下来寄给他。他就靠这些钱聊以为生。伊丽莎白在菲尔德庄园被严加管束，另外两个小妹妹则被送往克拉彭，在菲宁夫人办的女子学校里住读。于是，菲宁夫人的学生们很快就认识了海伦·雪莱的那位美目流盼、鬈发凌乱、衣襟敞开的兄长了。

雪莱常到女子学校里来，口袋里装满了饼干和葡萄干。他到那儿后，就被一群欢天喜地的小女孩围住了，于是，他便滔滔不绝地向她们发表起有关那些永恒主题的演讲来。初来时，他先着手“开导”了一些长得最美丽的姑娘，因为他一想到这些脸蛋俊俏的小姑娘可能会深受“偏见”之害，心里就无法忍受。

他尤其赞赏可爱的哈丽雅特·韦斯特布鲁克——他两位妹妹的最要好的女友——那光洁的秀发和粉红色的娇嫩皮肤。哈丽雅特是一个十六岁的少女，长得娇小玲珑，亭亭玉立，有一派天真烂漫的媚态。当菲宁夫人（遵照蒂莫西先生之嘱）要求雪莱尽量少去学校造访时，哈丽雅特就变得对他大为有用。因为，哈丽雅特的家里人住在伦敦，她每天早晚都要从家到学校往返。这样，给雪莱传送钱和糕点的事也就托给她来办了。波兰街的“隐士”自然很快就成了她的好朋友。

哈丽雅特·韦斯特布鲁克的父亲从前是位咖啡馆老板。他希望自己的女儿与名门闺秀一样，受上等教育。哈丽雅特的母亲业已去世，姐姐伊丽莎是一位颇为成熟的女子，她就由她的姐姐伊丽莎管教。韦斯特布鲁克一家对这位男爵的孙子感兴趣的程度是可以想象的。因为雪莱长得俊美如神，又是偌大家产的继承人，却住在一间窄小的房间里，靠啃面包和干果子度日，而且还得由韦斯特布鲁克家的幼女把他几位妹妹的零用钱带给他，使他不至于饿死。

伊丽莎一再表示想见见这位英雄，于是，哈丽雅特便趁一次去给雪莱送东西之便，把她带去见他。咖啡馆老板的长女使雪莱稍感害怕。她长得干瘪，骨瘦如柴，那毫无生气的白脸上，满布着疤痕，黯然无光的双目迟钝地瞪着，头上堆着一团浓黑的长发。伊丽莎·韦斯特布鲁克小姐对她那一头秀发特别自豪。她的举止矫揉造作，与她妹妹自然单纯的笑容恰成强烈的对照。但当雪莱看到这位老处女对他很友爱时，他很快也就把第一眼所见到的丑陋的印象给忘怀了。这位姐姐非但没有像他所担心的那样反对哈丽雅特再去看雪莱，反而自告奋勇要当她的伴从，并趁韦斯特布鲁克先生外出的机会，好几次邀请雪莱同她们共进晚餐。她要求接受雪莱的开导，并在他的指导下开始阅读《哲学辞典》。这样一来，她就完全赢得了这位年轻哲学家的心。

哈丽雅特和雪莱一起散步的事很快引起了女子学校的注意。一位女教师忠告哈丽雅特谨慎从事。她说："这位年轻的雪莱先生，因他那些胆大妄为的见解而闻名，他的道德感情看来也不见得会比他的思想好。"哈丽雅特让人没收了一封雪莱写来的、充满着危言耸听的议论的信，这位与"无神论者"通信的少女便面临着被开除的威胁。所有那些上等人家的女孩子都不屑理睬这个咖啡馆老板的女儿。于是，对哈丽雅特来说，学校生活已变得十分难堪，简直是度日如年。

一天，雪莱一人孤寂地在炉边攻读，伊丽莎差人来传话，说哈丽雅特身感不适，卧病在家，请他前去陪伴病人。他急忙赶去，见他的女友卧床不起，脸色苍白，栗色的头发披散着，反而显得比平时更为美丽。韦斯特布鲁克先生上楼向雪莱问好。雪莱见他进来，顿时显得颇为尴尬。尽管他对世俗的偏见深恶痛绝，然而，他觉得，这么深更半夜到一位年轻女子的闺房来造访，总是不妥当的。但韦斯特布鲁克先生倒显得非常亲切可爱，十分知趣。“很遗憾，我不能在此奉陪您了，因为楼下有几位朋友在等我。如果等一会您愿意来和我们一起坐坐……”雪莱向他道了谢，但韦斯特布鲁克先生的几位朋友却使他望而却步。

雪莱和伊丽莎并排坐在哈丽雅特的床边。那天晚上，伊丽莎十分健谈。她口若悬河，滔滔不绝地谈论着爱情。不多一会，哈丽雅特就抱怨头痛欲裂，再也无法忍受他们谈话的声音。“那，好吧！我这就下楼去。”伊丽莎说。说罢，她便让两个孩子单独留在卧室里。雪莱一直待到深夜十二点半，韦斯特布鲁克先生的朋友们则在楼下又唱又笑。第二天，哈丽雅特的病情就好多了。

雪莱自从能在他被逐期间看到一些年轻的女子并开导她们的思想以来，就不觉得那么不幸了。不过，他仍因远离他的妹妹伊丽莎白而感到痛苦。她甚至已不再给他复信。雪莱暗自寻思，不知她是否已被拘禁起来了。他要不顾一切，返回菲尔德庄园去看望她。有一段时间，他想用美国方式出其不意地返回家园。如果他在某个晚上突然回家，安顿了下来，而且对蒂莫西先生的咒骂只报以沉默的话，那将会发生什么事呢？然而，正当他踌躇不决时，雪莱夫人的兄长皮尔福尔德上尉十分及时地来向他的外甥提供了突然“袭击”菲尔德庄园所需的“前沿战壕”。方便之门既开，一切问题就迎刃而解了。

皮尔福尔德上尉是名老水手，为人性格开朗，见义勇为。他在特拉法加任纳尔逊的部下时，曾指挥过一艘帆舰。他不太喜欢那位一本正经的妹夫蒂莫西，但对好幻想的外甥却万分偏爱。至于珀西是不是个怀疑主义者，他可毫不在乎。在他看来，这孩子意志坚强，这才是重要的。他邀请雪莱到他的封地科克菲尔德——离菲尔德庄园十英里之遥——会面，并热情洋溢地接待了雪莱。雪莱感激非凡，主动提出要“开导”他的东道主，以示报答。上尉证实自己是个十足的好学生，竟然在八天后，就已经能运用富有煽动性的三段论推理法，使当地的牧师和学者惊叹不已。

雪莱在科克菲尔德结识了本地一位女教师希契纳小姐。这位小姐年近三十，有着一副罗马人的侧影，还稍具姿色。希契纳小姐是共和党人，她以富于幻想和博学多才而闻名于当地。她总是怨天尤人，抱怨没有人理解她。雪莱恰如其分地赞赏她那高贵的姿态，但发现她依然是个自然神论者的时候，就有些悲哀了，于是，便向她提出通信的建议，想通过书信的往来，医治她的弱点。她欣然同意。

那时，见义勇为的皮尔福尔德上尉大胆前去“冲击”他的妹夫蒂莫西先生了。他颇有见识地使自由党政治领袖诺福克公爵也加入他的“出击”。于是，赶潮流的心理战胜了当父亲的虚荣心。雪莱旗开得胜，可以满载着荣誉，冠冕堂皇地返回菲尔德庄园了。他父亲同意每年无条件地供他两千英镑的津贴。

他终于能和伊丽莎白重逢了。但他发现她已变得使他深感不安。伊丽莎白现已比从前更快乐，更活泼，但轻佻、浅薄得令人难以置信。他以前所熟悉的伊丽莎白是个稳重、热情的姑娘，而现在，她对思想已无动于衷，所关心的只是庸俗的玩乐，盛大的舞会，无聊的闲谈，活着也只是为了“社交”而已。

他试图像从前那样给她看霍格的来信。

“哦！您和您那荒唐的朋友！……我所认识的人全都认为你们俩疯了。”

说完，她就大谈其婚姻。她一心只想着这件大事。世上，再也没比这种事更使雪莱深恶痛绝的了。难道她早已忘却他们阅读过的文章和葛德文那些合乎理性的思想了吗？

“婚姻既可恶又可憎。”他对她说，“它是人们为了降服骄傲心灵而锻造出来的一条最沉重的锁链。我只要一想到这条可怕的锁链，就感到恶心。怀疑主义和自由恋爱就像宗教和婚姻一样，必须相互结合起来。正人君子并不需要法律……伊丽莎白，请看在上帝的份上，读一下‘婚姻礼辞’吧。请您认清，一个正派人能否让一个自己所钟情的可爱的人儿置身于这样一种卑贱之中。”

“但是，您不是想叫我嫁给您的霍格吗？”

“是的，但不是面对着牧师，也不是按照常人的法律办事，而是自由地结合，爱情至上地结合。”

“珀西，这居然就是您给一个妹妹的忠告！”伊丽莎白轻蔑地说。

这一颗心灵既已变得毫无价值，而且又不可救药，再指望说服她，岂不是白费心机。“我何必还要欺骗我自己呢？她已经完了，彻底地完了。‘不容异说’的偏见已把她毁了。现在，她说的尽是些世俗的套套和村言俗语。她所要求我的，无非是要我像社交场上的兄长那样，去拼着性命，为她觅寻丈夫而充当她的走卒。哼！休想！”

本来，他回到菲尔德庄园就是为了重新见到伊丽莎白，而现在既已无可留恋，只有一走了事。他倒也不乏邀请：皮尔福尔德上尉会十分乐意能在科克菲尔德接待他；韦斯特布鲁克大伯将去山区度假，他的两位女儿便恳求雪莱同往；霍格邀他去约克郡小住一个月。霍格的这个主意对他倒是最有吸引的。但毫无疑问，蒂莫西先生对这两名牛津大学的“罪人”彼此分开是看得很重的，认为这种做法大有裨益，因此，他倘若得知他们再度聚首，势必会大为恼火的。再说，他所答应的津贴中的第一笔款子——即全年津贴的四分之一——得在九月一日方能付讫，因此雪莱还是耐心等待为妙。霍格用一种揶揄的腔调，写信取笑他说：“俏丽的哈丽雅特·韦斯特布鲁克毫无疑问已远远胜过了老朋友的情谊。”雪莱回信道：“对您的诙谐，我甚感有趣。如果我对所谓的爱情有所动心，目前我却谁也不爱。但是，我确曾收到两位韦斯特布鲁克小姐的信，我对她俩是推崇备至的。”

当他正在犹豫不决，不知该往哪儿去的时候，他母亲的一位表兄表示愿在威尔士[1]的一个偏僻地方款待他。这倒是在等候领取年金时一个节省开支的办法，于是，他欣然接受了。

途经伦敦时，他本想再去见见希契纳小姐，并与她共进午餐，但这位有着罗马型侧面的女教师恐怕这样的会面有失体统。更何况，她和雪莱先生的地位是那么悬殊！雪莱先生对她这种想法感到愤慨异常，便就“平等”问题写了一封动人心弦的书信。信中，希契纳小姐被称为他的“灵魂之姐”。希契纳小姐受宠若惊，开始想到“雪莱夫人”这一称呼倒也很动听，于是就对着镜子自我欣赏起来。

[1] 威尔士位于英国西部，该地区原系独立地区，于1536年亨利八世时归属英国。

八　“这条可怕的锁链”

威尔士的景色粗犷、优美。那儿，千岩竞秀，万壑争流，峡谷叠翠，美不胜收。这一切都使雪莱心醉神驰。他经常坐在树荫掩映的瀑布边，阅读朋友们的来信。他虽隐居在这环境幽静的世外桃源里，但仍不失为无数灵魂的导师。受他指导的“灵魂”有：希契纳小姐，忠心耿耿的霍格，让虔诚的教徒们感到害怕的皮尔福尔德上尉，伊丽莎和哈丽雅特·韦斯特布鲁克，以及好几个无名之辈。

韦斯特布鲁克一家人刚返回伦敦，雪莱就收到哈丽雅特的来信。信中措词十分悲切，令人深感不安。她父亲要逼她回到菲宁夫人所办的女子学校里去上学。从前，她在那儿处境困难，痛苦万分。同学们都不屑同她说话，甚至对她的询问也都装聋作哑，置之不理；教师们都把她看作是一个身入歧途的女子。她与其在这所人间地狱里苟且偷生，还不如自寻短见，一死了事。“为什么要活着呢？谁也不爱我，我也无人可爱。我既对他人毫无用处，又无法自容。对这样一个人来说，自杀是罪过吗？既然天无天法，那么人世间的法律岂能禁止一种再自然不过的行为呢？”

一阵恐怖攫住了雪莱。在他看来，这位女学生的逻辑是无可指责的。是他的谆谆教导造就了这个学生。既然如此，他怎么能漠然处之，弃她于死地而不顾？在一切都尚未绝望之前，她满可以斗争，拒不从命。他劝她要坚毅、刚强。与此同时，他还亲自写信责备韦斯特布鲁克先生。

咖啡馆老板勃然大怒。这个贵族青年只不过在他的两位女儿身边转悠了半年而已，他们家里的事与这小子有何相干？以前，伊丽莎硬说他将会娶哈丽雅特为妻的。但有谁见过一位未来的男爵与一个咖啡馆老板的女儿成亲呢？这位雪莱先生绝非有意于这桩婚事，他无疑是另有所求的。再说，那天晚上，韦斯特布鲁克先生在女儿房里见到他时，就已看出他的为人。当时，他请他下楼，去和他的朋友们一起喝一盅，对此，雪莱先生居然轻蔑地加以拒绝。什么平民之友？什么平等主义者？又是什么百万富翁比希·雪莱爵士的孙儿？去他的吧！这些人全都是一路货色。

哈丽雅特接到叫她准备动身的命令，便又给雪莱写了一封信。她在信中所提出的一项计划代替了她自杀的念头。那就是：她因被逼迫得太厉害，再也无法承受这种痛苦，只要雪莱同意，她准备和他一起出逃。

雪莱立即乘上驿车，赶往伦敦，心情极其纷乱不安。毋庸置辩，他对这个女孩子是负有责任的。他熏陶了她，致力于使她具有不能容忍邪恶的勇敢精神。他的一封信就是使她蒙受不白之冤的起因。但是，如果他与她一同私奔，他们将何以为生呢？上哪儿去？怎么办？他没有职业，前途渺茫。此外，他爱她吗？他在情场上大大失意之后，还能爱吗？然而，哈丽雅特确是千娇百媚。那天晚上，她披散着栗色秀发，卧病在床的情景，犹历历在目。想到自己要与一位病弱的俏丽女郎一起旅行，他不禁神魂颠倒起来。想排除这些过于甜美的画面，是难以办到的。

他终于见到了她。她面容憔悴，神情凄切。

“他们使您受了不少痛苦吗？”

“噢，不，我的朋友。不过……”她踌躇地说，“不过，我爱您……”此刻，她脸色苍白，情绪激动，一双脉脉含情的眼睛凝视着雪莱，这一切都足以说明她的一往情深。事实上，她确是狂热地爱着雪莱。这个小姑娘早已被他迷住了心窍。她在结识雪莱之前，有着她自己生活圈子里的正常情趣。她崇拜士兵的红色制服，当她情窦初开时，军人便是她心目中的英雄。不过，当她想到婚姻大事时，则希望有个当牧师的丈夫。雪莱扰乱了她那理智的热情。她第一次听到雪莱谈论对宗教与政治的想法时，不禁为之惊骇不已，决定要改造他。然而，一经初次交锋，雪莱的逻辑就制伏了她。既然自己已被强者击败，她便心悦诚服，甘拜下风。现在，她对这个男人和他的学说钦佩得五体投地。

最近，她见雪莱并没到山区与她们一起度假，就生怕永远不能与他重逢，于是，就对自己的痛苦夸大其词，促使她心目中的英雄匆忙赶来。

雪莱对游侠骑士并不赞赏，因为，这些人的行为并不理智。他觉得，把自己立志为人类服务的一生奉献给一位女子，那是应该受到谴责的。然而，眼前这张焦虑不安的俊脸，只要他说一句话就能陡生春意，焕然生辉的。面对着这一情况，他便把自己的原则忘到了九霄云外。他向哈丽雅特伸出双手，并对她说，他是完全属于她的。谨慎之余，他才排除了立即出逃的念头。加速事态的发展显然是没有必要的，而且也是危险的。不过，哈丽雅特对此不必多虑。倘若有人胆敢使用武力，逼她从命，她只要向他召唤一声，他不管身在何方，定将召之即来，携她逃走。哈丽雅特服了这颗定心丸，便又恢复了 16 岁少女所特有的娇艳脸色，更加讨人喜欢。

雪莱刚踏出房门，眼前不见了这个满怀幸福的姑娘时，便一阵长叹，堕入无止境的沉思之中。

他写信给霍格，向他叙述了这一情景。霍格复了一封颇有分量的回信。他在信中恳请他的朋友，千万不要不成婚就偕同哈丽雅特私奔。他尽管深知雪莱憎恶婚姻，但仍然试图用强有力的论证来说服雪莱：“如果您不娶她，那么，究竟是谁在冒风险？是您，还是她？毫无疑问，肯定是她一人在担风险。将要受到社会歧视的，是她；将会身败名裂，终生不得安宁的，也还是她。您有权利把这一切强加于她吗？”这些忠告说得十分巧妙。在所有的感情中，自私自利本是雪莱最为深恶痛绝的。但他又觉得，结婚是一种既可耻而又不道德的行为。在《政治正义论》这本书中，反对“婚姻锁链”的有关章节使他于心不安。正在这彷徨不前的时刻里，有人告诉他，伟大的葛德文本人就结过两次婚。有了这一实例，这才使他有所宽慰。“是的，”他给霍格复信道，“当理智能使社会产生彻底变化时，革新家才可不再面临众多邪恶的非议。在此之前，试图通过一件特殊事例来革新社会形式，那显然是无济于事的。”

然而，他并不急于把他的新观点付诸实践。他的舅舅皮尔福尔德请他去科克菲尔德。他知道，他到了那儿就又能见到那位有着罗马型侧影的美丽的女教师了。他要把自己的理论传授给这位“灵魂之姐”，并希望此行能使这一项工作大功告成。于是，他走了。临行时，他再一次向哈丽雅特许愿，只要她一声召唤，他就立刻返回伦敦。

只有这种19岁的初出茅庐的小伙子才会对即将发生的事情深信不疑。一位热恋中的少女，既已得到了诺言，是憋不住多久的。雪莱走后还不满一星期，一封急信就把他召回伦敦。那些迫害者又一次要把安德洛墨达[1]押送给“学校巨龙”。雪莱见事已如此，无可挽救，就决定先与哈丽雅特私奔，随即举办婚事。

翌日，驱往爱丁堡的驿车载着两个孩子，向北方辚辚驶去。他俩的年龄，加在一起总共才35岁。“这是意志的行为，并非情欲。”年轻的骑士坐在颠簸不停的驿车里，面对着娇美绝伦的未婚妻，这样想着。

---

[1] 安德洛墨达（Andromède）系希腊神话中的埃塞俄比亚公主。其母夸其美貌，得罪了海神。海神遣巨龙患害其国。后来埃塞俄比亚国王得神谕，必须以女祭龙方可免祸，于是就把安德洛墨达扔在海面上，待巨龙吞食。英雄珀尔修斯路过，杀了巨龙，救出安德洛墨达，并娶其为妻。这里把哈丽雅特比喻为安德洛墨达，学校喻为巨龙。

九　少夫少妇

一对遭受迫害、年轻貌美的情人，具有一股几乎令人无法抗拒的魅力。爱丁堡的市民对别人要求他们解囊一事，向来是不大好说话的。而见到这对赤贫如洗的少年夫妇来此异乡漂泊，他们倒也情不自禁地带着好奇的宽容，接待了这两个落魄者。雪莱在离开伦敦时向一位朋友借了几个英镑，但抵达爱丁堡时，已分文不剩。想从蒂莫西先生那儿得到资助，也纯属徒然。因为儿子私奔的消息一定已使他暴跳如雷，盛怒欲狂。

然而，天无绝人之路。一位房东居然只要听听他俩的奇遇，瞧瞧哈丽雅特美貌绝伦的姿色，以及给他许下尽快偿还的诺言，便乐于把舒适的底层房间租借给他们住。不仅如此，他还借了一笔钱给他们应急。这笔钱非但够他们维持几天的生活，而且还可以按照苏格兰的简朴礼仪举办他们的婚礼。他所提出的唯一条件，是要雪莱与新娘答应，在新婚之夜请他和他的几位朋友一起喝喜酒。

于是，比希爵士的孙儿就举办了新婚喜筵，来宾是一帮爱丁堡商人。美酒当前，逗闹新婚夫妇的有趣场面，使这些正派的清教徒的行为稍许有些越轨，对此，雪莱感到很扫兴。玩笑越开越放肆，纯朴而又美丽的哈丽雅特羞得满脸绯红。雪莱见这情形，宣告要与他的妻子退席，回房休息。他这么一说，召来了一阵狂笑。

小夫妻俩回房后，不一会儿，有人前来敲门。雪莱开门一看，原来是他们的房东。“这儿有个规矩”，房东略带醉意地说，“参加婚礼的宾客要在半夜里闹新房，用威士忌替新娘洗澡。”

“谁第一个踏进这房间，我就砸烂他的脑袋。”雪莱拔出手枪说道。

他语声颤抖，两眼冒着火光，露出了昔日在伊顿时的模样。爱丁堡的商人们这才看出，这位貌如女子的年轻人实际上要比他的外貌更具危险性，于是就恭恭敬敬地向他道了晚安，一溜烟地逃之夭夭了。

雪莱与哈丽雅特就这样在一座陌生的大城市里结成了夫妇。他们自由自在，无人打扰，他们用默默交融的目光抒写着满怀的欣喜。

这位曾在驿车里忧郁地暗忖过“这是意志的行为，而不是情欲的冲动”的年轻丈夫，不消几天，就完全堕入热恋之中。哈丽雅特看上去确实娇艳可爱。她总是那么俏丽妩媚，容光照人，生气勃勃，头发总是梳得光洁整齐，纹丝不乱，形同一朵盛开着的、白里透红的鲜花。她虽然服饰简朴，素妆淡抹，但总是干干净净，令人耳目清新。她受的教育虽说不多，但很有学问，其根本原因是她曾阅读了大量书籍。而且，她现在仍然整天阅读，还根据她的兴趣爱好，读了一些伦理著作。

她的老师兼情人[1]把他自己对德行的敬意也传授于她。费

[1] 指雪莱。

纳龙著作中的泰勒马克[1]是她最喜爱的英雄。哈丽雅特经常试着说些诸如“不容异说、平等、正义”之类别具魔力的词儿。这个稚气小儿经常口出大言，就连大法官阁下听了也会惴惴不安的。至于英国国教，她是全然不知的，卡吕普索[2]或瑙西卡[3]所能做的亦不过如此而已。

孩子是很有趣味的，但一旦成群，却令人生厌。雪莱虽被哈丽雅特的风韵、贤惠和虔诚所感动，但一想到霍格讽刺挖苦的谈话和希契纳小姐意味深长的热情，心中仍不免感到惋惜。他不安地寻思，不知希契纳小姐对他的婚姻有何想法。

“我最亲爱的朋友，”他写道，“我还能这么称呼您吗？或者说，我是否已因自己言行不一而失去了德智兼备的人们的尊敬？……在一星期之内，我所有的计划已变得面目全非了！我们岂不是都成了境遇的奴隶？……您一定会暗自思忖，我这个无神论者怎么会屈从于婚姻的礼仪？我怎么会心安理得地同意做这等蠢事？……这正是我要向您解释的。”接着，他就仿效霍格，论证休戚相关的名利关系，并说明，人人都应为他人的名誉和利益着想，绝没有权利损害爱人的声名和利益。“倘若你愿意，那就斥责我吧。哦，最亲爱的朋友，因为对我来说，你仍然是我最亲爱的……你比哈丽雅特年岁大。如果16岁的哈丽雅特不及你明理，则请你多方相助，帮我造就这个真正高贵并值得你关切的灵魂……她现在有多妩媚啊！换句话说，我已

[1] 费纳龙（Fénelon 1651—1715），法国作家。他于1699年所著的《泰勒马克历险记》一书，含沙射影地抨击了路易十四的政策，致使他失宠引退。泰勒马克系《泰勒马克历险记》的主人公。

[2] 卡吕普索（Calypso），希腊神话中爱奥尼亚海中女神，统治奥杰吉厄岛。她救起落水的尤利西斯，并把他留在岛上达7年之久。

[3] 瑙西卡（Nausicaa），费阿刻斯国王之女，搭救尤利西斯。

因自己的过失而成了一个最懦弱的奴隶。”这封信以邀请她来爱丁堡一聚作为收尾，而哈丽雅特的在场，想必可以免除这次会面的不妥之处。但希契纳小姐并没接受邀请，这也许是因为“16岁”与“年岁大”这一说法伤透了她的心，“你”这个诗意绵绵的亲昵称呼也抵消不了她心头所受的创痛。

不过，科克菲尔德那位老处女虽然没来协助雪莱塑造哈丽雅特的灵魂，霍格却不期而至了。那天上午，阳光灿烂，雪莱猛听到有人在敲他们房间的窗户。他探身一看，发现他的朋友霍格手提背包，站在街上，不禁又惊又喜。原来，霍格因约克郡那位律师准他休假几周，就来爱丁堡度假了。

霍格受到了隆重的接待。雪莱喜出望外，说：“我们终于又重逢了！往后，我们将永远不再分离！应该先让他们在屋里替您准备一张床铺。”哈丽雅特闻声而来。霍格见哈丽雅特年轻美貌，容光焕发，喜气洋洋，不禁为之倾倒。像她这样光彩照人的女子，他还从未见过。房东被硬拉了来。“要个床铺！马上就得办！在这屋里安排个床铺，这可是刻不容缓、非要不可的……”等他们嚷嚷完了，允许这位可怜的房东回答时，他表示可以在顶楼替霍格腾出一间房来。

三个朋友彼此间有千言万语要说，有种种事情要问。他们异口同声，你一言我一语地争着说话，小女仆也大声吆喝着端茶进来，搞得屋里热闹非凡。他们尽兴谈了一阵后，雪莱提议出去散散步。于是，一行三人前去参观玛丽·斯图亚特[1]宫。哈丽雅特本是女子学校的优等生，而且又阅读过大量历史小说，在导游过程中，她详尽地向他们介绍了许多有趣的情节。

[1] 玛丽·斯图亚特（Marie Stuart，1542—1587），苏格兰女王。

从宫中出来时，雪莱向霍格表示歉意，说是不能再奉陪了，因为他必须回家写些信件，但他却要哈丽雅特陪伴霍格登山，俯瞰城市全景。

霍格对这宜人景色赞不绝口。他们两人在山巅憩坐良久，流连忘返。霍格也许因对这位向导十分中意，所以觉得这次散步很惬意。

下山时，一阵大风拂起了哈丽雅特的裙边。她发觉霍格饶有兴趣地窥视着她的脚踝。于是，她重又坐在山石上，并宣称，要一直坐到风止后才走。霍格饥肠辘辘，竭力反对，却又无可奈何，只得自顾自下山去了。哈丽雅特见他走了，也就随后跑了下来。他们就这样开始了几周甜美的生活。

唯一令人不安的，是钱的问题。幸好，为人正直的皮尔福尔德舅舅寄来了大量的礼物。“对儿子大发雷霆是完全可以的，”皮尔福尔德舅舅说，“但断他生路，让他挨饿，则是另一回事了。”此外，霍格还有些钱聊以维持生计。

尽管如此，蒂莫西先生却仍煞费苦心地写信给老霍格先生：“我认为，我有责任告知您，我那不孝之子刚与一个年轻女子逃往苏格兰，而令郎居然也跑去同他们会合了。”

雪莱的信件多得出奇。他每天早晨先要外出取信。早餐后，他就写作或埋头于翻译布封[1]的作品（这项翻译工作是他在霍格到来之前业已着手进行的）。哈丽雅特与霍格则去户外散步。如遇天气不好，哈丽雅特就给霍格朗读。她挺喜欢高声朗读，读得抑扬顿挫，倒也蛮出色。因而霍格聆听了《泰勒马克历险

[1] 布封（Georges Louis Leclerc de Buffon，1707—1788），法国作家、博物学家，著有《自然史》。

记》的大部分故事，从不抱怨。聪明的爱多美纽斯[1]为克里特岛制定法律的情节，听起来本是极为枯燥无味的，但朗读者是如此俏丽妩媚，霍格整天整天地听着，也不觉得乏味。而礼貌不周的雪莱，有时听了竟昏昏而睡，让人难堪。他的朋友就伙同他的妻子，对他横加滑稽的责难。霍格觉得，与哈丽雅特默契，共同设法揶揄雪莱，有一种难以名状的快感。

时值 1811 年，那是彗星屡现，美酒丰盛，夜色清朗的一年。

[1] 爱多美纽斯（Indoménée）是克里特岛之王，曾与希腊诸邦参与特洛伊之战。这里是指《泰勒马克历险记》中所述之事。

十　霍格其人

霍格因假期已告结束，必须重返约克律师事务所工作。雪莱和哈丽雅特反正在爱丁堡也无所事事，在别处更无所作为，便决定跟他一起去约克了。他俩设想了一项简单而又必要的生活计划：先跟这位与他们难分难解、形影不离的朋友一起留在约克，暂住数月，待霍格结束见习工作后，三人再一起迁居伦敦，并在伦敦从事写作，专心阅读，轮番朗诵作品，以此度过他们的有生之年。

为了使哈丽雅特在旅途中不致过于劳累，他们雇了一辆驿车。沿途，景色单调乏味。大路两旁，大麦地和甜菜地交替相间，一望无际。

“究竟哪个是大麦，哪个是甜菜啊？”哈丽雅特问道。

“呵！你这个五谷不分的城市小姑娘！”雪莱生气地答道。

坐在驿车角落里的讽刺家霍格，听了他们的一问一答，不禁暗自寻思：雪莱对农业是很精通的。他这个博学广识的爱多美纽斯，怎么会没把这些知识传授给他的学生呢？

哈丽雅特为了给长途旅行增添声色，继续高声朗读《泰勒马克历险记》。雪莱则连连大声叹息：“亲爱的哈丽雅特，有必要全念吗？”

“当然有必要，非得全念不可。”

“你不能跳过一些章节吗？”

“不行，这不可能。”

在第一个驿站休息换马时，雪莱竟不知去向了。他像神话中的矮鬼一样，总是有一种能在空间销声匿迹的惊人本领。霍格四处奔找，终于在海边找到了他。原来，他正带着忧郁的神色在观赏落日。

约克很快就引起了雪莱的强烈恶感。这座北部古都虽在神学方面颇负盛誉，市民也彬彬有礼，却打动不了他的心。他们在那儿只能找到几间破陋的房间权充住所，暂且栖身。“我们不能在这儿久留。”雪莱说道。

但是，要离开约克，就得花钱。他决定到科克菲尔德去看望为人正直而又爱惜人才的皮尔福尔德上尉。到了科克菲尔德，他又可以去登门拜访希契纳小姐了，她也许会同意跟他一起回约克的。而且，他在路过伦敦时，没准还能把伊丽莎带来，哈丽雅特正希望她来作客。这样的话，雪莱的“灵魂之姐”便能首次相聚了。

于是，他搭上公共马车启程了。哈丽雅特和霍格则留在原地，相互做伴。这倒是一种奇特而又美妙的境况。在这座人地生疏的城市里，他们自由自在得像在荒岛上一样。霍格十分年轻，而且又很风趣，能帮人消愁解闷。哈丽雅特觉得，跟这样一个伙伴在一起玩玩“过家家”的儿童游戏，倒也横生情趣。霍格诙谐的语气把她逗得乐不可支。这种语气给人以轻松感。雪莱那种热切而又严峻的语气虽也深受她赞赏，但两者相比，适成明显的对照。霍格在爱丁堡时，曾对她倍加称颂；在旅途上，也对她百般奉承。她对此并不觉得十分荒唐可笑。珀西总是有些“教师”腔，她所知道的一些东西，全是由他教的。他一本正经地纠正她的错误，对她的才能了如指掌。霍格则相反，他欣赏她的一切，注意她的裙衫和发式。他一边听她朗读《泰勒马克历险记》，一边称赞她的音色，而且总是高高兴兴的。这一切都令人感到很舒服。

霍格的精神状态却与她迥然不同，他的思想远不如她这样纯洁。雪莱心甘情愿地让他单独和她在一起，而韦斯特布鲁克家也许从来也没教育她应注意举止稳重，这样，他由于整天厮守在这个迷人的姑娘身边，不禁很快就一个劲地向往她了。起初，他还告诫自己：“这可是一种要不得的邪念呀！朋友之妻不可戏。我既然与雪莱至诚相待，决不能把他的妻子当作自己的情妇。”但是，“聪明”好比是个误人子弟的拉皮条女人。而他那过人的聪明，正如它一贯所为的那样，也开始在为他那业已抬头的本能服务了。

“既然雪莱把她投入我的怀抱，”他寻思着，“这还能是我的过错吗，一个人既然屋里藏娇，哪里还会有心思整天书写一些有关‘美德’的信件而贻误良辰？她的确美得动人心弦。当她在约克的街上款款而过时，连那些最假道学的人也憋不住要凭窗饱餐她的美色……再说，雪莱爱她吗？他以保护人自居，带着一种多情的，但又颇为轻蔑的神色对待她。不过，他这样待她，也并没完全错……哈丽雅特是哪类人物？只不过是个咖啡馆老板的女儿罢了……她不见得会很凶的。”

霍格自从结识雪莱以来，内心一直有两种自相矛盾的感情在对峙着。他对他这位朋友的胆识颇为钦佩，对他豁达坦率、赤诚正直的为人甚为赞赏。他承认，雪莱的心灵像颗举世无双的纯洁的金刚石；但与此同时，他内心“幽默的一面”却又对雪莱另有看法，认为雪莱言论放肆，夸夸其谈，行动虽很激烈，但总是无所作为，使他深感可笑。在牛津时，他曾经扮演了受过教育的桑丘，既富有人道而又诙谐，是这位披着满头金栗色鬈发的堂·吉诃德的仆人。他还跟他一起，被可怕的风车撞得头破血流。在他们两人结成友谊之初，直至在爱丁堡重逢，霍格对雪莱的赞赏一直占着上风，讥讽仅仅局限于给它那获胜的对手染上一道不经久的温柔色彩而已。而现在，讥讽受情欲这个同谋者的挑唆，便显而易见地增长了。

雪莱不在家的头一天，霍格走出事务所便去找哈丽雅特，带她到河边散步。他如痴似醉地瞧着她，满口胡言乱语，不知在讲些什么。她谈论着自己的丈夫，心焦如焚地期待他早些回来，不言而喻，首先是为了能重新见到他，其次是因为他必定会把她亲爱的姐姐伊丽莎带来：“您等着瞧吧，伊丽莎长得很美。她有一头乌黑的秀发，她聪慧得很……在我一生的重要时刻里，总是她给我指点迷津……”

“小姑娘！这么说，在您的一生中已经有过重要时刻啦？”

哈丽雅特叙说了她在女子学校里的种种不幸和她的婚事。她沉默了一会，陷于对往事的回忆中，然后问道：

“您对自杀有何想法？您从没想到过要自寻短见吗？”

“从未想过，”霍格说，“但愿您也如此。”

“不，我经常想自杀……甚至在学校时，我也有过半夜里起床想要自杀的事。我凝视着窗外，向明月、繁星和睡熟了的同学告别……但后来，我又躺下，重又睡熟了。”

他们继续散步，互诉衷曲，然后回家煮茶。霍格在煮茶时总是十分逗人。茶毕，哈丽雅特建议大声朗读。那天晚上，霍格根本无心听她朗读，压根儿不知道她在读些什么。当她向他道了晚安，抽身回到她自己房里去休息时，他带着邪念想道："她会是规规矩矩的吗？"

翌日，他一见到她，就向她诉说，说他狂热地爱她。

哈丽雅特听了非常激动，同时也非常气愤。对一个16岁的小姑娘来说，她自卫得相当出色。她谈论雪莱，谈论道德："您没看到您的行为有多可恶吗？珀西托您保护我，而您却肆意利用他对您的信任……不过，我相信您已悔过自新了……我求您以后别再提起此事了……雪莱是十分信任您的。为了不使他伤心，我甚至也可对他只字不提。"

她讲得很生动。表白本是俏丽女子所擅长的舌战，而善战的士兵是决不讨厌战斗的。英勇的哈丽雅特出师告捷：霍格答应做个有理智的人。

当天晚上，霍格从事务所回来时，见一个身材高大的女子紧挨着哈丽雅特，坐在沙发上。她头发乌黑，长马脸，脸色灰白。

"霍格，"哈丽雅特说，"这就是伊丽莎……她来了，够交情的，是吗？……伊丽莎，这位是霍格，是我们的老朋友，雪莱经常对您讲起过他。"

伊丽莎冷淡地点点头。

"我还以为您一定会和雪莱一起回来的。"霍格说。

"呵！哎呀不是！"伊丽莎说，然后只顾跟哈丽雅特继续谈话，不理这位来客。

霍格在这个家里从未受过这种冷遇。"伊丽莎就是这个德行吗？"他心里想道，"她又丑又俗气……这样一来，我与哈丽雅特的促膝谈心就此告终了……也许，这样反而更好……不过，这毕竟是很煞风景的……"

“亲爱的哈丽雅特，”他大声说道，“我们今晚不喝茶了吗？”然后，他又转过身来，彬彬有礼地对伊丽莎说：“韦斯特布鲁克小姐，您不喝茶吗？”

“呵！哎呀不喝！”伊丽莎说道。

“那您呢，哈丽雅特？”

“我也不喝。”

霍格憋着气，自己沏茶，独自默默地喝。

从这时起，这屋里就变得使他难以忍受了。伊丽莎已经把家里的事“一把抓”了，或者倒不如说，她已重新接管了家庭指挥权。她从哈丽雅特的童年时代起就管教着她；后来，在哈丽雅特结婚初期，她出于无奈，把她交给了雪莱；现在，她又回到这对夫妇这里，就像一位船长回到了船上，把船旗升上了桅顶，再也不允许船上有别的主人。

伊丽莎开始严厉地批评起雪莱的行为：“那么，要是我不来，他就这样让你单独跟一个年轻男人待在一起喽……真叫人不可理解……公正的老天爷呀！沃恩小姐知道了会怎么说呢？……这个年轻男人竟然还叫你“亲爱的哈丽雅特”？而你居然还容忍得了他这样叫你！”

霍格一提出要去散步，伊丽莎马上接口说：

“您别想了吧，哈丽雅特已经疲惫不堪啦，她很不舒服哩……”

“哈丽雅特不舒服吗？”霍格大惊失色，问道，“我的上帝，她怎么啦？”

“她神经过于紧张了；您该是瞎了眼吧，才会没看出来。”

而且，倘若哈丽雅特想给霍格念念他正十分需要的爱多美纽斯的贞洁戒律，伊丽莎就说：“哈丽雅特，你还要大声朗读吗？你那脆弱的神经顶得住吗？……公正的老天爷呀！……沃恩小姐知道了会怎么说呢？……”

“沃恩小姐究竟是何许人？”霍格趁这位令人望而生畏的伊丽莎关在自己房里的片刻之机，压低嗓门问哈丽雅特。

“她是伊丽莎的好朋友……我们很尊重她的意见。”

“为什么？她是一个出身高贵、受过良好教育的杰出人物吗？”

“沃恩小姐吗？呵！她并不是什么杰出人物。她和我们一样，是一个酒吧间老板的女儿。”

霍格听了，仰天长长地叹息着。

“那么，伊丽莎在她自己房里干些什么？她在看书？”

“不。”

哈丽雅特俯身凑近他耳边，神秘地说：“她在梳头哩。”

“那我们出去吧，哈丽雅特。”

哈丽雅特起初拒绝外出，但由于伊丽莎梳头梳得没完没了，她终于同意陪霍格出去一会儿。

霍格自从第一次图谋不轨以来，一直遵守着自己的诺言，要“做个有理智的人”，而哈丽雅特对此感到既高兴又失望。她坚信自己有毅力抵拒诱惑，但对她来说，考验一下这种毅力又何尝不是一件乐事。霍格走到桥上，慢慢停下脚步。暴涨的河水夹带着各种各样漂浮着的残片碎屑奔腾而下。

“亲爱的哈丽雅特，如果伊丽莎浮在河里，顺水而下，定会妙不可言的。难道您不这样认为吗？……她会像这根木梁一样，带着她那乌黑的头发，随着漩涡转来转去，飘舞不休的……那样的话，‘公正的老天爷呀！沃恩小姐知道了会怎么说呢？’”

哈丽雅特扭转头去，放声大笑。霍格是个亵渎圣物的人，不过也真是个幽默的怪物。

“亲爱的哈丽雅特，您笑得真美……您笑得健康无邪，笑得真欢快哪！”

英勇的哈丽雅特感到战斗已近在眼前了。

十一　霍格其人（续）

雪莱于次日返回家中，比他们所期待的要早得多。他这次外出竟一无所获，败兴而归。蒂莫西先生拒不见他。这个为父的也认为雪莱办婚礼是一桩弥天大罪，不过，他这种看法的动机是与他儿子的动机迥然不同的。

“他若要我出钱帮他抚养几个私生子，那我倒心甘情愿。”他对皮尔福尔德上尉说道，“但娶亲？……别再对我提起他了。”

希契纳小姐因慑于可能会产生的诽谤，拒绝陪雪莱赴约克。雪莱回程途经伦敦时，得知伊丽莎没有等他，早已独自径奔约克了。他只得孑然而返，一路上风尘仆仆，疲惫不堪，郁郁不欢，指望回家后能在妻、友之间排解他旅途中的寂寞与抑郁。

雪莱刚进家门，立即就感到，在这小小的生活圈子里有一种难堪和压抑的气氛。伊丽莎关在她自己的房里，整天在梳着头发。霍格和哈丽雅特非但不再笑声朗朗围着茶具互相打趣，反而彼此回避，十分隔膜；当霍格主动与哈丽雅特讲话时，她却以一种冷淡而又充满神秘的口气回答他。

“亲爱的哈丽雅特，”雪莱在他们夫妻俩单独在一起时马上开门见山地说道，“你对霍格的态度太高傲，我不喜欢……他是我最好的朋友；我不在家时，是他和你做的伴。如果说现在你已有姐姐与你做伴了，那么，这也不能成为你冷待他的理由。我是把他当作同胞手足看待的。”

哈丽雅特长叹一声。“好一个朋友！”她露出一种蔑视的神色，含沙射影地说道。

雪莱听了大吃一惊，硬逼哈丽雅特作出解释。她便向他叙说了事情的原委：“他两次向我表白爱情……第一次，他对我说，他狂热地爱我……我试图以说笑扯开话题……我让他住了嘴……我以为事情就此了结，甚至还打算不对你提起此事，以免你心中不安……谁知他昨天又开始胡说八道……他对我说，他没有我就再也活不下去了，要是我不答应他，他就得自寻短见。”

雪莱听后，顿觉浑身冰冷。一种突如其来的异样感觉使他的心脏停止了跳动，人也仿佛瘫死了。

“霍格？霍格居然做出这种事来……难道你没给他指正？……”

“呵！凡是我能说的，我全都说了……我说他不讲情义……背信弃义……他回答我说：‘既然我们在恋爱，这一切又何关紧要？这对雪莱正合适，他是一个冷酷无情、思想纯洁的角色，一味奢谈美德。而我，我爱您，其余的事都无足轻重……再说，我们相好会给雪莱造成什么危害？他将一直蒙在鼓里。只要您内心眷恋他，为什么不可以答应把爱情给我？他有那么关心您，把您放在心上吗？……’”

“他竟然还说了这种话？”

“是的。而且还说了许多别的话……他说你处处事事都得说教，满口大道理，使他无所适从；还说你热衷于空想，在感情上却冷若冰霜，而在实际生活中唯独感情才最重要。我已经尽我所能辩驳了他。”

雪莱听完这一席话，竟瘫倒在沙发上。他觉得，一层灰蒙蒙的迷网霎时间蒙住了整个世界。一阵可怕的眩晕使他心烦意乱，不寒而栗。

“霍格竟然企图勾引我的妻子，而且还选择了我托他保护她的时机来干这种勾当……当初，我曾温情脉脉地注视过他那张脸……我心里在想，要是天下人都能像我这样瞧他，那么，他那正直的神情势将为天下带来太平……而现在，他已换了一副嘴脸，再也没比这种事更缺德的了……不过，他在牛津的行为，却是如此高尚，如此无私……我应该和他谈谈，我应该和他评评道理……”

雪莱对哈丽雅特抚慰了很久，然后请霍格随他出城。霍格预料会有一场争吵，已有了思想准备。他直认不讳。

“对的。这是千真万确的……我自从在爱丁堡见到哈丽雅特的头一天起，就爱上了她……这能怪我吗？女色使我神魂颠倒，我生来就是如此。哈丽雅特姿色绝伦，美得出奇……我再对您重复一遍，我对她一见钟情，早就爱上了她。”

“这不是爱情，而是欲念。这是一种庸俗的本能，绝不是使人跟动物有所区别的那种高尚的情操……邪念能算是爱情吗？霍格，请您深思：爱情应该是以忘我为前提的，并要为自己所爱的对象谋求幸福；而您却只能给哈丽雅特造成不幸……因而，您的感情并不是爱情，实际上正相反，这是自私自利……”

“随便您怎么叫它吧……名称又有什么关系？……这是一种可怕的激情。我觉得，这种激情是战胜不了的，要不然，我当初就会竭尽全力抗拒它。”

“没有任何一种激情是不可战胜的……意志能战胜一切……倘若您当初为我想想……我老实告诉您，我得知此事后深受刺激。我觉得，我一下子就衰老了许多，憔悴得厉害，这要比身受20年苦难更伤人……我觉得我的心枯萎了……而可怜的哈丽雅特……您以为这一切不使她痛心吗？”

霍格脸色苍白，神情沮丧。他显得既内疚又痛苦，而实际上他也的确如此。他也爱雪莱，因此严厉地谴责自己。他心里想道：“没有一个女子值得我牺牲这样一位朋友。”然后，他大声疾呼道：“雪莱，我对所发生的事深感遗憾；我将设法忘掉它；我向您请罪，也向哈丽雅特请罪，望你们饶恕我。我们重新像以前那样生活。请您别再生我的气了。”

“我并没有生您的气；我恨您的过错，而不是恨您本人。我希望您能像我一样，怀着厌恶的心情正视您这可恶的错误。但愿这一时刻早日到来。到那时，您就不必再对这一过错负疚了。痛改前非的人也就不再是罪人。而我面对着一个脱胎换骨了的‘现在的您’，也就决不会再来谴责‘过去的您’的错误了。”

雪莱因控制住了自己的愤怒和嫉妒，并找到拯救霍格的光明大道而感到万分幸福，他几乎忘了自己所受的凌辱。

但女人是没那么宽容的。雪莱回到家里，向两位女眷述说了经过。当他说到他已原谅了罪人时，伊丽莎嚷嚷开了。“什么！您还打算继续跟这个男人一起过？……公正的老天爷啊！哈丽雅特脆弱的神经会成什么样啊？……”

次日，霍格从事务所回来时，发现屋里已空无一人。

十二　初交成年人

雪莱和他的两位女眷在逃离可悲的霍格时，决定向情趣盎然的滨湖区进发。一种感情上的原因把雪莱吸引到这个风景如画的省里来。这种原因与促使他喜欢波兰街的理由是颇为相似的。骚塞[1]和柯勒律治[2]这两位伟大的自由主义诗人住在滨湖区为时已久，因此，一次凑巧的机缘便能使雪莱有幸遇见他们。与自己想法一致的伟人是不可多得的。对雪莱来说，最大的快乐也就莫过于结识这种凤毛麟角似的伟大人物。

他们在凯齐克租赁了一幢鲜花盛开的乡间小屋。根据租房契约规定，他们无权享用花园。但是，房东把雪莱和哈丽雅特当作一对迷途的孩子看待，对他们特别照顾，准许他们到花园里嬉戏。隔不多久，邮差就领教到雪莱家往来信件的繁多。

邮件中最多的是跟霍格之间往来的书信。霍格的来信很叫人灰心丧气。他给哈丽雅特写了好些冗长的书信。他在信中发誓，要尊敬她；与此同时，又说要毕生崇拜她。哈丽雅特对他

[1] 骚塞（Robert Southey，1774—1843），19 世纪英国湖畔诗人之一。

[2] 柯勒律治（Samuel Taylor Coleridge，1772—1834），19 世纪英国湖畔诗人之一，也是批评家。

这种过于痴心的爱情感到厌倦，但也不免沾沾自喜。“随着时间的流逝，况且又遥隔千里，鞭长莫及，霍格的感情终将淡薄。”当雪莱这样说时，哈丽雅特却带着怀疑的神色摇摇头，表示不信。她对她那位崇拜者所受到的创伤感到由衷的不安，即使当她发现这种创伤并不是致命的，她同样深感不安。“相隔两地，”她说，“固然能平息轻微的痛苦，但却会滋长重大的痛苦，激发更大的热情。”当霍格在信里写道：“我将得到哈丽雅特的宽恕，否则，我将肝脑涂地，倒在她脚前。”她虽因胜券在握，洋洋得意，内心却另有一番凄凄切切的感觉。没有任何枪声来骚扰他们那隐没在花草丛中的幽静居处。对此，哈丽雅特既放心又失望。

邮件中居次的是希契纳小姐的来信。自从霍格自甘堕落以来，希契纳小姐已成为雪莱唯一的知己。雪莱几乎每天都有几页谈论美德的紧急信笺投寄给她。哈丽雅特也亲自在丈夫狂热的言论后面附笔，热烈邀请她来滨湖区舍间一聚。

诺福克公爵就住在附近的格雷斯托克。他曾出面替雪莱父子调解过，促成了他们父子初次言归于好。雪莱他们现因经济问题日趋严重，决定给他发函求援。这位“善良之神”亲切地给雪莱先生复函，邀请他偕同妻子和大姨前往公爵府邸共度周末。公爵对这个年轻的叛逆者深感兴趣。这也许是他天性好善之故，也许是因为雪莱像是命中注定要在成年时成为国会议员和六千英镑年金的继承人之故，而他，身为政党领袖，有责任博得这个年轻人对自己的好感。

哈丽雅特在格雷斯托克的公爵府里表现得仪态大方，雍容华贵。公爵夫人早就听别人说起过雪莱奇特的婚事，对他妻子出众的容貌和文化修养惊喜不已。甚至连伊丽莎也丝毫没引起别人的反感。这次旅行硕果累累。韦斯特布鲁克先生得知自己两个女儿在一位公爵的府上当了几天上宾，而女婿到公爵府时穷得口袋里仅有一个畿尼[1]，此时，他突然大发善心，慷慨解囊相助，同意每年给这对年轻夫妇两百英镑的津贴。蒂莫西先生当然也不能显得过于吝啬，更何况他的“宗主”和领袖亲自出面请他高抬贵手。于是，他也同意给雪莱恢复两百英镑的年金。这样一来，雪莱的贫困危险已被排除。

但在雪莱看来，最重要的是他未作任何让步就取得了这一成果。他函告父亲：“我认为有义务告诉您，无论我能从中获得多大利益，我也决不能答应隐瞒我在宗教或政治方面的己见……否则，这样一种行事方法对您、我的名誉都会是不相称的。”蒂莫西先生复函道：“我之所以给您一笔津贴，纯粹是为了阻止您敲诈勒索外人。”显然，他根本无法理解某种高尚的情感。

雪莱在诺福克公爵府上遇见了骚塞的一位朋友，此人提议带他去这位诗人府上作客。这样，他就初次登门，当面晋见一位他所崇拜的作家。

雪莱素来是把诗人的思想与一切最可爱、最令人神往的事物联想在一起的，但骚塞却使他震惊到了极点。他在一幢颇为富丽，且又十分暖和的住宅里见到了骚塞夫人，这位夫人却与缪斯[2]毫无相同之处，倒是更像一个没有什么学识的家庭主妇。她原是个女裁缝，现在还用剩料碎布装订丈夫的书籍。家里几个藏衣室便是她发挥天才的“圣地”。她俗不可耐，张口便谈金钱、烹饪和女仆，活像个最令人讨厌的管家婆。诗人似乎对

[1] 畿尼，英国的一种古金币，价值 21 先令。

[2] 缪斯，希腊神话中的 9 位文艺和科学女神的通称。

这些见不得人的耻辱浑然不觉。他自己倒像是个好好先生，但推理极为肤浅。他承认社会应予改造，但又补充说，社会只能十分缓慢地予以改造。他还用了“无论是您或我，我们都看不到社会的变革”这么一句颓唐的习惯用语。他反对爱尔兰天主教徒的解放，也反对一切真正激进的措施。更有甚者，他竟自称是个基督教徒，这使雪莱对他的敬意一落千丈。雪莱遗憾之余，就怏怏告辞了。

好好先生骚塞远没料想到他自己的这番话在雪莱心中所产生的印象。“真是个不可思议的小伙子。”他在来客告辞后想道，“他最大的苦恼似乎是知道自己是大批田产的继承人。他对将来每年会有六千英镑的年金一事深感不安，其程度同我当初在他这个年龄时因身无分文而发愁是完全一模一样的……除此之外，我觉得在他身上看到了我自己的幽灵。他自以为是个无神论者，但实际上却只不过是个泛神论者而已。这是青年的一种通病，我们都是过来人，也都有过这种青春幼稚病。他正好碰上了我，而且也不可能找到一位比我更高明的良医了。我给他来了个对症下药，用贝克莱[1]疗法对他进行处治，不出本星期，管保他成为一个贝克莱主义者……他有生以来初次遇到一个像我这样理解他的人，这件事已使他惊喜交集……总之，上苍有灵，天助我们啊！世界需要得到改造。这个年轻的雪莱先生并不正经八百地完全擅长此道。不过，得使他信服，用每年六千英镑的年金，他满可以做很多好事。我对这一点倒还并不丧失信心。”

“青年”与“成年”就这样在途中邂逅相遇了。“青年”怀

[1] 贝克莱（George Berkeley，1685—1753），爱尔兰人，主教，唯心主义哲学家。他认为，全部自然现象都显示了上帝的意旨。

着一种不耐烦的敬意瞅着“成年”，“成年”则带着一种善意的讥讽注视着“青年”，并立志借助于一种更为老成的思想的威力去轻而易举地制服“青年”。但“成年”却忘了，隔代人的思想完全和莱布尼茨[1]的单元一样，是彼此互不融贯的。

为了帮助雪莱夫妇，骚塞和他的妻子做了力所能及的一切。诗人在当地很得人心，深孚众望。他登门造访雪莱的房东，经他游说，使这幢小屋的房租得以减少。骚塞夫人见哈丽雅特对家务琐事一窍不通，便在烹饪和洗涤方面对她精心指导。甚至还把床单和桌布借给她使用。就骚塞夫人来说，这就是她对哈丽雅特最大的恩典。但是，雪莱所发现的一件事却使“成年”怯生生的努力全部付之东流。

雪莱在一本杂志上偶然发现骚塞的一篇文章。在这篇文章里，那个可恶的英国老国王[2]被作者称作是“在位的最贤明的君主”。显而易见，这是略带粗俗的阿谀奉承。骚塞渴望成为流芳百世的桂冠诗人，而显贵荣耀的宦途却是荆棘丛生，难以攀登的。雪莱不能原谅这类低三下四的卑鄙行径；他通知骚塞，从今以后，他就把他看作一个被人雇佣的奴隶，一个干着卑劣勾当的罪魁祸首，并拒绝见他。

就在此事发生的时候，雪莱早已很少把骚塞放在心上了。殊不知，雪莱刚好发现葛德文还活着。这个伟大的葛德文就是《政治正义论》的作者，婚姻制度的破坏者，神的敌人，无神论者，共和主义者，革命的葛德文。他竟然还活着，住

---

[1] 莱布尼茨（Gottfried Wilheim Leibniz，1646—1716），德国著名哲学家。他与牛顿同时创立了微积分，创造了单元学说。这种学说认为，在灵魂与形体之间存在一种“预定的”谐调。

[2] 指乔治三世。

在伦敦，也和所有的人一样有个通讯地址。总之，他发现，给“德行的先知”本人投寄一些德行高超的信件已是可能的事了。

“收到一个陌生人的来信，”他写道，“您必定会感到惊讶。任何一种介绍方式都从未准许（也许以后也不会准许）这样冒昧从事的。凡夫俗子都把这种自由称为‘冒昧’；这种自由，尽管它没被习俗所认可，但也还不至于被理智谴责吧。与人类最休戚相关的利益迫切地要求，别让时髦的礼节造成人与人之间的隔阂。”

“葛德文的名字曾一直在我的心田里激发起尊敬和崇拜的心情。我已习惯于把这个名字当作是在四周的黑暗中闪烁着的一线光明……因此，当我得知您还健在，并打听到您的住所时，内心的激动是难以名状的。而您也就不至于会对我的激动心情感到惊讶了。我以前曾把您的大名列在卓越的已故者的名册上；但事实并非如此，您还在世，而且我深信，您还在筹划着人类的幸福。”

“至于我，我仅仅是刚登上创作舞台。然而，我的心情和我的推理却正是您当初的心情和推理。我的前半生虽十分短促，但却变故纷纭……我所经受的不幸遭遇已把我自己的原则作为真理而深深地铭刻在我的心中……”

威廉·葛德文收悉此信时，颇为沾沾自喜。他在发表《政治正义论》时，曾一度声名显赫，嗣后，便重又陷于默默无闻的境遇。他的一生也可以说是变故纷纭的，甚至比他这位浪漫的门徒更配得上这样说。他在风华正茂的青春时期是一名牧师，到了30岁却摇身一变，成了无神论者和共和主义者。他于 1793 年，发表了那本著名的书[1]。庇特先生险些要对他“赏光”提出法律诉讼。但因这部著作售价昂贵，每册要售 6 畿尼，这才使这位内阁大臣稍放宽心，认为过高的售价足以防范书中的危险理论，不至于流传太广。4 年后，葛德文娶了天才的女作家玛丽·沃斯通克拉夫特为妻，从此，一直跟她一起生活。不料，她刚生下一个女儿，自己却在分娩时不幸亡故。而葛德文，这个疯狂地反对婚姻的人，几乎立即就跟克莱尔蒙特夫人结了婚。克莱尔蒙特夫人是住在他隔壁的一位寡妇，她以前曾在自己的阳台上向他调情，说：“是否真有可能让我瞻仰不朽的葛德文？”

这对夫妇的生活是艰难困苦的。他家共有 5 个孩子。这几个孩子是由不同的父母所生的：玛丽·沃斯通克拉夫特和葛德文所生的一个女儿，名叫玛丽，她是这两位天才的结晶；克莱尔蒙特夫人头婚所生的两个孩子，分别名叫简[2]和查尔斯；葛德文和克莱尔蒙特夫人所生的儿子最年幼，名叫小威廉；另外还有一个名叫范妮·伊姆利的少女，她是玛丽·沃斯通克拉夫特头婚时生的。范妮·伊姆利既温柔又可爱，她与这个家庭里的两位户主都无血缘关系，是葛德文家的“灰姑娘”。

葛德文的续弦戴一副墨绿色的眼镜，脾气暴躁，对待玛丽和范妮冷酷无情。葛德文为了养活全家，早就从事出版儿童读物的工作，书店则由葛德文夫人经营。这位哲学家的生活凄凉、艰难，凡能聊以慰藉其虚荣心的种种乐事几乎已丧失殆尽。而现在，喜事突然从天而降。一个从凯齐克慕名找上门来的门徒，写来了一封文笔潇洒、优雅的信件，这对他来说，倒

[1] 即指《政治正义论》。
[2] 即简·克莱尔蒙特。

是一阵来得正巧的及时雨。至少，这个年轻人把他看成是一道过于耀眼而令人无法凝视的光芒。既然如此，对一个债台高筑的儿童读物出版商来说，结识这样一个年轻人，确是最必要不过的了。

他给雪莱复信道，来信使他很感兴趣，但他希望了解一些有关雪莱本人的详细情况。他在信使回程时收到雪莱寄来的一份详尽自传。自传里，蒂莫西先生和牛津大学的校长被描绘成两个不太光彩的角色。葛德文还从信中得知：雪莱是他们家的财产继承人，这笔财产每年的年金是六千英镑；他娶了一位与他见解相同的女子；他已发表了两部小说和一本小册子，而且，他还会把这三本书寄给他这位名师。这封充满浪漫色彩的书信被葛德文家的姑娘们兴致勃勃地竞相传阅，但使《政治正义论》的作者有些难堪。自从葛德文身为一家之长以来，他终于已落到了要树立父亲的权威的地步。他告诫雪莱，要放谦逊些。也许这位蒂莫西·雪莱先生的所作所为正是为他儿子着想。既然您年幼寡识，就不该过分抨击，尤其是不该公开发表自己的见解。“在您应该当学生的年岁里，为何要心痒难搔，欲为人师？”

如果这封信是由别人而不是年高德劭的葛德文写的，那么，这个写信的人势必会立即被雪莱编入“不容异说”的辩护士之列，成了出卖良心的人了。但青年人是那么需要等级和权威来加以约束，因此，即便是叛逆的青年，也还是要接纳一个意识上的导师，并心甘情愿地对他顶礼膜拜。雪莱那神秘莫测的灵魂比任何人更需要有所膜拜。“我别无他求，”他再三解释道，“只求为人弟子；当我确信人家并不企图欺骗我，而且我是面对着一个的的确确高人一等的天才时，我就会彻底信任他，并对他恭恭敬敬。”

雪莱因找到了葛德文而不胜欣喜。他着手制订起内容极为广泛的庞大计划。在他看来，改变别人的命运，并把它与自己的命运相结合，这似乎完全是轻而易举的事。他不是已在哈丽雅特和伊丽莎身上获得成功了吗？在威尔士租赁一幢大别墅，并把希契纳小姐、他那“德高望重的朋友”葛德文及葛德文“魅人的一家”全都请来欢聚一堂，那是再简单不过的事了。

但在此之前，雪莱由于当初已被他那位高师的怀疑态度所刺痛，他想先通过一桩惊人的范例来证明，尽管自己年少，还是能有所作为的。因此，在准备毕生住进“静思斋”[1]之前，他打算带着哈丽雅特和伊丽莎先去爱尔兰盘桓数月。他们一行三人要在爱尔兰致力于加速天主教徒的解放，并普遍改善这一凄凉国土的命运。长着金栗色美发的哈丽雅特和黑头发梳理得整齐光滑的伊丽莎怎么可能去解放天主教徒呢？雪莱对此事并没作明确的解释。但他随身携带了一份《告爱尔兰同胞书》。这份《告爱尔兰同胞书》通篇充满了哲理、仁爱、人道主义和各种忠告，以至只要读上一遍，人心似乎是不可能不为之感动的。

于是，双目炯炯的年轻“骑士”就这样以一份手稿当作他的“长矛”，美貌的哈丽雅特权充“贵妇人”，黑头发的伊丽莎充当持盾牌的“侍从”并兼管财务、家务和一切零星琐事，登上了驶往爱尔兰的船只，要前去“征服”那“绿色的岛屿”了。

---

[1] 指上面所说的搬到威尔士去住的计划。

十三　理想成泡影

这个“晦气星”骑士一心想解放“被罚漕刑的苦役犯”，不料却遭到这些“囚犯”的掷石追击。雪莱在一次天主教徒集会上宣称，有人由于宗教信仰而把爱尔兰人排除在各种公职之外，这是极端错误的，因为一切宗教信仰都同样有价值。谁知，他的演讲却被人嘘声连连，大喝倒彩。这些听众宁可百倍偏爱那些迫害他们的人所沾染的宗教狂，而不爱他们的辩护士所抱的怀疑主义。

那份著名的《告爱尔兰同胞书》用的也是同样的腔调。它指出，天主教徒的解放是全人类彻底解放的道路上的一个步骤，一切政治的原则应该是善良，而不是狡猾的手腕，爱尔兰人在从英国人的桎梏下获得独立之前，首先应该自己解放自己，成为戒酒、公正和慈善的人。雪莱满以为他的理论定会打动都柏林穷苦大众的心。为了鼓吹这种福音，他甚至准备为之捐躯殉难。

哈丽雅特的热情也不亚于雪莱。在她的心目中，改良活动有其迷人之处。这对少年夫妇，口袋里塞满了小册子，在萨克维尔街上散步。每当他们遇见一个“有可能是同情者模样”的男人或女人时，他们就塞给他（她）一份“赎罪书”。他们从自己小小住所的阳台上，向同情他们的行人散发《告爱尔兰同胞书》，继续传播健康的理论。当雪莱巧妙地把一份《告爱尔兰同胞书》扔在一位漫不经心的老太太的风帽上时，哈丽雅特便放声大笑着逃回房里。向爱尔兰人传播革命的理论是最有趣的游戏。

雪莱的两位朋友，即葛德文和希契纳小姐，每天都预料他会被逮捕；这位女教员甚至还追述起层出不穷的政界谋杀事件。但都柏林宫得知一位16至20岁的英国青年曾做过一次有关道德的演说后，似乎也并没惊慌失措。警方把一份《告爱尔兰同胞书》转交给国务秘书。皇家官员们见雪莱在这一宣传文件里规劝他的爱尔兰兄弟们戒酒和慈善，反而认为这份宣传品纯属诙谐、可笑。

雪莱的行动没受到制裁，这反而使他感到气馁；爱尔兰人的习俗也同样令人气馁。“他们大喝威士忌，”善良的哈丽雅特说，“是因为肉过于昂贵。”当雪莱向警察发出呼吁，请他们对一个因偷盗或扰乱治安而被捕的不幸的人动动恻隐之心时，警察忧伤而善良地向他指出，他们所逮的人是个喝得酩酊大醉的酒鬼。圣帕特里克节[1]那天，都柏林的全体市民照例是要狂饮一番的。晚上，因宫中举行盛大舞会，那些忍饥挨饿的人为了欣赏达官贵人们的华丽服饰，一饱眼福，竟在宫前围成了一道人墙，挤得水泄不通。珀西和哈丽雅特亲眼目睹了这一场面。市民们这种缺乏尊严的行为使雪莱深感失望，灰心丧气。

雪莱他们三人为了以身作则，树立起生活简朴的榜样，开

[1] 圣帕特里克系爱尔兰的护城神。每年3月17日爱尔兰人即举行庆祝活动，以志纪念。

始吃起素食来。雪莱就这样摆脱了“屠宰场的恐怖”和“屠杀家禽”所给他造成的痛悔心理。他们只是在纽金特夫人来与他们共进晚餐时，才破例开戒。纽金特夫人操着裁缝生计，是他们在都柏林唯一的女友。实际上，他们的使命之所以难以履行，其困难之一是，他们虽衷心热爱这些爱尔兰人，却没有去结交这些人，对任何人都不熟悉。“我想，”哈丽雅特说，“假设珀西一旦成名，到那时，我们就会一下子把这些人全都认识了。”

但是，珀西本人对此并无信心。他几乎总是置身在一种空中楼阁似的幻境里。在这种虚无缥缈的幻境里，受压迫的爱尔兰被模拟为一个美丽而又高傲的女性，雪莱自己则是一个“骑士”和革命思想的倡导者，随时准备为她而战斗，为她而身受磨难；衣衫褴褛的人群在街上尾随着他；野蛮的英国士兵逮住他，鞭笞着他；但他那英勇而又温和的教诲甚至也打动了这些压迫者的心，于是，哲理竟创造了奇迹，使互相敌对的民族重归于好。

这种辉煌而又生动的幻觉渐渐破灭了；最后一小片彩虹似的云雾在那些昏黑的屋宇顶上飘浮着；于是，爱尔兰便在眼前露出了真容。它是由城市、农庄和森林构成的一个坚实的庞然大物，是由无数卑微的、各不相同的人组成的一个集合体，是各种传统和法律垒成的一个陈年堆积物，是赌博、狩猎和报私仇的场所，是形形色色的官衙所在地，屯兵驻军和警察的领地。这便是贫困不堪而又对人冷嘲热讽的爱尔兰，是苦难深重而又饶舌多嘴的爱尔兰，是心怀不满而又以不满为乐的爱尔兰。它真是一座神秘莫测之岛，荒谬怪诞之岛……面对这一可怕而又令人窒息的现实，他能有何作为？有何指望？它压得他喘不过气来，并使他厌倦。

葛德文日渐竭力地要求他这位门徒放弃这一事业。自从雪莱写信给他，说是把他当作父老以来，他便拣起一种敌对而唠叨的语气。“请相信我的话，雪莱，”他预言道，“您正在策划一场流血惨剧。”要是他能亲眼看到他的“精神儿子”正坐在缝制一件红大氅的伊丽莎和准备甜食、水果的哈丽雅特中间，撰写一份无害的《人类福利协会草案》的话，他就不至于会这么担心了。

葛德文的恳求至少有这么一个用处，那就是给雪莱提供了一个体面的“下台阶”的口实，使他能顺水推舟，放弃充当那些过分满足于现状的受压迫者的辩护士。除了几个知道可以在雪莱这里得到救助的可怜人儿外，都柏林并无一人把他当作一回事。对一个爱尔兰人来说，如果有一个比任何英国人更为可笑的人物存在的话，那就是这个热爱爱尔兰的英国青年；而对一名伊顿公学和牛津大学的老学员来说，尽管他耐心十足，但如果世上还有一种使他难以忍受的景象的话，那就是爱尔兰的混乱。雪莱看到了这个民族的放荡和贫困，便情不自禁地怀着一种贪婪的心情向往着英格兰农村的美丽景色和安详、宁静。

“我认输了，”他终于给他那位“德高望重的朋友”写道，“我再也不跟那些无知无识的人打交道了……我的所作所为将在我自己化为灰烬后的漫长岁月里才能产生效果。我安于作为这一效果的起因。”

哈丽雅特把剩下的一些小册子全部捆扎好，寄往希契纳小姐处（后来，希契纳小姐妥善地处理了这批“易燃品”）。伊丽莎叠好了她的红外氅，把它收入行囊。于是，这三位先进思想的宣传员便重新登舟返航了。

雪莱他们的计划还剩下第二部分有待于付诸实现：即在威尔士租一幢房子，并使“精神班子”的全体人员云集于舍间，以便解决“所有的”问题。

他们认为，雪莱婚前孑然一身前往遁世隐迹的偏僻地方，就是他们所找到的合适的栖身之处。这个地方的荒蛮僻静引人入胜，诱惑着雪莱。房屋附近，山溪直泻，水声淙淙。他当初就划着一英尺长的一叶小舟，用一张五英镑的钞票权充白帆，带了一只受惊的猫儿当作乘客，岌岌可危地泛舟于溪上。他希望希契纳小姐能说服她的父亲前来开垦荒地，在与这座房舍相毗连的土地上经营一所小型农场。

但是，什么事也没办成：房子的租金过于昂贵；希契纳先生被那些有关他女儿和雪莱之间的关系的流言蜚语搞得他火冒三丈，这些流言在科克菲尔德不胫而走，所以他拒不准许女儿离家前往威尔士。出言不慎的女教师，接到雪莱的邀请，十分自负，曾对别人炫耀过此事。因此，全镇上下，以皮尔福尔德舅妈为首，不怀好意地对此乱下结论。世人的恶毒再一次使雪莱感到震惊。他既带了哈丽雅特私奔，并因出于爱情而和她举行了苏格兰式的婚礼，岂会不忠于他的妻子！这种想法引起他如此强烈的震惊，要是换了一个德行和贞洁没有希契纳那么高超的女人，那么，这个女人准会觉得雪莱不讲道理，咄咄逼人。

至于希契纳大伯，这位老先生也受到了恰如其分的对待。他以前也是个咖啡馆老板，因为天神有灵，似乎总是乐于让清白得像水晶似的雪莱同这一行业的成员接上关系。“先生，”雪莱写信给他女友的父亲道，“我在展阅令爱的来函时得知，您拒绝让令爱接受我的邀请。为此，我难以克制内心的愤慨。我不禁要问，您有什么权利如此武断？是谁给您权利任意主宰她？……无论是自然法则还是英国法律，都没有把儿女置于私有财产之列……再见！当我下次再听到别人讲起您时，但愿时间已使您的思想感情变得比现在高尚些。”

既然雪莱夫妇必须离开威尔士，葛德文便向他们推荐一幢漂亮的乡间小屋，他的一位朋友正想把这幢小屋租让出去。凡出自葛德文口中的一切忠告，照例都受到雪莱的尊重。雪莱和哈丽雅特遵嘱，赶紧动身前往。但他们看了房子后，深感失望。这所房子才建成，盖得平庸得很，而且对他们来说，还嫌太小。但在这次徒劳的旅行的归途中，他们意外地发现一座仙境般的村庄，可谓是世外桃源。30 幢披盖着玫瑰和攀藤长春花的茅屋，组成了情趣盎然的林茅斯村落。而且，像是出现了奇迹似的，其中视野方位最好的茅屋偏巧正待出租，它正好位于树木葱茏的峡谷之上。凭窗眺望，景色如画。俯视峡谷，可以发现那碧波万顷的浩瀚大海展现在离茅舍脚下 300 英尺的深处。他们当即决定在此安家，“以度有生之年”。

“德高望重的朋友”得知这一消息，写了一封冷冰冰的信来。他语气颇为严峻地写道，雪莱的兴趣爱好过于华而不实；一所小屋，不管它多么简朴，对一个自称是他的弟子的人来说，也应该是够住的了。如果这封信是蒂莫西先生写的，他准又会被雪莱冠以措辞最严厉的形容词。有些话，做父亲的说了，子女会接受不了，而出自外人之口时，倒反而可以容忍，这是很自然的事。雪莱并不想对葛德文说气话，但要为自己辩护一番。他原先之所以认为他老师推荐的房子不敷使用，绝不是出于贪图豪华，也不是因为贪图舒适，而是房间太少。而且，他觉得，两个没有被某种亲缘关系结合在一起的异性，倘若在同一间房里就寝，这跟某些高雅的想法是背道而驰的。他知道，在一个移风易俗的社会里，这种思想感情是会消失殆尽的。但在目前情况下，他觉得男女混杂是不慎重的。他只是极其小心翼翼地向葛德文阐明了这种见解，因为他深恐它带有反动性。这位老师听了这番辩护，才屈尊不予计较。

不久，希契纳小姐光临林茅斯。这幢可爱的小屋就成了这一件大喜事的点缀。雪莱在生活中从未得到切切实实的精神合作，因此，他指望希契纳小姐会把一种精神合作的情调带到他的生活中来。再说，这样做，哈丽雅特也绝不会失掉什么的，因为他的"精神大姐"会有利于对她的熏陶。他想，她们俩都具有高尚的灵魂，是能够接受这类角色的。

林茅斯的居民都露出惊讶的神色目睹雪莱与这位瘦骨嶙峋的生客长时间地散步，而且显得很浪漫。雪莱为了传播自己的思想，正在酝酿着一些计划。自从希契纳小姐到林茅斯后，他就和她一起商讨这些计划。但宣传道德已变得困难重重了。因为伦敦的一个印刷厂老板在不久前刚被当局判处绑在刑柱上示众。对雪莱本人来说，伽利略的命运吓不倒他，但他不愿让一个无辜的印刷厂老板身处危境。

幸亏这位"魔术师"[1]具有变幻多端的手法，可以无视卡斯尔雷爵士[2]手下的警察。当他写就一篇很有煽动性的抨击论文时，为了把它发走，他时而制作一些涂上树脂的小木盒，装上一根桅杆和一张小帆，把它们连同装着文章的瓶子一起扔进海里；时而巧妙地制作一些热气球，点燃了悠悠小火，给气球加

[1] 指雪莱。

[2] 卡斯尔雷（Henri-Robert Stewart Castlereagh，1769—1822），子爵，爱尔兰人，英国政界人士，主管治安。是反对拿破仑的主要人物。

热后，让它们载着他智慧的结晶，飞上夏天的晴空。就这样，他看着颤抖不已的星星之火在蓝天深处闪闪发光，或看着一只装满了使人头脑开窍的“灵丹妙药”的瓶子在翡翠般的碧波上漂浮，不禁心花怒放。

每当他这样“工作”之余，雪莱总要消遣一番。他最喜爱的娱乐就是吹肥皂泡。他坐在家门口，手上拿着一根吹管，带着少女般的灵巧劲儿，吹出一团团易破的圆泡泡。紫的、绿的、金黄的……斑斓的色彩在这些肥皂泡的有韧性的薄膜里闪烁着。他就瞧着它们变幻、破碎、消失。

于是，他暂时撇开了“逻辑”上的虚无缥缈的空中楼阁，稳隐约约感到有一种莫名其妙的愿望，想要用诗歌的节律和优美的文字，把这些色彩游戏的不可捉摸的风韵固定下来。

十四　德高望重的朋友

林茅斯村落里的玫瑰凋谢了；秋风像扫落叶似地刮走了天空的浮云；希契纳小姐的声望也随之黯然失色。哈丽雅特对一位外客常住在自已家中已感到厌烦。雪莱本人原先被一种薄雾似的幻影迷乱了视觉，这种幻影向他久久隐匿着希契纳小姐粗俗的仪态，使他难辨真伪。现在，他也眼看着这种幻影在消失，并发现身边那个与自己朝夕相处的人只不过是一位平庸啰唆的女子而已。对此，他深感惊异。欲寻女中豪杰，已属枉费心机。他不由得对自己的轻举妄动追悔不已。

当初，经他再三坚持，百般努力，才把她从学校里夺了过来，现在要摆脱她也很不容易。但是，在这寂寞的秋季，再要与她盘桓在一起，已变得令人不堪忍受。倘若在一座大城市里，就会有别的朋友和别的消遣，也许能使他们遗忘这位纠缠不休的同伴。事有凑巧，葛德文偏偏在这时候叫雪莱夫妇去伦敦。他们就决定到伦敦去住上一段时间。

1812 年 10 月的某天，雪莱夫妇怀着十分激动的心情，离开圣詹姆斯街的一所小旅馆，初次去拜访他们的朋友葛德文及其一家人。他们夫妻俩，一个身材娇小，肤色红润、娇嫩，长着一头金褐色秀发；另一个身材高大，略为佝偻，满脸稚气。哈丽雅特满面春风，在丈夫身旁踏着碎步，轻快地走着。他们共同猜测着，哲学家将会怎样接待他们。希契纳小姐上次路过伦敦时，曾登门拜访过葛德文，却受到了怠慢。但是，这说明不了什么，也许只能证明葛德文有洞察秋毫的能力。

葛德文的小住宅在斯金纳街，和他的书店紧相毗连。雪莱夫妇进屋后，发觉他们全家老少都聚集在那儿，因为葛德文家的人也带着一种好奇心，焦急地盼望着雪莱夫妇的光临。哲学家本人也在家中候客。他身材矮胖，秃顶，才气横溢，具有多才善辩的牧师风度，革命理论家们几乎都有这种外表。葛德文的续弦穿一件漂亮的黑色绸裙。她只是在必要的时刻里才戴上她那副墨绿色的眼镜，无非是想仔细看看男爵的孙儿和他那俏丽的夫人。有人事先关照过雪莱夫妇，说她是个善于恶言中伤别人的臭嘴婆。不过，这天晚上，她倒还显得和蔼可亲。在场的还有范妮·伊姆利和简·克莱尔蒙特。范妮·伊姆利性情忧郁，温柔可爱。简·克莱尔蒙特皮肤微黑，思维敏捷，是个意大利型的俊俏女郎。

“唯独我女儿玛丽不在，”葛德文说，“她目前正在苏格兰。她酷似她母亲。我等一会儿给您看看她母亲的肖像。”

葛德文把这对年轻的弟子领到他的办公室里。雪莱怀着激动的心情，久久注视着娇媚动人的玛丽·沃斯通克拉夫特的肖像。等雪莱看够后，大家重又返身坐下。葛德文和珀西大谈其物质和精神的关系，教士的地位和德国文学。女人们则带着钦佩的心情洗耳恭听。哈丽雅特觉得，葛德文的前额突出，很像苏格拉底，而坐在葛德文身旁的珀西，却使她想起了拜在苏格拉底门下的英俊的希腊弟子，在其纯真的热情中渗透着深深的敬意。

雪莱夫妇很快就和葛德文全家老少建立起亲密无间的关系。葛德文经常到旅馆去探望他们，邀雪莱同去散步；要不然，就是葛德文夫人请珀西和哈丽雅特共进晚餐，甚至还邀请伊丽莎和希契纳小姐，不过，她邀请希契纳小姐是十分勉强的，纯粹是出于无奈。哈丽雅特为了回敬他们的盛情，也不惜破费，订一席晚餐做东。

11 月 5 日，英国各地鸣放鞭炮，纪念粉碎“火药阴谋”[1]。那天晚上，雪莱夫妇在葛德文家进晚餐。饭后，9 岁的小威廉 · 葛德文说，他要去邻居小纽顿家放焰火。雪莱此时正在和他那尊敬的朋友讨论着某个严肃的问题。但“焰火”和“火药”这两个词顿时唤醒了这位菲尔德庄园的‘炼金术士”的情趣。他犹豫了一会，终于不忍撇下葛德文，中断他的侃侃谈论。花炮凌空而起，五彩缤纷的焰火在夜空中交相辉映，照亮了伦敦古老的街道。这一景象激奋了雪莱。于是，他对小威廉说：“我和你一起去。”说罢，起身便走。

放完焰火，小纽顿对这位像小孩一样玩得兴高采烈的大朋友着了迷，而且还知道他会讲十分动听的故事，就硬要领他去见见父母。雪莱听凭小纽顿摆布，对此也并不感到气恼。他觉得纽顿先生和夫人很有情趣，于是就立即与他们天南地北地交谈开了，他们谈得无拘无束，而且十分融洽。纽顿先生是自有一套理论的人，并且还会把这些理论付诸实践，这种人天生就

---

[1] 火药阴谋事件于 1605 年 11 月 5 日发生在英国，一部分天主教徒蓄谋炸死雅克一世和炸毁议会。

能博得雪莱的欢心。纽顿先生自鸣得意的见解是：人类在离开他们起初赖以生存的炎热地区，迁徙北上时，养成了一些违背自然的生活习惯，因此一切恶习源源而生。恶习之一就是穿衣。因而纽顿先生与众不同地迫使他的子女在家时一定要一丝不挂。另一种恶习是吃肉，所以他们全家都是素食主义者。再也没比这种见解更能激奋雪莱的了。纽顿先生见有知音，于是又向雪莱提供了一些新论据。

“人与任何肉食动物均不相像；人无利爪来捕食幼弱动物；人的牙齿生来就是专供吃蔬菜和瓜果用的。肉食对人体是有毒的，人一吃这类食物，马上身染百病。这就是普罗米修斯[1]的故事的主旨，这个故事显然是一个宣扬素食主义的神话。普罗米修斯喻示着人类。他，也就是说，人发明了火和烹饪，于是，一只秃鹫马上来啄他的肝脏。这只秃鹫喻示着肝炎，这是明白无误的。”

此外，纽顿全家自从遵循素食制度以来，从不需要服药或就医。纽顿先生的子女都是大家所能见到的最健康的孩子。雪莱经常有机会遇见他们家几个赤身露体的小姑娘，他觉得她们确实是完美无缺的，都是雕塑家理想的模特儿。

雪莱成了纽顿家的常客。五个孩子一听见他的说话声，立刻匆促下楼迎接他，把他拽到儿童室去。他同样也博得了孩子们的母亲和姨妈德·布瓦维尔夫人的欢心。

在葛德文家里，范妮和简时常如痴如醉地倾听雪莱侃侃而谈，度过美好的夜晚。她们爱慕他英俊的相貌，而且觉得他的说理是无懈可击的。在这个共和主义的家庭里，这位行将继承

---

[1] 普罗米修斯，希腊神话中的天神。相传，他因盗取天火给人类，触怒了主神宙斯，被锁在高加索山崖遭受神鹰折磨。

万贯家财，但又万分鄙视金钱的年轻贵族，也享有一种带着浪漫色彩的威望。范妮是个温柔而又腼腆的姑娘，而简却是个热情而又放肆的姑娘。对雪莱来说，置身在这两位少女之间，他似乎旧梦重温了。那时候，他身边围着一群少女，表妹和胞妹们怀着无限的钦慕，与他一起共度美辰良宵。而他则尽情地领受着这无比的欢愉，那是诗情画意的交融。

哈丽雅特不如雪莱那样讨人喜欢。范妮和简很快就觉察到，她很少独立思考，一味只知鹦鹉学舌似地重复她丈夫的警句，而且，她的句法也有瑕疵。

“可怜的雪莱先生，”她们在雪莱夫妇告辞后说道，“他没有娶到一位能与他匹配的妻子。”

少女们在评论她们所钟情的男子时，往往乐于流露出这样一种无名的惋惜。她们甚至趁哈丽雅特不在时，竟敢用含沙射影的尖刻话抨击她。她们凭自己的直觉，早就猜测出，哈丽雅特那空谈理论的丈夫会对什么样的批评最敏感。

“哈丽雅特使我感到恐惧，”温柔的范妮写信对雪莱说，“她真是一位‘时髦的贵夫人’。”

雪莱看信后，大为愤慨。

“哈丽雅特怎么会是一位‘时髦的贵夫人’呢？在我看来，这是最不能饶恕的罪恶。您凭什么这样指控她？举止大方和简朴不饰原是她最大的魅力，这跟矫饰的时髦生活以及追求庸俗浮糜的荣耀是绝不相容的。只要在我眼前有活生生的证据，证明您的这种看法是不正确的，那您就不能使我改变己见，而去同意您的看法。”

雪莱到后来才回忆起范妮的这封信来。

十五　希契纳小姐其人

霍格在约克郡过了一年的“放逐”生活后，已与他家里人完全和解了。于是，他就到伦敦来完成他的法律进修。

一天晚上，霍格穿着一件厚睡衣，沏了一壶热茶放在桌上，坐在舒适的安乐椅上，安详地看书。正在此时，他猛听到外屋传来一阵剧烈的敲门声。接着，他又听见这扇门被人使劲碰上，连围墙也震动得厉害。这一番骚动立即使他想起雪莱那双炽热的明眸和他那微微驼背的高大身躯。

“如果雪莱仍然是我的朋友，”霍格想，“只有他才会……”

楼梯上响起一阵急促的脚步声，这轻捷的脚步声正是霍格从前在牛津大学的拱形走廊里听到过的。

“除了雪莱，绝没有别人像这样上楼的。”

门砰然打开了，雪莱出现在门口。他野里野气的，没有戴帽，衣领敞开着，露出一副豪放不羁、才气横溢的样子，俨然像个误入尘世的天上神灵。

“我从您的老板那儿打听到您的地址……真是费了九牛二虎之力!……他把我当作强盗看待，不愿意把您的地址告诉我……这一年来您怎么样啊？……我从爱尔兰来……我曾经当上了爱尔兰天主教会的人文学顾问……后来，我们回到威尔士，那儿的景色美极了……哈丽雅特身体挺好……她怀孕了……您读了贝克莱的书吗？……现在我正在阅读爱尔维修[1]的作品……这些作品虽然才华惊人，但枯燥乏味……”

与一位在一年前因彼此伤了感情而分手的朋友，刚一见面，就谈论爱尔维修，只有雪莱才做得出来。霍格仍然带着从前那种友爱而揶揄的赞赏神情端详着雪莱。雪莱却兴致勃勃，满脸高兴，在房间里走来走去，翻阅书籍，不时发问，但又不等霍格回答，好像已把霍格曾经得罪过他的事忘得一干二净。

晚间，雪莱一直谈到深夜。霍格的邻居不时地敲墙，提醒他们，雪莱那响亮而又尖锐的说话声妨碍他们的睡眠。霍格生恐有损他在楼里的好名声，一再建议雪莱赶快离去，但雪莱却仍说个不停。他叙述道，为了修建一条大堤，围海造出好几公顷良田，他正在进行募捐。他自己已捐了一百英镑，并且愿为这个项目贡献出他的力量、财产，甚至生命……霍格轻轻拉着他的手臂，把他领到门口，但雪莱极不愿意，硬是挣扎。

“您那些邻居真叫人讨厌……这些卑贱家伙根本不知道，只有夜静更深才是人的精神真正焕发的大好时光。”

霍格费了很大劲，终于把他带到楼梯口。

“要我走，可有一个条件，那您得在明天晚上来我们家吃晚饭。哈丽雅特一定会很高兴见到您……不过，我很抱歉，我们那儿有一个叫人讨厌的家伙。这个人就是希契纳小姐，好在她过两天就要离开我们了。”

“希契纳小姐？她不就是您的‘灵魂之姐’吗？”

---

[1] 爱尔维修（Claude-Adrien Helvétius. 1715—1771），18世纪法国伟大的唯物主义思想家，百科全书派作家，著有《精神论》。

“她？”雪莱说，“……是一条可怜的爬虫！……我们把她叫做‘褐发魔鬼’。”

他们到了大门口时，霍格如释重负，把门关上。

第二天晚上6点钟，霍格到哈丽雅特家通报姓名，哈丽雅特热情地接待他。她的脸色娇艳、红润，显得比任何时候都年轻，动人。

“多么长久的离别啊！”她说，“不过，以后再也不会发生这种事了……我们到伦敦来长期定居了。”

伊丽莎坐在房间角落里默不作声，态度傲慢。她握了一下霍格的手，不屑答理他。

“哈丽雅特，您的脸色好极了。”霍格说。

“她呀！”伊丽莎无精打采地说，“哦！并不好！可怜的东西！”

“一切都依然如故，”霍格想道，“在这个家庭里，我还得小心谨慎才对。”

正在此时，雪莱像一枚炮弹似地直冲进来。接着，马上就开饭了。

餐毕，伊丽莎在哈丽雅特耳边神秘地窃窃私语了几句，哈丽雅特顺从地起身，过来向霍格道别，并邀请他星期日上午再来。

“那一天，正好是‘褐发魔鬼’动身的日子，交谈起来一定很伤脑筋。您反正是个乐天派，总是有说有笑的，有您在场，一定可以帮我们解围。……雪莱对您谈起过这个折磨我们的女人吗？”

一提起希契纳小姐，伊丽莎就流露出一种无声的厌恶神色。

“真是一个令人讨厌的女人。”哈丽雅特继续说，“她居然还恬不知耻，想让雪莱爱上她。她硬说雪莱确实爱她，还把我说得一无是处，说我只配管管家。珀西准备每年给她一百英镑，条件是请她卷铺盖开路。”

雪莱证实了这些逸闻。他明知这样平白无故耗费掉自己进款的四分之一是很危险的，确属轻举妄动，但又非这样做不可，因为这个女人已丧失了生计，依她的说法，她的名誉和健康已被雪莱他们的野蛮行为毁掉了。

“真是个可怕的人物，”雪莱边说边颤抖，“是个又肤浅又丑陋的阴阳两性怪物……与她一起度过4个月之后，我对自己拙劣的鉴别力大吃一惊。我还从未这样吃惊过。如果这样一个女人能升天堂，真不知地狱会是什么样呢？……她居然还写诗！她写了一首有关女权的哀歌，这首哀歌是这样开头的：‘世人都是人，女子也是人……’。”

他刚念完这一句，便发出一阵刺耳的大笑。

第二天，霍格不失信用，如约而至。他觉得，当天的“女主角”的确令人讨厌，但也并不咄咄逼人。这是一个瘦骨嶙峋、个子高高的男性化女人。她皮肤黝黑，颔上还有淡淡的胡髭。雪莱挨了片刻，便说他要外出，竟溜之大吉；哈丽雅特却说觉得自己头痛欲裂，要独自清静一会；于是霍格被“判处”陪伴两位“伊丽莎”散步。

他带了两个“魔鬼”漫步向圣詹姆斯公园走去，“褐发魔鬼”挽着他的右臂，“黑发魔鬼”挽着他的左臂。“我可以像科奈利[1]那样说：‘这是我的珠宝’。”他心中想道。两位“漂亮”的对手，隔着玩世不恭的霍格的头顶，字斟句酌地用傲慢刻毒的语言互相攻击。懒洋洋的伊丽莎振作精神进行舌战，阴阳怪

[1] 科奈利，相传系公元前2世纪的一个罗马女子，生有两个儿子，后皆成著名的护民官。某日，一贵妇到她家以珠宝炫示，表示要见见她家所藏的珠宝，她便呼出她的两个儿子说：“这就是我的珠宝。”此处是霍格幽默地把珠宝喻为伊丽莎和希契纳小姐。

气地猛烈攻击对方。希契纳小姐则装作只跟霍格交谈，起劲地与他议论女权问题。伊丽莎对政治问题可是一窍不通，很快就败下阵来，只得忍辱保持沉默。回家后，她把霍格逼到大厅的一个角落里埋怨道：

“您刚才怎么能跟这个恶毒的女人谈得那么久？您为什么纵容她？哈丽雅特一定会对您很生气，是要大发雷霆的。”

但哈丽雅特只是简单地问了霍格一声：“您不对这‘褐发魔鬼’感到厌烦吗？”说完，还冲着他笑了一笑。

午饭后，霍格不无恶意地把谈话重新引向女权问题。那位“理智女神”[1]如虎添翼，像开了闸门的洪水，滔滔不绝地谈了起来。雪莱离座而起，站到她身旁，与她热烈地辩论。韦斯特布鲁克姐妹俩厌恶而又悲哀地看着他，就好像他是个通敌的罪人似的。

伊丽莎走过去对霍格耳语：

“要是您知道她是多么肮脏，您就不会靠近她了。”

好在时辰已到，得把“放逐者”的行李装上车了。雪莱家的两位女眷顿时喜出望外，大声欢呼起来。

[1] 指希契纳小姐。

十六　哈丽雅特

希契纳小姐走后的那几个月，雪莱夫妇的生活过得美满幸福。他们虽然仍一贫如洗，漂泊不定，但一种极大的内心满足弥补了财富不足与思乡之念。雪莱已开始动手写作长诗《麦布女王》。对他来说，这部尚未完成的诗作就是好好生活下去的一个充分理由。哈丽雅特怀有身孕，某种惬意的麻木促使她养精蓄锐，以对付即将来临的分娩。对一个因这种原因而以逸待劳的女性来说，内心忧虑、快慰和既现实又不着边际的幻想补偿了无所事事的空虚和烦恼。

在这段时期里，他们去威尔士小住数次，然后又旧地重游，去爱尔兰小住一阵，不过，这次去爱尔兰并无任何政治意图。哈丽雅特为了博得雪莱的欢心，开始攻读拉丁文。雪莱打破常规，按照自己的方式教她。他不教语法，直接就让她读贺拉斯或维吉尔的作品。哈丽雅特在学习时，雪莱就致力于写诗或阅读历史书。葛德文曾经对他说过，他对历史的无知是他在判断上屡犯错误的一大原因。因此，尽管研究历史枯燥无味，不合他的胃口，但他仍然愿意努力尝试。晚上，哈丽雅特唱些诸如《罗宾·阿戴尔》、《卡尼的凯特》之类古老的爱尔兰歌曲，调剂一下精神，或者就两人一起读报。报上充斥着对自由主义作家进行诉讼的报道。雪莱常常写信给这些被判“思想罪”的素不相识的人，表示愿意慷慨解囊，替他们代付罚金。然而，他手头上连十个英镑的预支金也从未有过，因此，要如此花费，他只得以高达百分之四百的利息向人借贷。

不久，雪莱就必须返回伦敦。一来，哈丽雅特的分娩期已近；二来，正值他自己21岁生日。这个日子，对他与他父亲之间的关系来讲，是举足轻重的。在这个重大日子行将到来时，似乎有可能抓住时机与他父亲进行谈判。

他们还是在旅馆下榻，租了一间临街有阳台凸出的房间。伊丽莎和他们住在一起，她过于细心地照管着怀孕的哈丽雅特。雪莱一向主张一切听其自然，因此，伊丽莎的过分谨慎反而使他很恼火。雪莱不在场时，伊丽莎就不失时机，开始向她的妹妹传授夫妻间的秘诀。

“你丈夫的年龄已有21岁了，他却还不设法与他父亲和解，让他们家里把你正式接回去，使你能过上与未来的男爵夫人相称的生活，这真是不可思议。要是你长点儿心眼，机灵些，能说会道些，情况就会与目前大不相同了……你就要有孩子了，不能再过这种漂泊不定的生活。你应该在伦敦有自己的房子，自己的银餐具，自己的马车。而实际上，只要雪莱愿意，所有这一切东西就都可唾手而得。”

哈丽雅特对这番话心领神会，感触很深。她长得容貌出众，这一点，她自己心中也很明白。一位俏丽女子是很难忍受简朴无华的生活的，就像一位有才干的聪明男子不堪忍受低人一等的落魄境遇一样。过路行人向她投来的爱慕目光，正证实了她的魅力。她深知这种魅力从本质上来看是暂时的。犹如一个武器精良的强国想在解散部队之前在世界上确立其强国地位一样，女子也想在衰老之前向“异性敌人”提出百般条件，因为一旦自己老态龙钟，她就只得安分守己，忍辱受屈。再说，伊丽莎老是在为哈丽雅特鸣冤叫屈，而对任何一个抱怨自己命运的人来说，接受一个蠢货的愚昧的同情，那他真正的幸福也就势必会很快地被这个蠢货葬送掉，这本是很自然的事。

有伊丽莎在推波助澜，哈丽雅特经过这番熏陶，也就完全动心了。雪莱一则在哈丽雅特的坚持下，二则也是根据那位一贯好心的诺福克公爵给他出的新点子，决定尝试一下，重新与他父亲交涉。如果他认为他的行为不是光明磊落的，是没必要的，那他就决不会这样做。然而，他确实强烈希望能重新见到他的母亲。再说，与父亲疏远了相当长一段时间后，他觉得蒂莫西先生也好像是挺可怜的，不再那么咄咄逼人了。因此，他写信给他父亲说：

亲爱的父亲：

我再次冒昧写信通知您，我的行为不检曾一度使我与您以及我的家庭断绝了来往。如今，我恳切希望自己能被你们认为已经有了与你们恢复关系的资格……我希望我们彼此仍以父子相待，而且比任何时候都更加相互信任，也希望自己不再成为扰乱家庭幸福的罪魁祸首。但愿这一时刻即将到来。昨晚，约翰·格罗夫与我们共进晚餐。我有幸从他口中得知，您贵体康健。我妻子附笔问候，向您致以诚挚的敬意。

不幸的是，蒂莫西先生是不可能满足于无声无息地取得胜利的，他要求忏悔者作出叫人办不到的悔过。他要他儿子写信给伊顿公学和牛津大学当局，对以前所发生的事件表示歉意，并说明，从今以后要做一个恭敬虔诚的英国国教之子。要是雪莱不这么做的话，他以后就拒绝同他再有任何来往。于是，雪莱就写信给公爵说："我尚未低三下四到会否认我一向认为正确无误的思想这种地步。任何一个头脑健全的人都应该懂得，从命放弃严肃的信仰，终究是为人极不正直的表现……我对一切合理的东西，也就是说，对一切并不涉及有失自己尊严的东西，是都会让步的。如果人没有这种尊严，活着也就不再有什么意义，只会是一种重负和屈辱而已。"

伊丽莎认为，雪莱这样固守己见，实在是荒谬绝伦："哈丽雅特现已临近分娩。经您这样一来，她甚至连一辆马车也不会有了，在伦敦上街还非得步行不可。"雪莱被她絮叨得心烦意乱，便赊购了一辆车，但自己拒不使用。他最厌恶把自己关在车子里，叫人拉着走。与霍格一起在大街小巷上悠然闲步，反而使他觉得乐趣无穷。

再说，如果雪莱对伊丽莎感到异常厌烦，那么，他可去走动的朋友家倒也不少，他可以在这些朋友家里暂且躲藏一会，省得与她面面相觑。在斯金纳大街上有葛德文家。在那儿，范妮和简·克莱尔蒙特总是带着谄媚的热情对他笑脸相迎。其次，还有纽顿家。在那个家庭里，他可以看到理智的钟爱，温文尔雅的举止。纽顿夫人是位杰出的音乐家，经常弹钢琴。在她弹琴时，雪莱就与几个漂亮的孩子一起坐在地毯上，低声地给他们讲一些鬼怪故事。德·布瓦维尔夫人常在她妹妹家小住。这两位夫人是圣文森特岛上一位种植园主的千金，都受过英、法混合教育。雪莱既然对法国哲学家们推崇备至，也就特别赞赏这类教育。他觉得，德·布瓦维尔夫人尤为迷人。她同一位倾家荡产的移民（他是安德烈·谢尼埃[1]和拉·法耶特[2]的朋友）之间的浪漫婚姻，赋予她一种富有诗意的魔力。这是一位白发苍苍的老妇人，但却满脸稚气，表情丰富，思想活跃而又新颖，使人觉得跟她谈起话来要比跟一位年轻女子交谈更妙趣横生。雪莱生平第一次在她和她妹妹身上看到了与自己意气相投的妇女。于是，伊丽莎·韦斯特布鲁克与希契纳小姐在他的心目中就显得渺小了，她们只是两个不足挂齿的可怜虫罢了。

雪莱在与哈丽雅特的共同生活中，已习惯于把妇女当作小孩看待。他甚至还想到，要向她们阐明自己的见解，就必须把这些思想加以概括、简化才行。然而，他惊讶地看到，与这位德·布瓦维尔夫人交谈时，他不但可以把自己的见解和盘托出，而且，德·布瓦维尔夫人还会通过她那娴雅、精确的语言给这些见解添上一种更有魅力的外貌。德·布瓦维尔夫人和她的妹妹也和雪莱一样，认为思想游戏才是最美妙、最自然的。缺乏高雅的仪态，也就谈不上有良好的教养。然而，两者兼备的女子则是高度文明的妙不可言的结晶。雪莱怀着一种内心的喜悦和至善至美的甜蜜感情，觉察到他已找到了有利于自己幸福的环境，而他在这之前所见到的一切都低贱得可怕。

对这两位妇女来讲，她们的想法也和雪莱一样。她们的发现也挺使她们心醉：这位青年，出身如此高贵，相貌又长得这样俊美，居然也会热衷于思想意识，而且，谈论起来还带着一种异乎寻常的热情，这都足以使她们为之倾倒。再说，雪莱已

[1] 安德烈·谢尼埃（André Chénier，1762—1794），18 世纪法国诗人，以写抒情诗著名。他主张君主立宪，维护王权，反对革命暴力，后被判决为“人民的敌人”而处死刑。

[2] 拉·法耶特（Mari Joseph Marquis de La Fayette，1757—1834），侯爵，法国将军，政治家，是个保王党。

摆脱了他 16 岁时的那种稍显盛气凌人的迂阔习气，在讨论问题时已是那样潇洒、谦逊。她们从未见过像雪莱这样为人厚道、无视功利、完全摈弃自私自利的男子。他虽秉性端庄，却也能欢快自如。他显得洒脱自在、不拘礼节，而同时又彬彬有礼，这种周全的礼貌使英国贵族青年更具魅力。“还有什么比一个身为世人的圣徒更加动人的呢？”两位夫人彼此这样谈论着。

霍格略微带着一种揶揄的嫉妒情绪，但又抱着友善的好奇心，眼看着那么多俏丽女子在他那位纯真的朋友周围施展巧妙的交际手腕，和他论古说今。在葛德文家，女孩子们称雪莱为“矮妖国国王”[1]、“仙人君主”，而在纽顿家，他却又成了奥布朗[2]。只要他一出现，女孩子们就纷纷前来围在他身旁。但这个“精灵”飘忽不定，很难在固定的时间里降临。“矮妖国国王”异常任性，常常会让人有突兀而来的惊惶之感和失常的恐惧心理。有时，到了约定的茶话会时间，人家正等他喝茶，他却被写诗的灵感攫住了，忘了赴约；有时，人家以为他终于“束手待擒”，只得从命了，突然，一项臆想的义务却又把他召到不知哪里去了。

“在有些国家里，”霍格对雪莱说，“人们以为母山羊是一种邪恶的动物，它们在昼夜 24 小时内却有 12 个小时身居地狱。我看，雪莱，您倒挺像这些母山羊。”

正相反，当一位合他心意的女子投他所好，把他引导到一场他所喜爱的严肃而热烈的谈话中去时，雪莱就既会糊里糊涂忘掉时辰，也会忘掉自己的存在。

夜晚悄然逝去，雪莱仍然在兴致勃勃地谈论着。一群心情

---

[1] 指斯堪的纳维亚神话中的矮妖精，他们都是来无影，去无踪的空中魔鬼。

[2] 奥布朗是莎士比亚喜剧《仲夏夜之梦》中的仙王。

略带焦灼的“女祭司”围绕着这位美貌的阿多尼斯[1]。晨光熹微，他还在侃侃而谈。通宵达旦的夜话收场后，他因回去睡觉为时已晚，索性踏着晨露去散步了。

“您整夜在那美人圈子里谈个不休，究竟对她们说了些什么鬼名堂？”精明而困惑的霍格不安地问道。

“我自己也不知道在说些什么。”

哈丽雅特也在暗自寻思，她丈夫能对这些女子说些什么。她产期已近，很少出门。雪莱经常把她一人撇在家中。她自己感觉到，她在雪莱得宠的那些家庭里并不受欢迎。在葛德文家，她曾与葛德文夫人有过口角，彼此闹得很不愉快。在德·布瓦维尔夫人家中，人家起初因为她长得美丽，又是诗人的妻子，觉得她妩媚动人，但很快便发现她实在平庸无奇，也就对她另眼相看了。

[1] 阿多尼斯（Adonis），希腊神话中爱神阿芙罗狄蒂所恋的美少年。这里是指雪莱。女祭司即指周围的女孩子。

十七　鲜明的对照

婴孩出生了，是个金发碧眼的小女孩。她父亲给她取名叫艾安茜，她母亲给她加上一个小名叫伊丽莎白。就这样，奥维德[1]与韦斯特布鲁克小姐因孩子降世而在摇篮前会合了，正是“小别重逢”[2]。雪莱怀里抱着婴孩，嘴里低声吟唱着，在房里走来走去。往后，他要抚养一个新的生命了。而且，他可以从这个新生命的孩提时期起就把她从“偏见”的桎梏中解救出来。这种想法使雪莱感到不胜喜悦。崇拜卢梭的雪莱，满以为哈丽雅特将亲自哺育孩子，因此，他自己也做好准备，要温柔体贴地照料这两个美人儿。他为自己要扮演新角色而感到兴奋，竟把可恶的伊丽莎也忘到了九霄云外。

不料，哈丽雅特受姐姐的怂恿，执意不肯亲自哺育女儿。她雇了一个奶妈给孩子喂奶，按雪莱的说法，这是一个“佣人”。哈丽雅特在这个问题上很固执，这种固执表面上挺温和，却又不容反驳。自从孩子出生后，哈丽雅特的内心发生了奇异

[1] 奥维德（Ovide，公元前43—公元17），古罗马诗人，著有《变形记》、《爱的艺术》等，后死于放逐。此处比喻雪莱。

[2] 这里暗示雪莱以前独自外出访友，把怀孕的妻子撇在家里。

的变化。她在怀孕期间长期不能外出活动，百无聊赖，如今似乎想出出心中这口恶气。她自修的拉丁文课程已因三个星期的卧床静养而中断，可是她现在干脆弃而不顾，不想再学了。她一味只想游逛伦敦的大街，在帽子店和珠宝店的货架前流连忘返。在雪莱看来，在这种无益的场合中寻找乐趣是可耻的，而且也是不可理解的。对他妻子一切“合理”的嗜好，他都愿意破费予以满足，即使要借债或长期招来麻烦也在所不惜。但是，他认为，把营救受迫害的作家和从事正义事业所需的金钱用来购买服饰和帽子，这是耻辱的。他毫不客气地把自己的想法流露出来。

这些显而易见的想法被伊丽莎一语道破了：“葛德文老在勒索你丈夫，而葛德文的老婆却对我们怠慢得很。你丈夫倒能搞到钱替这种人还债，而且也能搞到钱为那些蹩脚文人代付罚款，但却没钱打扮自己的妻子，真是太不像话了。要是他认为一个年轻标致的女子要打扮得讨人喜欢些是不正常的话，那只能说明他自己是个傻瓜，是个新教徒。你现在才 18 岁，正是大好年华。倘使你不趁自己年轻时穿着打扮一下，那还等到什么时候？”

伊丽莎十分乐意接待一位名叫瑞安的军官。这位少校是雪莱夫妇在爱尔兰结识的，后来又在伦敦邂逅。就连他也认为，一个像哈丽雅特这样的绝色女子理应有权享受符合自己口味的舒适生活。哈丽雅特听了他这种说法，甚以为然。对她来讲，拉丁文与哲学实在太费劲了。她以前学习这些东西时并不叫苦，那是因为她热爱自己的丈夫，崇拜自己的丈夫。但现在一提到商店，说长论短起来，她倒是如鱼得水，又恢复了她真正的本性，就像雪莱在纽顿家所得的感受一样。她在这类无聊事情中所得到的是一种出自内心的强烈快感，而在“埋头攻读”时所付出的却是痛苦的代价，两者恰成鲜明的对照。

雪莱认为，在十里洋场的伦敦居住，受到外界种种诱惑，就是这一切不幸的起因。于是，他灵机一动，想去故地重游一番，到他们俩爱情最强烈时曾经住过的地方去重温旧梦。这种想法，对发现感情有了阴影的情人来说，是很自然的。他们把哈丽雅特的那辆华丽马车装备一新，整装待发。雪莱在他日后将继承的遗产名下签署了一张价值两千英镑的期票，才借到五百英镑的盘费。于是，他们夫妻双双由伊丽莎护送着，前往凯齐克和爱丁堡“朝圣”去了。

旅行生活热闹非凡，变化多端，使他们忘却了不少不愉快的事。他们回到伦敦时感到比先前幸福多了。但是好景不长。旧有的裂痕，几乎在他们刚回家不久，就立刻又变得彰明昭著。哈丽雅特与伊丽莎要求过舒适豪华的生活，有一套华丽的公寓房子，讲究的梳妆打扮，左右逢源的社交关系。雪莱对这一切本来就深恶痛绝，不料自己的妻子居然会有渴望得到这一切的念头，因此，他对哈丽雅特的这种奢望更觉厌恶透顶。油然而生的鄙夷之情，犹如瞬息即逝的火花，隐隐闪现在他对妻子的深情爱意之中。

霍格来看望他们。他觉得哈丽雅特产后已完全康复，比以前更俊俏，更红润。但她已不再自告奋勇给他朗读爱多美纽斯的忠告了。她请他陪同前往时装商店。到了那儿，她就在店堂里消失得无影无踪，把霍格一人撇在人行道上。他发觉哈丽雅特已变得十分讨厌，令人兴味索然。再说，男子对待一位把自己拒之门外的女子总是很少宽容的，霍格当然也是这样，因而，他向雪莱说了自己对哈丽雅特的看法，想让雪莱也意识到这一点。对此，雪莱也难以掩饰自己的烦躁心情。雪莱夫妇的关系已到了向他人倾诉夫妻间的隐秘的危险阶段。

德·布瓦维尔夫人住在乡下，她邀请雪莱和霍格到她家里小住数天。他们俩欣然接受这一邀请。他们在布瓦维尔夫人府上见到了她的妹妹纽顿夫人和她的女儿科妮莉亚。她女儿是一位性情忧郁，很有教养的漂亮女孩子。雪莱很快地回到旧日梦幻般的生活中去，重又沉醉在和她们相处时那种如诗如画的境界里。他把白发红颜相映衬的布瓦维尔夫人叫做梅莫娜[1]，因为她使他想起了他最喜爱的那首诗中的女主角：

云鬓虽已花白，
面庞依然娇嫩。

美貌的科妮莉亚教他们意大利文，布瓦维尔夫人则用圆润的嗓音向他们吟诵法国哲学家们放纵的理论。

“享受吧，让别人也享受吧，不要损害任何人，这就是全部的道德。”这句尚福尔[2]的名言是布瓦维尔夫人最偏爱的论点。照例说，这种话本该激怒雪莱的，就连可怜的哈丽雅特也从未说过这种与德行背道而驰的话，但布瓦维尔夫人说得比哈丽雅特高明，他也就不以为然了。

在布拉克内尔[3]，甚至连戏谑也使雪莱觉得十分有趣，因为即使是他们的无足轻重的打趣，也是浸透着思想性的。科妮

---

[1] 梅莫娜是英国诗人骚塞所作的长诗《撒拉芭》中的女主角。
[2] 尚福尔（Chamfort，1741—1794），法国文学家。
[3] 即布瓦维尔夫人家所在的乡间。

莉亚有读书的良好习惯，每天早晨醒来，总要熟读强记一首彼特拉克[1]的十四行诗。她沉思默想，深刻领会这首十四行诗的含义，并把它当作终日的精神食粮。霍格和雪莱在向她道早安时，总得询问她，当天所读的是哪一首十四行诗。有时，诗句过于动人，如要她自己把它说出来，她会难以抑制自己的激动心情，于是，她就打开那本随身携带的彼特拉克诗集袖珍本，用手指出那一段。

然后，在庭院里，她走在两位青年中间，一边散步，一边滔滔不绝地评论着这首情诗，态度极为纯真。

"这样做很好。"她对他们说，"每天清晨，用一剂温柔的良药开始一天的生活，诗的芬芳渗透在言行中，直到晚间，仍然感到暗香盈怀，这是很有裨益的。"

在雪莱看来，这些散步是饶有趣味的。这些围绕着爱情主题的讨论是切合实际而又有意义的。这幢精巧而又优美的房子所蕴涵着的幽静与温柔，使他心旷神怡，即使它在某些装饰上失于富丽，但这也毫不令他反感。这一切使布拉克内尔成了雪莱的休憩胜地。哈丽雅特终于也应邀前来。布瓦维尔夫人和蔼、殷勤地接待了她。"她真是个十分俊俏的可意人儿。"布瓦维尔夫人对霍格说，"我觉得，对我们那位亲爱的耐人寻味的斯多葛主义者[2]来说，她不免显得有些轻佻，不过，她不是还不满 18 岁吗？"

不幸的是，哈丽雅特很清楚地感到，别人并没真正平等待她。她看到雪莱十分起劲地与科妮莉亚一起读彼特拉克的诗，

[1] 彼特拉克（Francesco Petrach， 1304—1374），意大利诗人，历史学家，考古学家。是意大利文艺复兴时期最负盛名的人文主义者。

[2] 即禁欲主义者。此处指雪莱。

他这种高兴劲儿远远胜过了与妻子商讨改变生活方式的办法时的情绪。她隐隐觉察到这些人表面上很和蔼可亲，实际上却对她抱有敌意。她出自对这种环境的反抗，便表现出一种嘲弄人的冷漠无情的姿态。正当在座的各位在谈论解放与美德时，雪莱在这一庄重时刻里，发现她正在和霍格以及他们新近认识的另一位怀疑派朋友皮科克交换着带有讥诮性的微笑。

雪莱对霍格的奚落倒能容忍，但妻子的嘲弄却气得他火冒三丈。雪莱的思想境界本来就与霍格截然不同，他只得委曲求全，接受这种差异。然而，哈丽雅特的思想境界是他自己的精心之作，他造就了她，训练了她，启发教育了她。他已习惯于把她看作自己的应声虫，听她鹦鹉学舌。如今，他突然发现这另一个“自我”已脱离了他，而且有时还一边听他谈话，一边嘲笑他，这真使他悲痛到了极点。

在人的心理活动中，不敢自认的嫉妒会酿成极大的愚蠢。直截了当的、爽快的攻击本是自然而然的事，有时也许还会打动别人的心。然而，抱有这种阴暗的嫉妒心的人却并不这样做，往往会以尖酸刻薄的言语去批评对方正常的举止言行，使一切纯真而强烈的情绪蒙受上一层令人无法忍受的卑劣色彩。哈丽雅特对布拉克内尔的一切都看不顺眼，因为她在嫉妒科妮莉亚·特纳。但雪莱把哈丽雅特讥诮的神色和庸俗的尖刻都归咎于她那不可思议的幼稚，因而，对她报以毫不介意的冷淡。

由于傲气作祟，哈丽雅特的乖张行为顿时变本加厉。“伊丽莎说得有道理。”她心中想道，“他真自私自利，而且还自以为很了不起……就因为他自己喜欢这种隐居生活，这种毫无用处的讨论和意大利诗歌，他就硬要把这些东西强加于我……但他有什么权利禁止我有自己个人的爱好？……科妮莉亚只不过读了些彼特拉克的诗，她的生活情趣究竟在哪一点上比我高尚？……他所赞赏的那些女子都不如我年轻、美丽……他很快会因为失去我的欢心而抱憾的……”

她说她要回伦敦去与伊丽莎做伴。人家也并不竭力挽留她，只不过是出于礼节说了几句客套话罢了。“可怜的雪莱，”布瓦维尔家的女士们心中暗暗想道（就像以前葛德文家的小姐们所想的那样），“可怜的雪莱没有娶到一位能与他相匹配的妻子。”

于是，哈丽雅特逐渐习惯于常让雪莱一人留在布拉克内尔，自己就在伦敦与伊丽莎同住，一住就是相当长一段时日。不久，一些好心的朋友告诉雪莱，说他们经常看到哈丽雅特与瑞安少校厮混在一起。

雪莱自结婚以来，第一次意识到“不忠贞”竟然会与他们夫妇发生关联。这本是一种伤风败俗的事情。他以前一贯怀着极度轻蔑的心情，抽象地对待这个问题。但现在，突然想到哈丽雅特和他自己可能已成了这类事情的当事人，他内心感到极大痛苦，这种创痛是他从未领略过的。

理智告诉他，若能摆脱掉一个平庸低劣的女子，他倒是应该感到庆幸的。哈丽雅特在布拉克内尔时，已以她那卑劣的怨愤惹得他大为恼火。如果他现在真的还情有所钟的话，岂不是宁可爱那饶有情趣的科妮莉亚·特纳，而决不爱哈丽雅特吗？既然他已不再爱她，那么决裂岂不是最简单的解决方法？爱情之火一旦熄灭，夫妻双方就应该分道扬镳，他不是一贯这样教导别人的吗？然而，他虽然反复对自己说这些切合实际的理论，却也无济于事。他惊愕地发现，哈丽雅特·韦斯特布鲁克和珀西·雪莱已不再是两个互不相干的自由人了。对往事的回忆，甜蜜的爱抚，休戚与共的朝朝暮暮，这一切似乎已把他们紧紧裹在一张无形的密网之中，而现在，这张网正在以极大的韧性抵御着他们为了挣脱它而作的努力。

他急忙赶到伦敦，决心向哈丽雅特道歉、认罪。但他发觉哈丽雅特强硬得很，持着一种严峻而带奚落的态度，根本不容雪莱和她作任何深刻的交谈。她为什么变得这样厉害，真令人费解。

这个女孩子，在3个月之前还那么温柔，那么顺从，现在却变得这样冷酷无情、盛气凌人。在瞬息即逝的短暂时刻里，雪莱自以为在她傲气逼人的严酷外表下仍能依稀看到从前那个哈丽雅特的形象。但就在刹那间，当他试图用一句比较温柔的话来打破僵局时，他所见到的却只是一张冰冷的、毫无表情的脸，他碰了一鼻子灰。

当他在伦敦街上漫无目标地踽踽独行的时候，他心里想道："我以前准是疯了……我居然与一个对我毫无情意的女子结成终身伴侣……她不爱我，而且也从未爱过我……现在，事情已清楚了，她当初只是贪图我的财产与爵位才和我结婚的……如今，她看到自己的希望都已落空了，就以惩罚来让我抵偿她的懊丧……"他厌恶地反复自言自语："一颗像冰块一样冷酷的心……一颗像冰块一样冷酷的心。"

如果他与哈丽雅特单独相处的话，他也许还能和她重修旧好。然而，伊丽莎总是隔在他们中间，她满脸委屈，心怀敌意，真令人心寒；那位善献殷勤的瑞安少校则躲在幕后，只要这位夸夸其谈的丈夫使哈丽雅特稍受委屈，他就随时准备向她一表同情之心。

经过几天的暗斗，雪莱的热情突然消失殆尽了。他具有自我克制的精神力量，在这种精神力量的支配下，他无所不能忍受。在一段彷徨、踌躇之后，他的精神陷于一种无法自拔的麻痹状态之中，就像过去在牛津大学一样。这时候，他那神经敏感的自我抑制力就好像瞬息即逝的火花，在迸发出最后一道闪光后，就消失在无限的黑暗里了。

他见哈丽雅特始终无动于衷，便放弃了挽回他们夫妻间业已残剩无几的感情的一切希望。于是，他通知布拉克内尔的德·布瓦维尔夫人，说他将独自一人去她那里小住一个月。他相信，经这次长期外出之后，哈丽雅特会被她周围那些可恶的亲友宠得连一点点过去的影子也不复存在了。他也知道，去布拉克内尔作客后，一场灾难将会尾随着这段迷人的插曲接踵而至，但他对当前的生活已厌倦透了，根本就不可能再在这样的生活漩涡中继续挣扎。

“过去的我已不复存在了，”他说，“我现在只不过是一条待毙的寒虫罢了，在和煦的阳光底下，只能靠缓慢的蠕动来取点温暖而已，骤然压顶的阴云会把我冻僵，我将坠入寒冷的阴府地狱。”他忧郁地背诵着彭斯[1]的一段诗。

幸福好比田野上怒放的薄命鲜花，
任凭它娇艳芬芳，
一经残忍的手指攀折，
竟香魂俱消；
幸福好比池塘上纷飞的袅袅雪花，
任凭它冰清玉洁，
一经彻骨的塘水调笑，

[1] 彭斯（Robert Burns，1759—1796），苏格兰诗人，以写民歌著称。

竟洁身难保。

他觉得，在他那晶莹剔透、水晶一样的思想境界里，哈丽雅特、小女儿和伊丽莎就像是活生生的素材，纷至沓来的是由他苦心经营过的这三个叛逆者的形象。他拼命地想把她们从他的思想轨道上抛出去，但总是枉然。在严酷的现实面前，他的思想武器是那样地无足轻重，生活已将他压得片甲无存了。

十八 第二个女神的化身

在有些时日里，雪莱也惦念他那位年方 18 岁的妻子。当他回想起哈丽雅特充满稚气的秀丽面庞时，他觉得还有可能把他们夫妻间的种种龃龉都遗忘掉，还有可能弥补感情上的一切裂痕。他写了一首忧郁伤感的诗歌给哈丽雅特，试图告诉她，多少个美景良辰，她那温暖的情意绵绵的目光，像一股涓涓细流，在缓缓地浇灌着他心中的奇葩，但是现在在她的眼神中能找到的只是冷漠与轻蔑，这是多么残酷的事实啊！然而，这首诗能打动她的心房吗？他无从知道。她紧锁着心扉，越来越深地把自己禁闭在一种充满敌意的神秘中。过去他曾好几次弃她外出，因此，每当他一回到伦敦，她便带着女儿匆忙动身去巴思，这无疑是出于对他的报复。

雪莱必须在城里逗留一个时期。他已进入成年期了，却仍然无所作为。他的律师让他知道，恐怕会有一场目的在于剥夺他的世袭财产的家庭讼事。雪莱尽管自己已债务累累，却仍然慷慨解囊，执意替别人还债。葛德文开办的儿童读物出版社营业惨淡。这位维护人权的长者由于经济拮据而声名扫地，悲愁颓唐，这使他的门徒雪莱感到十分痛苦。但是，必须拿出三千英镑才能解救他，这可是一笔无法筹措的巨款哪。

自从这一解救计划提到日程上后，葛德文重新对雪莱产生了十分强烈的兴趣。由于雪莱的“娇妻”不知要在乡间小住多久，雪莱在伦敦便成了“单身汉”。他每晚都被邀请到斯金纳大街去进晚餐。

雪莱欣然接受邀请，因为他十分高兴能再见到葛德文家的几位年轻女郎。葛德文告诉雪莱，他将会在他们府上多见到一个人。此人就是那位终于从苏格兰登程回府的玛丽。葛德文还把玛丽的形象向他作了一番生动的描绘：年龄 17，才思敏捷，性情活泼，求知欲强，性格坚忍不拔。范妮与简早就向他描述过玛丽，把她说成是一位才貌双全的佳人。此外，她母亲玛丽·沃斯通克拉夫特也在雪莱的心中激起了莫大的钦慕。雪莱对玛丽早已仰慕。想到自己不久将要结识这位素昧平生的陌生女子，他不禁感到十分激动。

雪莱认为，形形色色的生命力像缕缕游丝，神秘地飘散在宇宙之中，它使人感到亲切而又无法捉摸。他需要把这些生命力具体体现在一张俊美的面庞上，这将成为他幸福的源泉。爱情对雪莱来说，就是热诚的崇拜，完全的信赖，是灵和肉的完美而奇妙的结合。

如果玛丽不降临或她使雪莱大失所望，那么，可怜的雪莱这种欲理还乱的犹豫不决的感情无疑会寄托在范妮或简身上。然而，玛丽正是他所期待的理想人物。

玛丽的脸庞清秀、苍白、没有一点瑕疵；金栗色的秀发从中间分开，梳得平整熨帖；高高的额头；淡褐色的双眸，神情严肃而温和。她带有一副怀才不遇、颇具胆识的高傲神态，这种神态立刻就在雪莱身上激起一股热情，这热情同他在阅读荷马和普鲁塔克[1]作品时所产生的激情是一模一样的。他似乎在这纤弱娴雅的少女身上看到了某种英勇悲壮的东西，而豪气与柔娴的混合正是世上最能使他动心的东西。

“多么严肃，多么敏感。”他一边欣喜若狂地聆听她那娇嫩的声音，一边想道。在雪莱心目中，一位善于沉思默想的妙龄美女，既有成熟女性的风雅，又具有少女的热情和聪慧的好奇心，这才是一件最精美的艺术品。他顿时就渴望伸出自己友谊的胳膊，情同手足地环抱她那纤弱的双肩，并想出其不意地带她在空幻的玄学领域内驰骋一番，她那强烈的求知欲望定会使她那双明澈的眼睛闪闪发光。哈丽雅特·韦斯特布鲁克不完全符合他的理想。有一阵，他曾希望能在哈丽雅特身上寻找到他万分崇仰的美丽与理智的神妙结合。但哈丽雅特没能经受住时间的严峻考验。实质上，她缺乏严肃，即便她佯装对思想深感兴趣，但她那空洞的视野也仍不免把她的冷漠无知暴露出来。再说，她卖弄风情，生性轻佻，善于要弄女人特有的那套小手腕，仅这些就足以使雪莱感到寒心。

这位长着一双淡褐色明眸的玛丽，敏锐内敛，一丝不苟，如利剑一样柔中有刚。她自幼由《政治正义论》的作者教育成人，摆脱了女性的迷信桎梏，思想解放，清脆的嗓音微妙地衬托出她娴雅的修养。雪莱每晚在斯金纳大街那幢小小的寓所里晚餐时，常常凝神注视着玛丽，他表面上似乎是在倾听葛德文抱怨生意清淡或谈论英格兰预算和出版法，实际上，他的眼光却不时地溜向一边，落在玛丽身上。

玛丽也随时会爱上雪莱的，因为她的两位妹妹早已为这段

[1] 普鲁塔克（Plutarque，45？—125），古希腊历史学家，道德学家，著有《希腊罗马名人传》。

传奇式的姻缘做好了舆论准备。最近一个月以来，她们在给她的信中专门谈这位英俊的诗人。但一切描绘和真实的雪莱相比，不由得使人感到语言是多么的贫乏和无力。

她很快感到自己引起了雪莱的兴趣。虽然雪莱从不对人抱怨什么，但她感到他总是郁郁不欢。一天晚上，他们两人单独在那间挂有玛丽·沃斯通克拉夫特肖像的房间里交谈时，玛丽向他谈起自己的愁苦。她热爱父亲，但憎恨葛德文夫人。正因为这个女人的缘故，玛丽才感到斯金纳大街的这幢寓所显得十分可憎。世界上使她略微感到安全的唯一去处，就是她生母的墓地。她每天都去那儿阅读书籍，遐想冥冥。雪莱听后，十分感动，请求玛丽允许他陪伴她去墓地。

于是，与往事相隔五年后的今天，雪莱重又出现在公墓里，他坐在一位严肃而又热情的少女身旁。神明再一次化身为女子，出现在他的眼前。唉！可惜，雪莱已不再是自由的人了。他感到有一股无形的强大的力量把自己吸引到她的身边。他渴望握住这双纤手，亲吻这两片细如弯弓、完美无缺的樱唇。他想象着，玛丽也在同样的心境中。然而，他们的视线不约而同地回避开了。他还能向她奉献什么呢？他是个已婚男子。毫无疑问，婚姻只是一种具有约束性的羁绊罢了，既然夫妻双方不再相爱，这种徒具形式的婚姻就可以取消，他也就可以摆脱这种羁绊。再说他以前也从未向哈丽雅特发过什么誓言。何况哈丽雅特已是瑞安少校的情妇，因此他对她也就无所顾忌，更谈不上有什么良心上的不安。然而，他的婚姻既然在法律上是不可解除的，那他还能把什么给玛丽呢？这种受人唾弃的生活，他以前都不敢把它妄加给他第一个爱人，难道他现在能让玛丽接受这样的生活吗？

但是，无法倾吐的爱情，即使在虚幻中给人的是无限的痛苦也总比现实中的猜疑与孤独要好得多。夫妇之间的爱情，纵然到了崩溃的边缘，但社会舆论、责难、种种干扰使他们守口如瓶，绝不肯有丝毫泄漏。但有朝一日，男方觉得他能在对旁人倾诉苦衷时得到一种苦涩的快乐的话，那么爱情也就彻底破灭了。雪莱毅然把他夫妻生活的真相告诉玛丽，向她诉说了他对哈丽雅特的看法，把她描绘得像他现在所认为的那样，而且还出于某种不由自主的感情上的倾向，他把自己对哈丽雅特的失望心情归咎于双方的情操不同。他需要一个既能领悟诗意又能理解哲学的伴侣，而哈丽雅特却两者都不具备，他要贬低业已失去的感情，从中领略一丝辛酸的快意。

他赠送一本《麦布女王》给玛丽。书上题有献给“这些诗歌的启导人”哈丽雅特的题词。他在烫印了的献词下方写道：“斯洛奔道夫伯爵[1]行将娶一位专为他的财富而嫁的女子。当他身陷囹圄，她便弃他而去，从而充分证实了她的自私。”玛丽回到自己房里，又在雪莱这句话下面补充写道：

> 这本书对我来说是神圣的。除我以外，任何人都不得翻阅此书，以便我能在书上写下我所乐意写的想法。但是，我将写些什么呢？我是那么地爱这本书的作者，任何言辞也难以表达我对他的爱。他是我最亲爱的人儿，是我心中唯一的爱，但一切都使我远离他。
>
> 我们彼此以爱相许，但我却不能属于你，既然如此，我也决不会属于他人。然而，我终究是属于你的，只属于你一

[1] 斯洛奔道夫伯爵系《麦布女王》中的人物。

人……

“这无言的亲吻，无形的凝视，

这避人耳目，躲躲闪闪的微笑……”

我已立誓献身于你，而这种赠与是神圣的……

他们两人之间这些无人察觉的眉目传情，无人理解的会心微笑，葛德文却看到了，而且也理解了。他女儿与这位已婚诗人之间的私下传情使他惴惴不安。他对玛丽挑明了此事的危险性，并恳求她不要再与雪莱见面。他写信给雪莱，也表明了同样的意思，规劝雪莱与妻子言归于好，并请他在他的热情尚未平息之前别再到斯金纳大街去串门。

葛德文的劝阻虽是出于好意，却使得本来也许还有待发展的事态加速了进程。雪莱已热烈地爱上了玛丽，一旦见不到她，就毅然决定要采取措施，结束这一局面。他对哈丽雅特毫无内疚，不管皮科克和霍格这两位不偏不倚的公证人如何替哈丽雅特辩解，他仍固执己见，认为她是有罪的。“只有一件事使她感兴趣，”他心里想，“那就是钱……在这点上，我可以迁就她。我将保证供给她一切费用，她也会因重新获得自由而万分庆幸的。”他把她召回伦敦，以便把自己的意图告诉她。哈丽雅特来了，她已有四个月的身孕，甚感不适。她丈夫镇静而和气地向她宣布，他已决定继续和她分居，并要和另一个女子私奔，但他仍然是她最好的朋友。她听了这番话，深受刺激，竟得了一场大病，卧床不起。

雪莱忠心耿耿地服侍她，看护她，反而使她更加痛苦。等她病情有所好转，雪莱仍不回心转意，重又执拗地对她说教：“两性的结合，只有在它给双方带来幸福时，才是神圣的。一旦出现弊多于利的情况，这种结合也就自然而然地自行解体了。坚贞不渝，其本身并不是什么美德，因为它在某种程度上意味着要容忍自己所选择的配偶的各种重大缺点，在这种情况下，它甚至还是一种罪孽……”

当雪莱以这种方式在哈丽雅特周围布下了肉眼看不到而又不可逾越的罗网时，哈丽雅特感到自己已途穷无望了。过去，当她想要捍卫自己的宗教信仰而同他争辩时，她马上就发现自己已四面楚歌，招架不住。目前，她的处境正是这样。她深知，要对雪莱的这种说法给以合理的答辩，是完全可能的；她还深知，要表明自己内心的这种巨大痛苦和忧愁，以及这爱情与恐怖交混在一起的感情，都需要找到适当的言辞。如果她神志比较清醒，她是能够找到这种言辞，而且能把它们表达出来的，但她现在搜尽枯肠也想不出该说些什么话。她头脑里乱糟糟的，像是在无形的墙宇包围之下，拼命挣扎着。

为了发泄心中的怨气，哈丽雅特任凭自己暴跳如雷，迁怒于玛丽。准是玛丽策划了这一切，是她把雪莱从他妻子那儿夺走的，是她在投机取巧，明知雪莱倾心于传奇式的爱情，便投其所好，引诱他去墓地幽会的，因为这正好与雪莱的个性相合拍。她居然恬不知耻地利用对生母的怀念之情，干出了这种丑事。

在玛丽这方面来说，她对哈丽雅特毫无怜悯之心。她把哈丽雅特想象得十分令人憎恶。一个女子既然有幸嫁给雪莱，却又不能使他生活幸福，这样的女子只能是个自私自利、生性轻浮、平庸无奇的人。她知道雪莱将会仁慈地厚待他妻子的，他正准备给哈丽雅特一笔馈赠，说不定还会指示银行把他自己的大部分津贴支付给哈丽雅特，这样一来，他也就心安理得了。“她就会有钱的，有了钱，她就会满意的。”玛丽轻蔑地说。

雪莱则心情紧张，忐忑不安。感情上的逆变，在他内心深处勾起了万千思绪，各种矛盾的心情纵横交错。当他看到哈丽雅特身陷绝境，发作得既令人动心而又极其笨拙时，他不由得眷恋旧情，不能忘却他们夫妻间美好的过去；然而，他一看见玛丽，却又迷恋她那严肃幽雅的风韵。为了求得片刻安宁，他开始饮服鸦片药酒，而且服的剂量日趋增多。他拿出药瓶给朋友皮科克看，并说道："我再也离不开这玩意儿。"说罢，他又补充道："我不停地在背诵您所翻译的索福克勒斯[1]的这几句诗句：

若不降生，不幸中庆享大幸，
一旦问世，苦海中惨受煎苦。
事已成事，寻归宿疾步黄泉，
策中上策，求解脱奔赴阴府。"

[1] 索福克勒斯（Sophocles，约公元前496—前406），古希腊著名悲剧诗人，著有《安提戈涅》、《俄狄浦斯王》等。

第二部分

一　出逃六星期

驿站的马车已事先租好，预定在凌晨4时启程。雪莱彻夜不眠，守在葛德文家门前。他终于挨到了万家灯火俱熄，繁星渐渐隐没，路灯黯然失色的时辰。玛丽身穿旅行服装，悄无声息地把门打开。简·克莱尔蒙特在玛丽临行时，突然拿定主意，也要与她姐姐一同出走。她压低嗓门，热切地照料着行李。

乘车长途旅行使玛丽疲惫不堪，但雪莱生怕葛德文追上他们，不敢让车停下来稍事休息。下午4时许，他们总算到达多佛。经与海关人员和水手们百般周旋，费尽了口舌，他们才找到一艘小船，船主答应帮他们摆渡到加莱。

夜色美不胜言。船儿乘风破浪疾驶着。三个逃亡的人见白色的巨崖在身后渐渐消逝，感到自己已平安逃离，才惊魂稍定。不多片刻，微风渐起，风力急遽增强。霎时间，狂风大作。玛丽因疲于奔命，竟已病倒，整夜躺在雪莱膝上。雪莱自己也已精疲力竭，但仍尽心扶持着玛丽。一轮明月渐渐西沉，降到了地平线上。接着，在这深沉的茫茫黑夜中，暴风雨突然来临。顷刻间，电光闪闪，雷雨交加，以不及掩耳之势袭击着波涛滚滚、漆黑无际的汪洋大海。他们终于在战风雨斗恶浪中迎来了黎明。暴雨在一片晨曦中渐趋平息，风力也随之减弱。雨过天晴，一轮旭日冉冉升起，照耀在法国的上空。

加莱港的街道，人声鼎沸，熙熙攘攘，一派欢乐景象。人们用异国语言互相交谈，渔夫和妇女们都穿着绚丽夺目的服装。这一切都令人耳目一新，使玛丽精神大振。他们一行三人，白天在旅店里等候从多佛运来的行李。然而，行李马车在把他们的行李运到的同时，却也把戴着一副墨绿色眼镜的葛德文太太一起带来了。这位胖太太希望至少能把简说得回心转意，随她返回斯金纳大街。但雪莱的滔滔雄辩说得她哑口无言，无以答对。于是，葛德文太太只得独自怅然而归。傍晚6时，这几位旅行者搭上一辆三驾马车，离开加莱，向布洛涅进发。

他们的计划是直达瑞士，但他们刚到巴黎，就已钱囊空空，分文不名了。他们随身带有一封信，那是写给一位名叫塔韦尼耶的法国商人的，请这位商人负责筹资他们的旅途费用。他们请他来旅馆共进早餐[1]。经一番交谈，他们就断定此人是个十足的白痴，因为他似乎很难理解这两个女孩究竟有何必要，非得跟一位精神亢奋的高个子年轻男子一起作这次旅行。

雪莱只得把他的表和表链典当掉，换得了8个拿破仑[2]。这笔钱足以维持他们两周的伙食。手头上有了钱，他们便安心地开始游览巴黎的林荫大道和卢浮宫、圣母院等名胜古迹。但他们很快就收敛起了游兴，宁愿待在旅馆里，一起拜读玛丽·沃斯通克拉夫特的著作及拜伦的诗歌。

塔韦尼耶实际上是个老好人。不到一星期，他便同意借给

[1] 原文系英文。

[2] 拿破仑（Napoléon），法国古币名，一个拿破仑值20个金法郎。

他们1200法郎。但要乘马车旅行，这点钱委实是太少了，因此，他们决定步行前往，只买一头驴子供玛丽在路上骑。雪莱到牲畜市场去买了一头小驴，牵回旅馆。次日早晨，一辆出租马车载着雪莱和他的妻子、小姨，一起径奔夏朗东关卡，那头驴子则在车后疾步跟随。

1814年，法国正值兵荒马乱，旅途上不太安全。军队刚好溃散，成群的落草士兵拦路抢劫旅客。在田间作业的农夫见两位身着黑色绸裙的美貌女子和一位鬈发青年，带着一头小得令人发笑的驴子，一起行路，不由得惊诧万分。

走了没有几公里路，那头驴子就显得筋疲力尽了，要走完这一段路程，雪莱和简就不得不抬着它走。到了投宿的村里，他们便把它卖给一个农夫，另外买了一头骡。

这一地区深受战争蹂躏，满目疮痍。周围的树庄遭战火的浩劫，几乎都成了废墟，房屋大多上无片瓦，仅剩被烟火熏黑了的屋梁。他们向一个庄园主讨了些牛奶喝，这勾起了庄园主的满腔怒火。他破口大骂那些抢去了他几头母牛的哥萨克兵。

在那些破败不堪的旅店里，床铺十分龌龊，吓得玛丽和简都不敢上床就寝。屋里老鼠成群，不时在黑暗中擦着他们的身子到处乱窜。一路上，他们已习惯于在农家厨房里坐着过夜了。那儿，炉火熊熊，空气沉闷。他们在蒙蒙眬眬的半睡眠状态中，听到小孩的啼哭声同陈年旧木的嘎嘎断裂声交织在一起。玛丽忧心忡忡地惦念着她的父亲，不知她的出逃是否会使他过于伤心；而雪莱则在担忧着哈丽雅特的命运。

雪莱从特鲁瓦给哈丽雅特寄去一封长信，请求她到瑞士与他们会合。她可以住在他们身边，这样一来，她至少可以放下心来，有事要别人照应时，能就近找到一位毫无私心杂念的朋友。他在信中还十分自然地向哈丽雅特通报了玛丽的健康状况。他觉得，这样推心置腹，真诚相见，完全是合情合理的，而且，他毫不怀疑，他的妻子不日即会抵达瑞士。也许“世人”会认为这样共同生活是不道德的，但世人之见又何关紧要？听从恻隐之心与满腔柔情的安排岂不是比屈从于不合情理的偏见更为可取吗？然而，哈丽雅特却杳无回音。

他们经过蓬塔利埃和纳沙特尔，抵达四州湖。雪莱的意愿是想在布鲁南定居，这样可离那位捍卫自由的威廉·退尔[1]的教堂近一些。一座陈年失修、久无人迹的破旧城堡是布鲁南唯一的一所空屋。他们在这座旧城堡里租下了两间房，租借期为6个月。然后，他们购置了一些卧具、椅子、衣柜和一只火炉。当地的本堂神父和医生都来拜访这几位新到的侨民。雪莱在当天就开始写作长篇小说《凶手》。他们就在这里定居下来。

然而，新炉子不易点燃。手脚笨拙的雪莱费尽心机，想把炉子点着，但总是白费劲。室内冰冷彻骨，烟雾腾腾；室外，雨点敲打着玻璃窗。这三个流落异邦的孩子孤零零地举目无亲。他们谈论着舒适温情的英国家庭，滚烫芬芳的英国茶，温暖多雾的英国天气；谈论那些操着他们本国语言，并且会正确地叫出他们姓名的冷淡而又好心的英国人，还有那些虽说贪婪成性，却还是殷勤周全的英国高利贷者。雪莱清点了一下他们公用钱包里的钱，总共只剩下28个英镑了。他们三人的心里都不由涌起一股强烈的愿望。“回家去吧！”雪莱终于把他们的共同愿望说了出来。

话一出口，就在当天半夜里，他们三人立即作出了决定，

---

[1] 威廉·退尔（Guillaume Tell），瑞士民族英雄。德国著名作家席勒曾于1804年以他的故事为题材写了一出悲剧。

并都感到如释重负，十分愉快。“想起来，真是滑稽。”简说，“我们以 6 个月的期限租下了两间房，并花钱购置了家具，但刚在房里过了 48 个小时，就要抽身离去。真逗！当时，我眼看多佛的悬崖远远消逝，心里在想，我今生今世想必永远不会再见到这嶙峋的悬崖了，而现在……”翌日早晨，一艘小船在倾盆大雨中载着他们三人驶向卢塞恩。布鲁南的本堂神父得知他们已经动身，不禁大为惊异。

他们乘着航船，从卢塞恩启程，途经巴尔，到达科隆。到科隆的那天，天气晴朗。晚上，船夫们在满天星斗的夜幕里，唱着情意绵绵的浪漫曲。雪莱致力于写作《凶手》，玛丽和简也各自着手写小说，而那些处处都是断瓦颓垣、举目苍凉的山岗，则为他们笔下所描绘的罗曼蒂克英雄的冒险奇遇提供了成千幅完美的背景。登陆后，荷兰的公共马车载着他们，穿过一片由运河、风车和木房构成的宁静而又宜人的景致，向华都辚辚驶去。当他们到达鹿特丹时，他们已经身无分文。经与一位船长商量了很久，他才允许他们上船。海上波涛汹涌，气候恶劣，这情况恰与他们出逃的那天相仿。旅途中，雪莱与一位思想落后的旅客讨论奴隶制问题。玛丽和简热烈支持雪莱的观点。她们全然不知第二天将能以什么果腹，但她们深信珀西是一位能扭转乾坤的天才，而且还确信人都是可臻完美的。

二　被摈弃的人

雪莱在抵达伦敦时，已穷得无力支付运载他们行李的马车费。他只得带了玛丽、简和行李，让车夫把他们送到与他有账户关系的银行家家中。这位银行家告诉他，哈丽雅特已如数提取了他账户名下的余款。这消息惹得玛丽和简大为愤懑。要摆脱困境，又免得惊动警方，唯一可行的办法就是去找哈丽雅特本人面商。雪莱身边有哈丽雅特的住址，使命车夫驱车寻去。

哈丽雅特见雪莱回来，起初还以为丈夫已回心转意，然而，当她得知自己的情敌就等在门外时，不禁勃然大怒。不过，她还是借了几个英镑给雪莱。这样，三位风尘仆仆的旅客总算能在一幢公寓里租了几间带家具的简陋房间，住了进去。

他们的处境不妙。葛德文家断然拒绝接待这几个逃亡者。雪莱为自己的行为分辩，说他是执行了《政治正义论》一书中所提出的原则。这样一来，反而是火上加油，更加触怒了这本书的作者。在葛德文心目中，《政治正义论》是一本理论书籍，书中所主张的原则，在一个乌托邦国家里，也许是极为适用的（况且，此书是他很久以前写就的作品）。但在伦敦，在一个世态炎凉的无情社会中，在葛德文自己的家庭里，把这些原则同他唯一的亲生女儿联系在一起，就会使他遭到朋友们的奚落。更有甚者，雪莱居然如此歪曲他的原则，在他的女儿身上打主意……不，他永远不会原谅雪莱。

然而，雪莱以前曾向人借过大笔款子，为的是把这些钱转借给玛丽的父亲，帮他解围。那些催索债务的执达吏得知雪莱已回伦敦，便开始追逐他，向他逼债。而葛德文非但不能偿还向雪莱借的债款，甚至还需另借新债。这类金钱问题迫使他不得已只好再与这道德败坏、背信弃义的年轻人通信联系。这样做，他深感于心不安，并在每封信中都如实向雪莱说明了自己的感受。

玛丽和雪莱以前曾十分崇敬葛德文，但这个人如今竟表现得这样虚假，不禁使他们感到异常伤心。“哎！哲学！”他们叹息道。至于葛德文夫人，她尤其怪罪他们带坏了她的亲生女儿简，而且还不准温柔的范妮去看望他们。有一次，葛德文夫人亲自前去看望她的女儿，在楼梯上遇见了雪莱，她却扭转头去，根本不理雪莱。

雪莱他们与哈丽雅特的关系时好时坏，这完全得由哈丽雅特的情绪变化而定。她什么都不缺，因为她手头上还有一点雪莱的存款，而且还能从那位前咖啡馆老板[1]那儿拿到一份津贴，但她有孕在身，因此还是深感不幸。她整天天真地向左邻右舍那些长舌婆叙说自己不幸的遭遇，或者就用女学生式的文体写信给都柏林的那位朋友、女裁缝凯瑟琳·纽金特。她写道：“各种年纪的人都有自己的苦恼。上帝知道我有我的苦恼。小艾安茜身体挺好，她已经有 14 个月了，长了 6 颗牙齿。如果没有这

[1] 指哈丽雅特的父亲。

可爱的娃娃和我的姐姐的话，我真不知该如何是好。对我们所有的人来说，世界是一个充满着痛苦的考验的场所。我已经历了人生坎坷，不想再重蹈覆辙。但是，时间会治愈最深沉的创伤。为了我这宝贝孩子，我希望能再多活几年。请经常给我来信。请告诉我您过得如何。从前曾经是很贞洁的人，现在已变得放荡不羁，伤风败俗。在这种情况下，尽管我丝毫看不到自己还有什么可指望的，但请您不要灰心丧气。事情就是如此。在这人世间，一切都不可靠。我设想，在天地间还存在着另一个世界。凡在人世间备受苦难的人们将会在那个极乐世界里感到幸福。请告诉我，您对我的这一想法有何高见。我姐姐和我在一起生活，我们相依为命。但愿您能像我那样了解她。她是无愧于您的友谊的。再见吧，亲爱的朋友。”

有时，她满怀希望。她的女朋友们对她说，逢场作戏的爱情是不会长久的，她的丈夫一定会浪子回头，重新回到她身边的。于是，她就转悲为喜，客客气气地写信给雪莱。她认为玛丽是万恶之源，这一切伤天害理的事都是她干的，是她给雪莱讲述一些荒诞无稽的故事，勾引了雪莱；而雪莱，实际上是个天性善良的好人，他决不会抛弃妻子和两个孩子。

有时，情况正相反。她悲愤欲狂，伤心透顶。于是，她便想尽办法，力图使这对“可恶”的情人身处困境。她到处向人借债，然后打发债权人去向雪莱讨债；她逢人便说雪莱与葛德文的两个女儿乱伦同居；她还去找葛德文的债权人，撺掇他们毫不留情地去逼债。从未见过哈丽雅特一面的玛丽，对她的所作所为大为感叹，不禁叹息道：“真是个可怕的女人哪！”

11 月的某一天，哈丽雅特身感不适，自以为已染重病。病痛之际，她所采取的第一个行动就是要把丈夫召来。她半夜三更差人去找雪莱，雪莱闻讯立即赶来。他只是想作为她最忠诚的朋友，而不再重新变成她的情人。但哈丽雅特并不理解这两者之间的微妙差异，一见他匆忙赶来，体贴入微地服侍自己，她便又情意绵绵，百般温柔。这时候，雪莱却委婉而坚决地拒绝了她。

11 月底，哈丽雅特生下一个怀胎才 8 个月的早产儿。婴儿的诞生丝毫没能促使她和雪莱达成和解，因为雪莱不能肯定这个小男孩是他的。

雪莱他们虽然贫困潦倒，多灾多难，但他与玛丽在一起，内心里还是深感甜蜜、幸福的。他们两人志同道合，意气相投，而且都把生活看作是一所学无止境的大学校，要活到老、学到老。他们经常大声朗读，所读的书籍也都一样。玛丽陪伴他奔走于律师和执达吏之间进行游说。当他像从前在牛津大学那样，流连于海德公园的“〈”形河畔，往水中扔纸船取乐时，玛丽则坐在他身旁，热心地折制一只只纸船。

在雪莱的指导下，玛丽开始学习拉丁文，甚至还学希腊文。她远比哈丽雅特有修养，对学习的看法也与雪莱的头婚夫人截然不同。哈丽雅特把这类学习看成是一种令人厌倦的文字游戏，而玛丽则认为学习增添了她的乐趣。文学修养的最大魅力就在于它使爱情更富有人性。卡图鲁斯[1]、忒俄克里托斯[2]与彼特拉克的诗篇汇集于心怀，能使这对情人的亲吻变得更高雅。雪莱见他的新伴侣孜孜不倦地学习，十分钦佩她的毅力，并欣喜地断定她会远远胜过自己。

---

[1] 卡图鲁斯（Gaius Valerius Catullus．约公元前 84—前 54），古罗马诗人，其作品主要是抒情诗。其他有挽歌和讽刺诗。他的诗作对拉丁诗歌语言发展很有影响。

[2] 忒俄克里托斯（Théokritos，约公元前 325—前 267），古希腊诗人，牧歌的创造者。

在雪莱和玛丽之间，只存在着一丝轻微的阴影，那就是简——或者倒不如说是克莱尔的在场（因为简认为自己的名字难听，决定另起一个她认为更有浪漫气息的新名字）。克莱尔是位光彩照人的妩媚女子，但神经过敏得近于病态，而且还多愁善感得令人心寒。为此，对她脆弱的神经来说，危险性最大的事也就莫过于与这一对年轻恋人共同生活，朝夕相处。她对雪莱钦佩得五体投地，而且这种由衷的崇拜之情又过于明显地溢于言表。玛丽为之怨艾不已，但雪莱却并不认为这种感情有什么令人不快或冒犯他人的地方。

雪莱害怕孤独。当玛丽怀有身孕，不能再外出散步和晚睡时，他就带着克莱尔上律师或执达吏家去办交涉，到海德公园“〈”形河畔散步，而且还每天请求她陪他一块儿熬夜。他对她谈论哈丽雅特、希契纳小姐和他的胞妹们的事。他一向喜欢向别人倾诉内心的衷曲，善于无休无止地对自己的思想作细致的分析。由于克莱尔不是他的情人，雪莱与她相处更容易推心置腹，真诚相见。不久，玛丽流露出不耐烦的情绪，甚至怒形于色。有一次，克莱尔因受到姐姐的呵责而心中赌气，竟整天默不作声，郁郁寡欢。

晚上，待玛丽上楼休息后，雪莱便劝慰克莱尔。他温和、巧妙而又耐心地给她解释他们这个小团体中微妙的复杂感情，谈话一直持续到深夜。他是那样和蔼可亲，娓娓而谈，克莱尔只得软下心来，不再赌气。

“我刚才实在太痛苦了。”她说。

“这都是您自己臆想出来的痛苦，可怜的克莱尔。您曲解了玛丽那些无意识的举动和言辞，是在自寻烦恼。”

“不管怎样，我反正受了痛苦，不过我喜欢心地善良、能把事情解释清楚的人。”

雪莱回房，把自己刚才与克莱尔的一番谈话告诉玛丽。他们听得清楼上房里的声息，听见克莱尔在梦中呓语连连，又听到她来回走动的声音。不多一会，克莱尔走下楼来，她过于神经过敏，根本无法一人独居。玛丽就把她留下，让她和自己同睡一床，而雪莱则独自去楼上就寝。

这类相差无几的小插曲时常发生。克莱尔的神经质也感染了雪莱。由于他们晚上经常谈论鬼怪显灵，结果弄得两人都心惊胆战，互相惧怕起来。

“克莱尔，您怎么啦？”雪莱说，“您脸色发青……您的眼睛……请您别这样看着我。”

“您也是，您真怪……空气那么沉滞，叫人透不过气来，好像充满着鬼怪……我们别再待在这儿啦！”

他们互相道了晚安，各自回到房里。雪莱和玛丽几乎立刻便听到一声大叫，有一个人从楼梯上滚了下来。原来是克莱尔摔倒在地。她惊惶失色，语不成声地说，她的枕头不翼而飞，像是被一只无形的手推出床外。雪莱怀着恐怖的心情听她煞有介事地讲述，而玛丽却耸耸肩，很不以为然，她真希望这个不痴不癫的女孩子赶快离去。

这几个被人摈弃的人的座上宾朋寥若晨星。布瓦维尔一纽顿圈子里的人尽管满脑袋装着法国自由哲学的观念，但一旦雪莱向他们通报了他的新生活，他们却对他冷眼相待。他们与葛德文家的人一样，言行不一，口是心非，而且，不知是什么缘故，他们总是把理论上的宽容与实际上的严峻紧紧结合在一起。相反，倒是怀疑主义的霍格和皮科克招之即来。他们对哈丽雅特的无辜早就深信不疑，至今也并不赞同雪莱的行径，但他们生性好奇，竟然像对待颇为滑稽可笑的疾病一般，容忍了雪莱的狂热的爱情。

雪莱邀请霍格，但内心也并非没有不安。他生怕这个玩世不恭的人会惹得他那两位严肃的女友产生恶感。霍格给玛丽的第一个印象确实并不太好。“他开起玩笑来，倒是挺逗人的，”她说，“不过，只要一谈起正经事情来，我就看得出他的观点是完全错了的。”

实际上，霍格的确已变得越来越英国化了，并且成了一个守旧的人。他现在一味颂扬传统、体育运动和公立学校，而且还津津乐道地列举波尔多酒的丰产年头。但他认为玛丽俏丽而又聪明，并把他这一番看法告诉雪莱，雪莱又向玛丽本人复述了霍格的看法。玛丽在霍格第二次登门拜访时，便觉得他热情多了。毋庸置疑，他谈论起美德来，依然如盲人谈色，胡诌一通。在这样一个满是热情的“灵魂”之家里，他是一个“冷酷无情的罪人”，然而，他们都承认他有魅力。玛丽自以为是地猜测：他的冷漠是装腔作势，他本质上要比他口头上所说的要强得多。他生怕自己显得真诚、深邃，否则，他就得放弃他所喜爱的许多东西。但他聪明过人，无法不感到自己这种态度的缺陷。

此外，霍格素有教养，又乐于助人。当玛丽和克莱尔的那位老师[1]神秘地不知去向时，他便自觉自愿地帮她们翻译奥维德和阿那克里翁[2]的作品，而且，他还陪伴这两位女士去衣帽

[1] 指雪莱。

[2] 阿那克里翁（Anacréon，公元前 560—前 478），古希腊抒情诗人，专写恋爱与吃喝的诗，但他的大部分诗作均已散失。

店，对此，他毫无半句怨言。

玛丽与克莱尔也和哈丽雅特一样去衣帽店，但两者性质却完全不同。哈丽雅特是满怀热情去购买帽子的，而玛丽则是带着屈尊的心情去的，何况她还为自己对世俗时髦的这种让步感到惭愧，甚至在雪莱还没表示要原谅她之前，她自己首先就已懊悔得很了。

三　葛德文其人

公寓里的女仆捎来了一位女士写给雪莱家的一封信。这位女士就在对面人行道上等候回音。信原来是范妮写来的，她在信中警告雪莱，说他的债主们因他欠债不还，正准备让官方把他逮捕入狱。雪莱与克莱尔阅毕，急忙奔下楼去。范妮一瞧见他们，立刻拔腿而逃。一来，她怕受葛德文的斥责，因为他不准她与这几个放逐者有任何来往；二来，无疑也因为她一度曾过于崇拜雪莱，因此，自从他已属于她的妹妹后，她就不希望再见到他。但雪莱疾跑如飞，很快就追上了她。她告诉雪莱，执达吏正在到处查访他的踪迹，他的出版商已说出了他的住址，而葛德文则听之任之，见危不救。

雪莱由于钱囊匮乏，无法给自己解围，只得隐踪匿迹，避人耳目。他决定独自去居住在另一所公寓里，暂且避避风头，而玛丽和克莱尔则仍住原处，以蒙骗仇人。这样，这对情人便第一次尝到了分离的滋味，这对他们来说是件十分可怕的事。他们不得已只能在偏僻的小酒店里相会，偷偷地接几个吻，然后就匆匆分手，因为玛丽随时都可能被人跟踪。星期日按例是不准逮捕人的，他们只有在这一天才得以团聚，一起待到午夜。

一天晚上，他们实在没勇气再忍受分离的煎熬，于是，玛丽陪着雪莱住进了一家简陋不堪的旅店。店主见这对情人行囊简单，不禁心生疑虑，执意要他们预付膳费，否则就拒不供应饭菜。雪莱只得向皮科克求援。在等候皮科克把钱送来时，雪莱便打开他随身携带的莎士比亚的剧作，大声朗读《特洛伊罗斯与克瑞西达》[1] 给玛丽听。朗读使他们整天忘却了饥饿。翌日，将近中午时分，皮科克才派人送来一些糕点。这样的生活虽然艰苦万分，但他们在共患难中得到了莫大的乐趣。苦难与爱情反而使这对夫妇的感情日益深笃。

当他们俩彼此远离时，他们一边焦虑地等待着带有保护性的夜幕降临，一边迫不及待地通过一个可信任的人互相传递仓促写就的情书。

“噢！我最亲爱的，”雪莱写道，“为什么我们的欢乐如此短暂，间隔得如此之久？这种情景还得持续多久？……明天三点钟到圣·保罗大教堂会面吧。请你在临睡之前，别忘了做你的爱情晚祷！至于我，我也一定不忘祷告。”

“晚安，我的爱，”玛丽回信道，“明天我将把这个祝愿印在你的唇上。亲爱的好人儿，温柔的好人儿，请你紧紧地拥抱我，把你的玛丽紧紧地拥在怀里。有朝一日，她也许会再见到她的父亲，在这一天到来之前，你就是我的一切，我的爱。”

1815 年 1 月，这艰难的生活，因发生了一件期待已久的大事而有了转机。这件事姗姗来迟，但它却又是大家毫不掩饰、

[1] 《特洛伊罗斯与克瑞西达》是莎士比亚的戏剧。以荷马所著《伊利亚特》中的史事为背景，描写了特洛亚国王普里阿摩斯的儿子特洛伊罗斯和教士卡尔卡德斯的女儿克瑞西达之间的爱情。

引颈以待的：老比希爵士去世了，终年 83 岁。这样一来，蒂莫西先生成了男爵，而雪莱则成了直接继承人。

雪莱在激动而好奇的克莱尔的陪同下，动身奔赴他父亲的府第。他先把克莱尔安顿在镇上，然后，孑然一人出现在菲尔德庄园的大门前。蒂莫西老爷因得了新头衔而趾高气扬，得意洋洋，想起自己身为堂堂男爵居然有这么一个不肖逆子，更是火冒三丈，竟吩咐仆人把雪莱拒之门外。雪莱无可奈何，只得坐在门前的石阶上，一边等候消息，一边阅读起弥尔顿[1]的作品来。不多一会，医生出来对他说，他父亲正在大发雷霆。接着，西德尼·雪莱也私下前来看望他伯父的不肖逆子，并把遗嘱内容详尽地告诉了雪莱。

这遗嘱是一份异乎寻常的笔据。老比希爵士生前一味固执己见，他抱定宗旨要置一份巨大的家私传给后代，为此，他极尽所能，想方设法增加其世袭的不动产。他身后留下 24 万英镑，其中 8 万英镑是世袭的不动产，这份不动产在珀西的父亲死后必定得归珀西所有，其余部分则为动产，可自由支配。但比希爵士希望这份动产能与 8 万英镑的不动产合在一起，组成一宗巨大的家产，由雪莱家族中当男爵的长子世代相传。而要这样做，就必须征得他孙儿的同意，并答应签字立据。而且，比希爵士一度曾希望用如下办法收买他的孙儿：如果雪莱同意把这份世袭不动产原封不动地传给后代，那么雪莱就可以在他父亲去世后掌握全部财产的使用收益权，反之，雪莱就只能得到别人不能剥夺他的那 8 万英镑。

雪莱返回伦敦，一路思索着这些奇异的消息。到了伦敦，

[1] 弥尔顿（John Milton，1608—1674），英国著名诗人，著有《失乐园》。

他便去与他的律师商讨。他觉得自己不能在世袭财产传给后代这件事上成全他祖父的遗愿，因为他一向不赞同这类财阀政治的法律，此外，他也不愿自己或自己的子孙拥有偌大的一份家私。他所希望的是眼前就有一笔足够的进款，可以按自己的趣味生活，同时有一小笔现钱，可以偿付债务。于是，他让人向他父亲提议，把自己的所有权卖给他父亲，换一笔立即可取的进款。这个计划正中蒂莫西的下怀。这位爵士对珀西的归顺早已失去希望，而今一心只想为他的次子考虑。但不幸的是，由于遗嘱内容的限制，律师们无法确定这样做是否合法。他们只允许雪莱把他祖父给他的遗产转卖给他父亲。字据立妥后，雪莱每年就有一千英镑的年金，并且得到一笔三千或四千英镑的现款，以偿付他的债务。这虽然不是一笔大财富，但毕竟可以结束苦日子，不用再租借带家具的简陋房间，也不必再逃避执达吏的上门逼债。

雪莱得到钱后，第一个念头就是要给哈丽雅特一笔年金。他答应每年给她两百英镑。这样，这笔年金与韦斯特布鲁克老头给她的钱加在一起，应该说是可以使哈丽雅特免遭任何困境了。然后，雪莱便着手替葛德文偿还债务，为此，他把自己第一年的全部年金连本带利花得一干二净。

但那位可尊敬的朋友认为，雪莱拿出的一千英镑尚远远低于他所期待得到的数额。据他所说，斯金纳大街的书店目前急需几千英镑，要从雪莱现在快要到手的一笔大遗产中借贷区区几千英镑，易如反掌，是再容易不过的事了。雪莱对此深感厌烦，但仍以礼相待。他怀着难以名状的愤怒，写信给葛德文表示惊讶：玛丽的父亲居然冠冕堂皇地写信向“拐骗”他女儿的人要钱，同时又拒绝与他这个女儿保持任何关系，他女儿却为此深为痛苦；而这位堂堂的为父者居然还认为这样做是很自然的事。葛德文针对此事回答道，正因为他向诱惑他女儿的人借贷，所以他不能接待玛丽，他的尊严不允许他自己这么做。他不能为此冒险，使天下人都耻笑他，以为他是拿女儿的名誉来换取偿还他债务的钱款。他甚至过于谨小慎微，竟把一张以葛德文的名字为抬头开具的支票退回给雪莱，并提请雪莱注意，按规矩，雪莱的名字不能与葛德文的名字同时体面地出现在一张支票上。他还说，雪莱在开具支票时必须把取款人的名字署为史密斯先生或休姆先生，这样，他，也就是葛德文，才能同意去兑取现金。于是，他们交换了如下的信件。

雪莱致葛德文的信

先生，我承认，我丝毫不理解我们之间所存在的经济关系怎么会迫使您束手束脚，不敢对我有什么亲善的举动。这种经济关系在我们从法国回来时是并不存在的，而您当时的行为恰恰与现在是一致的，不愿意与我们保持任何关系。依我看，无论是我还是您的女儿，我们都不该受到来自各方面的不公正的待遇。我总觉得，像您这样一个人的意见是举足轻重的，因此，好好照管一个清白无辜、恩爱和睦的小家庭，别把这个家庭里的一对小夫妻当作不齿于人类的男盗女娼一样看待，这就更是您应尽的义务。

我承认，我无比惊讶，无比愤怒。尤其是，您如今为了您自己，为了您的家庭或您的债主们的利益，竟然已准备与我这么一个曾引起您如此厌恶的人物重新恢复旧时的经济关系，而当初，我的贫穷以及我因您而遭到的无数痛苦却丝毫没有引起您的恻隐之心，丝毫没能使您决定与我恢复来往。当我想到这些情景时，我的惊讶与愤怒便到了极点。请别再对我提起“宽恕”两字，因为当我一想起自己——您的恩人和热情的朋友——受到您和所有人的冷遇和敌意时，我的血液就已在我血管中沸腾，我的心也就激烈地反对所有披着人类外衣的家伙。

葛德文致雪莱的信

……我感到很遗憾，不得不对您说，您来信中所用的语气并不是一种和解的语气。因此，如果我也以同样的腔调给您回信的话，我们就会投入生硬的、无休止的舌战中去。我把您的所作所为看成是我生平最大的不幸，只要我身上尚存智慧与感情，我就不会停止对您的责难。

雪莱致葛德文的信

从今以后，我们之间的关系就只限于事务范围内。我完全同意您从我的年俸中借款。我十分明了，立即预支对您已必要到何等程度，我将尽我一切所能预支给您。

然而，如此冷酷的轻蔑并没使伸手借贷的人泄气。

四　唐璜被征服

玛丽的孩子提前出生。大夫说这个婴儿活不长。雪莱守护在摇篮和产妇的床铺之间，阅读着梯特·李维[1]和塞内加[2]的作品。脾气古怪的葛德文夫人差遣范妮给他们送来一包小孩衣服，但那位哲学家却仍毫不动情。霍格跑来聊天，给他们讲述"拿破仑从厄尔巴岛返回"这一条当天的重大新闻。他那意识健康的诙谐对玛丽身体的康复很有助益。由于长期与雪莱同居，玛丽仍保持着容易冲动的个性。她对遁世隐身的处境固然是称心的，但想起来，不免还是有些害怕。而霍格倒是更为现实。

尽管医生作过不祥的预言，婴孩却仍然活着，还长大了些。过了一个月，玛丽开始安下心来。但一天早晨，她醒来时却发现孩子已经死去。这对她来说，真是莫大的悲哀。

雪莱和克莱尔仍然一起在伦敦各处奔走，玛丽则一人待在家里，一边编织毛衣，一边想念她的小宝宝。"我曾经当过母亲，而现在却又不再是母亲了。"她反复地自言自语。夜间，

[1] 梯特·李维（Tite-Live），古罗马历史学家。他所写的古罗马史共有 142 卷，记载了从古罗马起源至公元前 9 年的历史。

[2] 塞内加（Sénéque），古罗马哲学家。

她梦见她的小宝宝并没有死，她在炉火前给婴儿按摩，又使她的小宝宝复活了。她醒来一看，摇篮里空空如也，原来只是南柯一梦。隔窗传来街上的人群嘈杂声，愤怒的呼喊声充斥于耳。那时，正是人民动乱的年代。从法国传来了战争的威胁。玛丽的眼里却总是噙着泪水，模糊的泪花迷乱了她的视线。

家里有克莱尔在场使玛丽越来越不安。玛丽心中明白，克莱尔爱着雪莱，而且是从过去一开始便一直爱着他。显然，珀西是正直而忠诚的，他的品行超人一等，如天使一般纯洁。但他认为完全可以与一位钟情的女子一起阅读彼特拉克的作品，指导她的学习和朗读，并且与她一起通宵达旦地熬夜，绝不会使她头脑发热，感情激动的。“这是因为，”玛丽心中想道，“我那可爱的雪莱对‘精灵’的认识更甚于对妇女的理解。”

晚上，玛丽在与雪莱单独相处时才承认她的妒意。雪莱则并不理解玛丽的这种感情。他认为这种感情是卑贱的，有损于玛丽圣洁的形象。他觉得自己胸襟坦荡，即便在保护另一位女子时，他对自己情人的爱也绝不会有丝毫减弱。对他来说，有克莱尔这样一位容光焕发的粗犷女子做伴，是极为珍贵的，但他也不得不承认，这种三人同居的气氛已变得令人难以忍受了。

玛丽现在对雪莱提起克莱尔时，只是酸溜溜地把她称为“您的女友”，而且还直截了当地请求雪莱把克莱尔打发走。他们花了不少时间东寻西找，想替她谋求一份当家庭教师或者当伴娘的差使，但由于她曾出逃到法兰西，已搞得声名狼藉，致使寻找职业困难重重。

此外，克莱尔本身也毫无诚意自我隐退。她对自己能在智慧学识上与雪莱亲密相契而自得其乐，而且还毫无畏惧地期待着这种亲密关系能有必然的发展。最后，玛丽的软硬兼施奏效了。他们决定把克莱尔送往海岸地区，让她寄宿在葛德文家的一位寡居女友家中。

玛丽在日记中这样记载：

> **星期五** 稍感不适。早餐后阅读斯宾塞[1]的作品。雪莱与他的女友外出；他先回来了。翻译奥维德的诗作，译了九十行。杰斐逊·霍格来访；我给他朗读我所译的奥维德的诗。雪莱与那位女士同出。茶后，雪莱与他的女友作最后谈话。
>
> **星期六** 克莱尔动身。雪莱陪她同往。杰斐逊约在五点钟才来。见雪莱未归，深感不安，遂外出候他。下雨。雪莱于六点半回家。这桩事情已告结束。读奥维德诗。查尔斯·克莱尔蒙特[2]来喝茶、闲谈。谈论绘画。随着我们生活的新变迁，我开始另写一本新的日记。

克莱尔被放逐到乡下去了。她经历了前一段坎坷生活之后，愉快地在乡间过了几天十分清静的日子。但她不是一位甘心在乡间过孤寂生活的女子。她想方设法寻找生存之道，而且也找到了它。

怀春的人总是错误地认为，只要遇见某个异乎寻常的人，心中的爱情便会油然而生。然而，事实上倒不如说是早已在他们心中萌生的爱恋之情在世上寻找其归宿，而如果找不到这个对象的话，他们便自己臆造出一个来，只是不同性格的人有各自不同的做法罢了。当这种爱恋之情发生在一个胆怯、腼腆的

[1] 斯宾塞（Edmund Spenser，1552—1599），英国文艺复兴时期诗人。
[2] 即克莱尔的亲兄弟。

人身上时，那么，这种心灵上的意图就不会被人意识到；但当果敢胆大的克莱尔心中明白她根本毫无希望把雪莱从她姐姐身边夺走，甚至也不可能与她姐姐分享雪莱的情感时，她就果断地另找一位英雄，以寄托自己无所适从的感情。但她孤身只影独居乡间，也就无法在身边发现这么一个人物。在类似的情况下，有些怀春的女子就会写信给大名鼎鼎的军人，大艺术家，诉说情怀。而克莱尔是受过良好教育的女子，她要寻找一位诗人。

克莱尔认为别的诗人都配不上她，只有那位在英国最受赞美同时也最受憎恨的乔治·戈登·拜伦爵士才与她最相称。雪莱以前经常热情地高声诵读拜伦的诗篇，因此，她早已把这些诗篇记得滚瓜烂熟。她熟悉有关这位大名鼎鼎的人物的罪过和才智的传说，她也了解他那恶魔般的魅力和残忍。

拜伦这个人长相奇美，爵位显赫，天赋诗才，思想大胆，情场得意，丑闻百出。这一切都集中在他的身上，成为克莱尔心目中的一位十全十美的英雄。他有许多高贵的情妇：牛津伯爵夫人，弗朗西斯·韦伯斯特女士，还有那位不幸的卡洛琳·兰姆夫人。卡洛琳夫人在见到他的第一天便在日记上写道："此人疯疯癫癫，心狠手辣，与他相识很具危险性。"并又在这句话下面补充写道："但这张苍白的漂亮脸庞却制御着我的命运。"

拜伦已经结过婚。全伦敦都在流传着他婚后的一桩轶事：婚礼完毕后，当他坐上新婚彩车时，他对拜伦夫人说："您现在已是我的妻子，就凭这一点已足以使我憎恶您了。如果您是别人的妻子，我也许还能爱您。"他是如此轻蔑地对待她，以至婚后才一年工夫，她就无法忍受下去了，不得不要求离婚。

那些专事传播流言蜚语的人说拜伦的妻子发现拜伦和他的胞妹奥古斯塔有乱伦关系。自从这一暧昧逸事不胫传出后，生性畏缩胆怯的人都怀着恐惧的心情对他敬而远之。

而克莱尔则性喜知难而进，对自己的才能满怀信心。她设法打听到唐璜[1]的住址后，便决定试试自己的运气。

克莱尔致拜伦的信

这是一位与您素不相识的女子在冒昧给您写信。我所要求的并不是期望得到您的恩赐，因为我根本不需要任何恩赐。我一想到这封信不知将遭到何种命运，便恐慌得不寒而栗。如果您把我看作一个不知趣的女子，那又有谁能责备您呢？也许您会感到不可思议，然而，我确实已把我的幸福置于您的手掌之中。如果一个女子，她的名声毫无瑕疵，而且也没有父亲和丈夫的约束，完全可以听您支配，如果这个女子怀着一颗剧烈跳动的心向您表白，她多年来一往情深地在爱着您，如果她向您保证安全并秘而不宣，如果她已做好准备要以无限的柔情和忠诚来报答您的好意，那么您会辜负她吗？或者说，您会保持坟墓般的沉默吗？……我要您立即答复我。来信请寄马里勒博恩区，诺列街二十一号伊·特里富西斯。

唐璜杳无回音。对高贵的拜伦爵士来说，这位用浮华的文笔写信的陌生女子是一头不值得一捕的猎物。但还有谁能比一

---

[1] 唐璜（Don Juan），西班牙的传奇人物。此人残忍、高傲、无耻，专门勾引女子，成为欧洲许多文学作品的题材。后来，这个名字用来形容生活很乱的男子。拜伦于1818年写了一首长诗，题为《唐璜》。此处以唐璜喻拜伦。

个倦于洁身自守、置贞操于度外的女子更执着呢？克莱尔发起第二次攻势："请拜伦爵士告知，能否在今晚七时接待一位女士。届时，这位女士有要事相告，并要求在严守秘密的情况下受到您单独接见。"拜伦爵士却让他的仆人回复，说拜伦此时不在伦敦。

于是，克莱尔便用真名写信给拜伦，说她想投身于舞台生涯，得知拜伦爵士正对"特鲁里街剧场"[1]感兴趣，故特地致函求教。这次拜伦回信奉劝她去找剧场经理。克莱尔毫不退却，立即巧妙地改变策略，说她不再关心戏剧，而想从事文学工作，还说她已写就半部小说，十分愿意把她的试作呈请拜伦爵士指教。由于拜伦继续保持缄默，或作些含糊其词的答复，克莱尔便断然冒险献身。一个稍具自尊心的男子是难以拒绝这种甘冒风险的奉献的。

> 在您的心目中，我也许显得很不自重，放荡不羁。但在这人世间，时间将会向您证实一件事，那就是我满怀柔情地迷恋着您，我决无能力做出任何类似于报复与欺诈的缺德事情……我向您保证，对我来说，您的前途就像是我自己的前途一样，我将会珍惜它。
>
> 您对下述计划有何异议？哪天晚上我与您乘公共马车或驿车出城，到远离伦敦十或十二英里的地方去。那儿没人认识我们，我们可以自由自在。您第二天清早就可回您府上。我已把一切都安排妥帖，不会引起旁人半点怀疑。您能容许我在您身边过上几个小时吗？……哪儿去呢？到

[1] 特鲁里街剧场（Drury Lane），伦敦著名剧场。在17世纪时原是斗鸡场，后成了剧场，英国许多名演员曾在那儿演出。

那时，只要您吩咐我走，我就决不会多停留片刻……然后，您可以随心所欲，做您愿做的事，去您愿去的地方，拒绝再见我，冷酷地行事；我将终生缅怀您高雅的仪表和粗犷独特的态度。

唐璜已被长时期的苦苦追逐搞得疲惫不堪。他终于打定主意，顺从地屈服了。他业已下了决心要离开英国，去瑞士或意大利生活。他之所以决定离乡背井，浪迹异国，一定程度上也包含着这桩风流逸事已把他束缚得太久这个因素。

五 爱丽儿[1]和唐璜

然而，唐璜没估计到埃勒薇尔[2]的毅力。克莱尔早已决定追随拜伦到瑞士。这位皮肤黝黑的女子有一股子牛劲。她试图说服雪莱夫妇伴随她同去，便向他们竭力陈词，说得他们接受她的出国建议。

自从克莱尔离开他们以后，雪莱夫妇便在泰晤士河畔靠近温索尔的地方定居了下来。雪莱在当地公园俊秀挺拔的橡树下写就了一篇名为《阿拉斯特或孤独的精神》的诗作，这是他继第一部长诗《麦布女王》后的另一部作品，几乎是原封不动地移植了他自己的经历，其笔调与雪莱迄今所写的作品截然不同。一种安于命运的忧郁情调淡淡地渗入了他过去那种果然决然的武断中，使作品显得更为婉转。这一次，有关宗教和道德的理论虽然仍是作品中的主题，但却往往退居次要地位。在诗节的转折处，美丽如画的景色比比皆是。

雪莱在那本书的序言中解释道，如果他已放弃过去他那小

[1] 爱丽儿（Ariel），莎士比亚所作喜剧《暴风雨》中的小精灵，是所有的精灵中最聪明、最乖巧的。此处比喻雪莱。

[2] 埃勒薇尔（Elvire），传说中的唐璜的妻子。这里指克莱尔。

学生式的某些癖好的话，他对他过去的言行却仍毫无悔意；他宁愿付出痛苦的代价勤勉地在生活中探求知识，也不愿像霍格那样贪图安乐，自暴自弃。“对这种人来说，任何一种可引以为戒的错误，任何一种求知欲望（即使这些知识是令人生疑的也罢），任何一种蛊惑人心的迷信都不可能吸引他们。他们在人世间一无所爱，也不寄希望于来世；他们傲慢地把一切同情之心置之度外，既不喜人之喜，也不忧人之忧。这些人及其同类都会遭到他们应得的厄运……他们在精神上已经死去，是些行尸走肉。他们既不是朋友，也不是情人；既不是为人之父，也不是世上的公民，更不是他们祖国的造福者……他们过着与人无益的生活，并在为自己挖掘着凄惨的坟墓。”

不过，雪莱虽然毫无遗憾可言，但居住在英国已逐渐使他感到憎恶。玛丽是他尚未举行过婚礼的伴侣，她常因几乎完全断绝了社交上的往来而痛苦。她心中在想，到了国外，她那逸事也就不会有太多的人知道，她也许能有更多的机缘找到一些女友。

此时，玛丽已生下第二个孩子，这孩子长得挺壮，是个漂亮的小男孩，她给他取名为威廉，与葛德文的小名完全相同。他们雇了一位奶妈。家中开支浩大，所以膳食也就清苦些。众所周知，瑞士的生活费用并不昂贵，因此，克莱尔不难说服玛丽移居那儿。

这奇异的一行三人，像第一次出逃一样，经过巴黎、布果涅、汝拉山，到达日内瓦郊外的小城镇塞契隆，在“英格兰旅馆”下榻。不过，一路上要比上次出逃舒适多了。这家旅馆坐落在湖畔。凭窗眺望，只见湖面上碧波粼粼，在阳光下熠熠发光；巍巍的山影倒映入水，色彩黯淡的峰峦的倒影在一层烟雾笼罩下随着水波时起时伏，微微地颤动着；远处，白雪皑皑的山峰犹如一片炫目的凝滞的白云，依稀可辨。他们避开了伦敦阴郁的严冬，来到这阳光和煦的胜地，这些别具一格的美景使他们心旷神怡。他们租了一条小船，整日在湖上轻荡、阅读、休憩。

正当这三个童心未脱的人在这天水一色的美景中悠然度日时，恰尔德·哈罗尔德[1]乘着华丽的马车，带着大队人马，途经佛兰德大平原，浩浩荡荡迎着他们而来。此时，英国正处在这样一个时期里：继令人惊异的容忍之后，接踵而来的是支离破碎的、狂热的道德危机。这个国家刚把被控犯下乱伦罪的拜伦驱逐出境。只要他一出现在舞会上，所有的妇女就纷纷逃之夭夭，好像他就是一个魔鬼。为此，他决定永远离开这虚伪的国土。

他的动身在人们心中引起了最为强烈的好奇心。世上的人虽然对出于本能的叛逆者严加惩罚，而实际上却又羡慕他们，同时也赞赏他们。当这位“朝圣者”在多佛登船时，看热闹的观众在舷梯口列队成行，挤得水泄不通。许多名媛淑女穿着从自己的使女那里借来的衣服，混在人群中。大家互相指着那些装有拜伦的卧床、藏书和餐具的大箱子，七嘴八舌地说长道短。海上狂风卷着怒涛，天气恶劣。拜伦爵士对他的旅伴们说起了他祖父的情况，海军上将拜伦在舰队里以“暴风雨杰克”的诨名著称，因为，他没有一次登舰不是狂风大作的。如今，

[1] 恰尔德·哈罗尔德（Childe Harold），拜伦于1812年所作的四节长诗《哈罗尔德游记》中的主人公。拜伦在诗中叙述一位诗人的游历，歌颂了西班牙人民反抗拿破仑的斗争，鼓舞人民起来争取解放，表达了一位民主革命战士的积极精神。此处以哈罗尔德喻拜伦。

拜伦带着几分高兴，把他本家族的悲惨命运作为背景，为自己的肖像涂脂抹粉。这个不幸的人，坚持要使自己罪孽深重。

几天后，在塞契隆的旅馆里呈现出一派异常忙乱的景象。这种忙乱是那位显赫爵爷的大驾光临所引起的。克莱尔尽管胆大成性，也不免情绪激动，惴惴不安；而雪莱则既幸福又焦急。拜伦与克莱尔之间的关系以及他被控乱伦，这些都丝毫没使雪莱感到不快或使他疏远拜伦。他希望看到拜伦与他的小姨子之间也建立起一种如同他与玛丽相结合的那样的感情。至于说到“乱伦”，他看不出有任何“理由”使一位兄长不能爱自己的妹妹。如果法律禁止这样做，那只不过是出于一种荒谬的狂想而已，因为各种社交圈子里的人都沉溺于这种狂想之中，相互讨好。甚至，他还觉得这种事情本身就是一个最有诗意的题材。至于玛丽，她看到克莱尔从此情有所托，不再威胁自己，心里暗自庆幸。即使克莱尔的处境有些危险，玛丽也并不介意。

拜伦初次露面时，他并未使雪莱夫妇大失所望。他那出众的容貌是扣人心弦的。最引人注目的是他脸上带有一种充满智慧的傲然神情，其次是他脸色苍白，淡如月色。在他那白皙的面庞上，一对忧郁但又富有生气的眼睛射出两道丝绒般的柔光，眼睛上嵌着两条线条完美的眉毛，满头乌黑的秀发略微有些鬈曲，鼻梁高高的，下巴结实，长得优美动人。这位美男子身上的唯一缺陷，在他行走时便现了出来。有人说他是“瘸腿”，而拜伦却自嘲为“叉蹄”。他宁愿认为自己像魔鬼一样长得怪里怪气，也不愿说自己身患残疾。玛丽很快就注意到，他那瘸腿跛行使他自己心生胆怯，畏畏缩缩。每当他在人前行走几步时，他就必定要说上一句刻毒话，自我解嘲。他在旅馆的住房登记册上的“年龄”一栏中，填上个“一百岁”。

雪莱与拜伦彼此十分相投。拜伦发现雪莱是与自己同属一个阶层的人，尽管他经历了艰难的生活，但仍保持着高贵血统的年轻人所具备的潇洒自如的风度。雪莱博学多才，造诣高深，这使他惊异不止。他自己虽然博览群书，但并没有像雪莱这样严谨，一丝不苟。雪莱是为求知而苦读，而拜伦只是为炫耀而读书，两者大相径庭，这一点，拜伦心中是很明白的。同时，他也立即意识到雪莱的意志是一股纯洁而强劲的力量，而他自己的意志却飘忽不定，任意随着他和他的情妇们的意愿而转移。

拜伦小心翼翼地掩饰了自己对雪莱的赞赏心情。生性谦逊的雪莱并未觉察这一点。对雪莱来说，在聆听《哈罗尔德游记》第三节诗歌的同时，他情绪激奋，而又自感不如，灰心丧气。他从这首诗的强烈感染力中，从这铿锵的韵律和如潮水一样不断上升、无法抗拒的生动语言中，认识到作者的天才，并觉得自己望尘莫及，无法与之匹敌，不禁有些灰心丧气。

然而，拜伦作为诗人固然令雪莱十分赞赏，但作为凡人却令他深感惊讶。他本来期待在拜伦身上看到一个叛逆的泰坦[1]的形象，但他却发现拜伦是位内心深受创伤的贵族老爷，并且对那些虚荣的苦乐十分在意，而这些虚荣的东西在雪莱看来却是十分幼稚可笑的。拜伦一度曾无视社会偏见，而如今却又信奉这些偏见。他常在为实现自己的欲望而奋斗的道路上遇到这类偏见，虽然并没予以理会，却又不胜惋惜。雪莱出于天真无邪所

[1] 泰坦（Titan）：希腊神话中曾统治世界的古老神族。

做了的事，拜伦却是有意识地去做的。拜伦虽然受到世人的摈弃，但他好出风头，只喜爱时髦的成就；他虽然是个坏丈夫，却又只尊重合法的爱情；他虽然玩世不恭，满口愤世嫉俗，但也只是为了报复，并非出于信仰。在淫乱和婚姻之间，他设想不出还有什么中间状态。他作出种种惊人之举，试图吓唬英国国民，实际上，那也只是出于绝望，没能以循规蹈矩的办法来赢得他们的信任。

雪莱在女性身上寻找奋发上进的力量源泉，而拜伦却以休憩为遁词，把她们当作玩物。如天使一般的雪莱，由于过分的圣洁，尊重女性；而人性的拜伦，由于过分的人性化，渴望女性，但又用最轻蔑的言辞评论她们。他说："女人身上令人可怕的地方，就是我们既不能与她们共同生活，又不能没有她们而活着。"还说："我的理想就是找一个有相当才识的女子，她能理解我，必须崇拜我，但却不能才智过人到希冀她自己被我所崇拜的程度。"有几次，他们两人的谈话结果是令人感到意外的：那并不意识到自己神秘莫测的雪莱在谈到对女性的看法问题时不由自主地触犯了拜伦这个名副其实的唐璜。

但这种龃龉并不妨碍他们彼此间的珍贵友谊。拜伦在他的朋友——即专事拯救人们灵魂的伟人雪莱——竭力设法改变他那醉生梦死的人生观时，便振振有词地用一些无稽之谈为自己狡辩。作为艺术家的雪莱，对拜伦这套强词夺理的无稽之谈颇感有趣，但作为道德学家的雪莱，却对此深恶痛绝，竭力反对。他们两人都酷爱在湖上泛舟。他们合伙买了一艘小船，每天晚上偕同玛丽、克莱尔和年轻的医生波里多利一起登舟游湖。拜伦和雪莱默默地坐着，让手中的船桨垂在舷边，注视着在浮云与月光间忽隐忽现的各种形象。克莱尔则放声高歌，她那动人的歌喉引领着他们的遐想，尽情地飞翔在星光波光交相辉映的水面上。

一天晚上，正当他们泛舟时，狂风大作。拜伦对风浪满不在乎，兴致勃勃地宣称要唱一首阿尔巴尼亚歌曲。“请你们放开情怀吧！”他说，“请诸位注意倾听！”他扯着嘶哑的嗓子，发出一阵长长的吼叫声，接着便放声大笑起来。玛丽和克莱尔自那日起就给他取了一个“阿尔巴尼亚佬”的雅号，并昵称他为“阿尔培”。

雪莱和拜伦一起绕着湖边作了一次文学巡礼。他们拜谒了卢梭在写作《新爱洛伊丝》时引为背景的克拉朗斯：“可爱的克拉朗斯，一切真诚而热烈的爱情的摇篮。”他们还游览了吉本[1]的洛桑，伏尔泰的菲尔奈[2]。雪莱的热情感染了拜伦。拜伦在这种热情的影响下，写下了几首最优美的诗。有一次，在梅叶里附近，他们俩泛舟于日内瓦湖上，一阵来势凶猛的暴风雨几乎倾覆了小船。这时，拜伦已脱去身上的衣服，而根本不会游泳的雪莱，却镇静自若，纹丝不动，交叉着双臂，袖手旁观。他这种胆略更增添了拜伦对他的敬意，然而，拜伦越发把这种敬佩之情深藏不露。

雪莱夫妇对旅馆生活深感厌倦，便在科利尼靠近湖边的地方租赁了一所小屋。拜伦则乔迁到小屋上方的迪奥达第别墅里居住。两处相距一箭之地，中间仅隔一片葡萄园。一天清晨，葡萄园里的农工们见克莱尔形色仓皇地走出拜伦的别墅，疾步奔回雪莱家。她不慎丢失了一只鞋，又因羞于被人瞅见，不敢止步拣鞋。那些好心而又爱嘲弄人的瑞士农夫便把这位英国小

[1] 吉本（Edward Gibbon，1737—1794），英国历史学家，曾在瑞士的洛桑居住。

[2] 菲尔奈（Ferney），位于瑞士边境，是法国作家伏尔泰于1758—1778年间居住的地方。

姐的拖鞋送到本地的镇长办公所去。

克莱尔的爱情并不美满。她已有了身孕，而拜伦却已对她厌倦了。并且冷酷无情地让她明白这一点。他也许曾一度赞赏过她的歌喉和她的才智，但她很快就使他感到讨厌：他不认为自己应对这个女子负任何责任，因为是她自己执意非要委身于他的。“她受了诱拐？……在这件事中究竟是谁被人诱拐？被诱拐的还不是我这个可怜虫吗？……别人都指控我对女人残酷无情，而实际上，我整个一生都成了她们的牺牲品……自从特洛伊战争[1]以来，没有一个人跟我一样被人诱骗。”

雪莱前去与拜伦商讨克莱尔和她的孩子的前途问题。这位高贵的爵士对克莱尔的前途漠不关心，只是热切地盼望尽快摆脱她，并且今后永远不再看见她。雪莱对此无可争辩，但是他竭力维护这即将出世的孩子的权利。

起初，拜伦心中起了个古怪的念头，想把小孩托付给他妹妹奥古斯塔看管。公众的愤懑情绪就是冲着拜伦和他这位妹妹而来的，把他们扯在一起，控之以乱伦。克莱尔对拜伦的这一提议拒不接受，于是拜伦答应待孩子满一周岁后，便由他亲自照管，条件是一切都必须由他一人做主。

现在，雪莱夫妇与拜伦毗邻相处就变得很困难了。这倒并非是两个男人之间相处不好，而是雪莱觉得诸如此类的谈判令人难堪，但却又势在必行。再是因为，一则克莱尔太痛苦；二则玛丽也经常对拜伦的态度和他那些愤世嫉俗的言论感到异常气愤。当拜伦大放厥词，说妇女无权与男子同桌就餐，只配待

[1] 特洛伊位于小亚细亚西北海岸，相传特洛伊国王的次子帕里斯奉命出使到希腊，在斯巴达国王墨涅拉俄斯那里做客，他趁墨涅拉俄斯到克里特岛去时，把他的妻子——美女海伦拐走。海伦被拐走后，激起了希腊各族人的公愤，爆发了前后十年的特洛伊战争。

在内宫或闺阁之中严加看管时，这位玛丽·沃斯通克拉夫特的女儿就气得浑身发抖。此外，玛丽这时重又犯了思乡病，又在向往英国的景色了。她遐想在英国的一条河畔租一幢住房，把那里想象得好比引人入胜的世外桃源。雪莱写信给他的朋友皮科克和霍格，请他们替他租赁这样一所小屋。于是，雪莱他们便开始踏上归途。

雪莱他们走后，拜伦写信给他妹妹奥古斯塔：

> 请不要责备我！我有什么办法呢？一位轻率的女子不顾我竭力回避或劝阻，非要追随着我，或者倒不如说，比我捷足先到，因为我发现她早就来到此地。我费尽心机，也休想说服她离开。现在她总算走了。
>
> 我最亲爱的，现在，我对你说实话，我无法阻挡已经发生了的这一切，我已尽了我一切所能，终于告捷，了却了这笔孽债。我并不爱她，再说，无论对谁，我都没有爱情可言。然而，面对一位赶了八百英里路程前来诱惑我的女子，我又无法装扮成一个禁欲主义者，假装正经……此事，我已向你和盘托出，你所知道的已经和我一样多了，这件事业已了结。

雪莱与拜伦保持着通信联系，而且不放弃“拯救”他这位朋友的希望。他用一种对伟大的诗人抱着极大敬意的语气给拜伦写信，但字里行间又掺杂着对拜伦这个没有性格的人的一种不易察觉的傲慢。拜伦对自己的名望、成就和伦敦的议论忧心忡忡，雪莱就针对他这种强烈的心理状态，用一种真正的荣誉去激将他：

> 荣誉和善良都注定是要无止境地发扬光大，流芳百世的，倡导这些东西难道毫无可取之处吗？使自己成为一股源泉，让他人从中汲取力量和美，这难道是毫不足道的吗？……倘若荷马与莎士比亚并未进行创作，人类将会是什么样子？……我并非劝告您去向往荣誉。您工作的动机应该更加明确，更加单纯。您除了表达您自己的思想，并对那些与您想法相同的人寄予同情之外，决不该再企求什么。光荣总是尾随着那些并不值得拥有它的人。

拜伦爵士此时正向生机盎然的威尼斯进发。他读了信内这些告诫，不由得十分厌烦。这种苛求的敬意使他深感厌倦。

六　爱情花园里的坟墓

斯金纳大街的葛德文寓所，曾因有三位少女的欢笑雀噪而显得生气勃勃。如今，这三位少女只剩范妮·伊姆利一人留在家里，仍然与葛德文夫妇生活在一起，朝夕相处。唯独她一人既不是葛德文先生的亲生女儿，也不是葛德文太太的亲生女儿，却称呼他们为父母[1]；唯独她一人，虽然如此温柔、细腻，却既找不到情人，又找不到丈夫。她为人谨慎小心、一丝不苟，这正是很受男子称颂的美德，但他们却并不因此而钟情于她。她一度曾希望雪莱会有意于她，于是便带着一颗剧烈跳动的心开始与雪莱通信，倾诉衷肠。但玛丽那双褐色的眼睛却使范妮从未定型的希望破灭了。

在这受人唾弃、且又时常因经济拮据而愁苦不堪的家庭里，葛德文太太把满腔怨气都发泄在范妮身上。葛德文也扬言，说他不能再继续抚养她，还说她应该尽快工作，自己挣钱谋生。她正求之不得，并希望能成为一名教师。但玛丽和简的出逃玷污了斯金纳大街这几位小姐的名誉，辱没了她们家的声望，各

---

[1] 范妮和玛丽系同母异父姐妹。其母玛丽·沃斯通克拉夫特先与一个美国人同居，生范妮，后又嫁给葛德文，生玛丽。

校的校长对葛德文的家教深表怀疑，不敢聘请范妮任教。

范妮怀着羡慕和凄切的心情，对远居他乡的两个妹妹的生活很为赞赏。她觉得，她们这种放浪形骸的生活很具有浪漫气息，虽然也有危险性，但却丰富多彩。要不是范妮生性谨慎，她倒十分愿意置身于日内瓦湖畔，与那位全伦敦都在纷纷谈论的、赫赫有名的拜伦爵士生活在一起！“他本人是否就长得与肖像上的他那样英俊？请告诉我，他的声音是否悦耳？因为，优美动听的嗓音对我是很有吸引力的。作为你们的邻居，他常不拘礼仪地上你们家拜访吗？这里一些爱说闲话的人常常传播一些爱情丑闻来指责他，我很想知道他是否真的干得出这种事来？我在阅读他的作品时，无法相信这些流言，我根本就不信他会是一个如此可恶的人。请回答我的这些问题。当我喜欢一位诗人时，我更愿尊敬他的为人。雪莱与他一起泛舟游湖，拜谒胜地，必定是十分引人入胜的。这位诗人写就了一些诗篇，描绘朱丽[1]溺水地点的景色。我真想读一读这些诗篇。这些诗什么时候在英国发表？我可以看一下手稿吗？请转告他你们有一位女友，她并无更多的生活乐趣，但十分想阅读这些诗篇……”范妮恳切地给她的妹妹写信。

玛丽、克莱尔和雪莱收到范妮这些温情洋溢的信时，微微感到有一种优越感，对她很同情。可怜的范妮！真亏她还待在斯金纳大街这个家里！她就这么一心以为葛德文的书籍和事务乃至葛德文太太的怒气都是世上最重要的事情！她那深受羁绊的奴隶似的生活更使这两位年轻女子感到自由的宝贵，她的孤独更使她们感到她们爱情的全部价值。雪莱与玛丽在离开日内

[1] 朱丽是法国作家卢梭所著的《新爱洛伊丝》一书中的女主人公。

瓦前，买了一块手表给她作礼物，聊表心意。

他们返回英国，在巴思定居。他们在路过伦敦时见到了范妮，她郁闷不堪，一味诉说自己的孤寂和无用。她向雪莱告别时连声音也颤抖了。后来，她还给他写了几封信，寄到巴恩。这些信写得仍然像以前那样坦率纯真，但字里行间隐约流露出一种含糊不清的谴责性的语气，这种非难的情绪是生命行将熄灭的人对生活丰富多彩的人常常会抱有的一种情绪。葛德文因愁于新发生的金钱匮乏而中断了工作，性情变得越来越暴躁。有一位姨母曾应允录用范妮到她所开办的学校去任教，但近来却通知他们，说是玛丽和克莱尔的姐姐在该校任教会使那些中产阶级家庭的母亲惊恐万状，因此，无法相助。

一天上午，雪莱夫妇接到从布里斯托尔邮来的一封奇怪的信。信中，范妮用一些神秘的措词向他们告别："我动身到别处去了，但愿此去永远不再复返。"

玛丽恳求雪莱立即动身，赶往布里斯托尔。他当晚就返回家里，并未打听到任何音讯。第二天早晨，他重又赶到那儿去。这次归来，他却神色大变，显得震惊万状。

原来，范妮在布里斯托尔搭乘驿车到斯旺西，然后，便在这座小城的一家旅店里下榻。她一进房间，就对女招待说她旅途劳累，需要休息，说罢，随即闭门不出。翌日，旅店里的侍者始终不见她下楼，便破门而入，谁知发现她业已香消玉殒、与世长辞了。她长发掩脸，手腕上戴着雪莱和玛丽赠送给她的那块手表。桌上放着一只鸦片药酒瓶子和一封未写完的信。信中写道："我生来就是一个不幸的人。对于那些耗尽心血，毁了自己的健康而来养活我的人来说，我这种人活在世上只不过是一种累赘而已，只能给他们招来无穷无尽的烦恼。很久以来，我早就决定，我最好还是了此残生，方为上策。也许听到我的死讯后，你们会感到痛苦，但所幸的是，你们很快就会忘记曾有这么一个人存在于世，她名叫……”

葛德文在《政治正义论》一书中曾说到自杀并非罪过；而目前，唯一的困难是要他在每逢这种情况发生时作出裁决，在该书发表了30年后的今天，社会利益是否并不禁止世人求助于自杀手段。在这场悲剧发生后，葛德文写信给玛丽。自从玛丽私奔以来，这还是他第一次直接写信给她。信中要求三位被逐者对这一可能会辱没他家门庭的事件保持缄默。

范妮的惨死使雪莱神经受到极大刺激。那位“慈悲”的葛德文太太冷嘲热讽地暗示，范妮是由于对雪莱暗怀爱慕之情，却又无法表白而自杀身亡的。雪莱这时才回忆起她当初的确曾有某些激情的表示，但他却并没在意。于是他便负疚责备自己，悔不该当初总是把范妮看作是个低人一等的女子。他被哈丽雅特遗弃后，曾在女性的温情柔意中寻找过荫庇。也许就在那时，他无意识地唤醒了范妮内心的热情，也许她那时曾焦虑不安地窥探、斟酌，分析了他所说的每一句话，或所投的每一个目光，而实际上，他的这些言语和顾盼都是无心的，或者仅仅是出于殷勤奉承而已。雪莱不禁感叹道：“要了解别人的内心活动是多么困难啊！我们有时并非出于本意，但却在不知不觉中竟会给别人造成莫大的痛苦！我们往往轻易忽略了深沉的、有时甚至是濒于绝望的感情，甚而还会呆若木鸡似地毫不察觉这些感情的存在。”因此，仅仅是为人诚恳，好心好意，还远远不够。我们无论是由于缺乏预见，不体贴别人，还是心肠恶毒，存心不良，都同样造孽不浅。这些想法使雪莱陷于无限忧愁之中。

为了摆脱愁思，散散心，雪莱独自一人出门数天，去拜访年轻的评论家利·亨特[1]。这位评论家曾满怀激情，颇有见识地评论过雪莱的诗歌。利·亨特住在伦敦近郊的一个小镇上，这个小镇隐没在一片密林中，那儿炊烟缭绕，树木葱茏，田野广阔，构成了一幅动人的都市与乡村相混合的美丽图案。他的妻子玛丽安是位朴素而有教养的女子，膝下已儿女成群。孩子们都长得很漂亮，雪莱领着他们玩耍、散步。他在这个安乐的家庭里作客，稍许摆脱了范妮和葛德文的阴影的缠绕。这次作客的时间很短促，但却趣味无穷。雪莱从那儿回家时，已恢复了活力，精神抖擞。

雪莱回到家中，发现有出版商胡卡姆的一封来信，便好奇地拆阅它，因为他曾拜托这位出版商帮他寻找哈丽雅特的踪迹。他已有两个月没得到哈丽雅特的音讯了。她在 3 月和 9 月领了两次津贴，那时她还住在韦斯特布鲁克老头家，但从 10 月份起，就不知她的去向了。

“亲爱的先生，”胡卡姆在信中写道，“有幸收到您的来函，已将近有一个月了。想必您对我迟迟作复一定颇感奇怪。我本想尽快给您答复，不料，在打听您所希望了解的有关雪莱夫人及您两个孩子的情况时，我遇到了重重困难。当我尚在竭力查访雪莱夫人的地址时，有人上门来通知我，说她已自寻短见，不幸身亡。您可以想象得到，我起初并不相信这一消息。事后，我便去看望了韦斯特布鲁克先生的一位朋友，这样，我就

[1] 利·亨特（Leigh Hunt，1784—1859），英国诗人，评论家，散文作家。

再也无法怀疑此事了。她的尸体已于上星期二被人从海德公园的‘〈’形河中打捞了上来。前来验尸的陪审官并没从中得到更多有关她的情况，甚至可说是一无所获。他们的判决是：发现该女子系落水淹死……您的两个孩子都安然无恙。我想，他们两人想必都在伦敦。”

雪莱在一种深受刺激的精神状态中动身赶往伦敦。他一路上都在追忆哈丽雅特那满头金发、稚气未脱的脸庞。一想到他以前经常满怀欣喜凝视过的这张脸庞而今竟已被河底的淤泥所沾污，而且还会被水泡得肿胀发青，他不禁毛骨悚然。他百般揣测她究竟为何要抛弃自己的孩子，决定选择这样可怕的一条绝路。

到了伦敦，他的朋友利·亨特和胡卡姆怀着同情的心情接待了他，并把他们所打听到的情况一一告诉了他。《泰晤士报》上登载的一则短评报道说：“星期二，从海德公园的‘〈’形河里捞起一具女尸。该女子手上戴一只价格昂贵的戒指，貌似贵妇人，已怀胎数月。据云，系其行为不检，导致这幕惨剧，其夫现居国外。”

那些长舌妇人在街头巷尾纷纷传说她们所知道的情况：哈丽雅特一直满怀希望，盼望丈夫回到她身边。但由于她以前的那位女房东的过错，没有给她转达信件，以致她收不到她丈夫的来信。于是，她便放弃了一切希望，自暴自弃，在绝望中自甘堕落，放荡不羁。她先与一位军官同居。不久，该军官因他所在的队伍奉命开拔至海外殖民地，不得不离开了她。后来，她不甘寂寞，又与一个下层人同居，据说，这个保护人是个年轻的马车夫。韦斯特布鲁克家把她两个孩子接走，但拒不收留她。有人说她怀有身孕，孤苦伶仃生怕即将招来非议，惶惶不可终日，于是，河中便浮起了她的尸体。

雪莱度过了可怕的一夜……她居然怀胎数月……这样的结局……如此的疯狂……有关哈丽雅特的亲切回忆，一切细枝末节都不由自主地涌上雪莱的心头。最近的这些情景更是一幕一幕地呈现在他的眼前，尤其逼真，令人可怕。这个热恋中的哈丽雅特，惊慌失措的哈丽雅特，绝望的哈丽雅特，她那一张张带着各种表情的脸庞都是他十分熟悉的。对他来说，哈丽雅特的名字，在前几年里几乎曾一直意味着整个宇宙，而现在，他却不得不把它与最低贱、最可怕的念头联系在一起。“哈丽雅特，我的妻子竟是一个娼妓！哈丽雅特，我的妻子，竟已投河自尽……”

有时，他扪心自问是否对此也有责任，但他极力摈弃这种想法。“我该做的，我都做了，可说已是仁至义尽。我每时每刻都始终不渝地做了我认为最公平合理的事，从不自私自利，利欲熏心。当我和哈丽雅特分手时，我们彼此已不再相爱，但我在我的经济收入所允许的情况下——甚至还超过了这范围——慷慨大方地供给她生活费。我并没亏待她……倒是那可恶的韦斯特布鲁克家反而对她冷酷无情……难道我能为一个不贞的平庸女子牺牲自己的一生与理智？”

理智回答他，说不能这样做；他身边两位很体贴他的亲密朋友霍格和皮科克也回答他，说不能这样做。他一再请求这两位朋友重复他们的想法，因为，在某些短促的瞬间里，他隐约感到有一种秘而不宣的特殊责任压在他的肩上，而自己却没有尽到这种责任。“我们在与旧的传统关系决裂的同时，把人们身上的一股无名力量解放了出来，而这般精神力量在起作用时，我们根本就无法预见它惊人的后果。……自由只对强者有益，只对配享受它的人有益。……而哈丽雅特则是个渺小的人物，只是一个淹死了的满脸稚气的金发女子而已。”

上午，雪莱写了一封情意缠绵的信给玛丽。他总是喜欢拿玛丽和哈丽雅特相比，脑海中不时浮现出玛丽那温文、恬静的模样。他要求她收留艾安茜和查尔斯这两个孩子。他的律师则告知他，韦斯特布鲁克家打算以他对宗教持有异议及他与葛德文小姐过着姘居生活而不配抚养这两个孩子为由，反对让他监护孩子。

七　陈腐的俗规

举行结婚仪式能给一对彼此相爱而又互相信任的情人增添幸福吗？事实证明，举行这种仪式至少能改变一位迂腐学究的面目。葛德文得悉自己的女儿不久即将成为受人尊敬的雪莱夫人时，便喜形于色，脸上流露出一副令人难以置信的心满意足的神情。这样，他也就彻底暴露他的秉性，引起了他从前的那位弟子对他的极大轻蔑。

哈丽雅特刚死不久，他们便举行婚礼，这样做是否合适？雪莱和玛丽考虑了数天，感到踌躇不决。但精通世俗事务的行家们却断然认为，这对情人既已两次受到大自然的祝福[1]就应该使他们两人的结合尽快受到来自于教会方面的祝福，此事不宜拖得太久了。

于是，在第一位雪莱夫人的尸体被人从海德公园“〈”形河中打捞上来后，事隔半个月的工夫，玛丽与珀西便在圣米尔德里德教堂里正式结成夫妇。婚礼是由一位牧师主持的。心花怒放的葛德文和满脸骄矜、装腔作势的葛德文太太出席了这一

[1] 即指玛丽和雪莱已有两个孩子。

仪式。当天晚上，雪莱夫妇就在斯金纳大街的葛德文家中进晚餐。这还是他们私奔以来第一次上门。

家宴的气氛十分凄凉。范妮曾长期在这小小的客厅里起居过，哈丽雅特也曾来这儿作过客，这两位绝望和忧郁的失意女子的幽灵仍在这儿苦苦缠绕着活着的人。早上举行过的婚礼确实已使葛德文一反常态，他昔日的怒气已化为乌有，变得极为亲切、和气了。但是，许多难以言喻的苦衷和隐情仍然萦绕在宾主的心头，因此，席间不可能有真正诚挚的气氛。

这天晚上，玛丽在她的日记中简单地写道："去伦敦。行婚礼。阅读切斯特菲尔德[1]和洛克的作品。"玛丽是位有才识的女子，而那位投河自尽的弱小女子当然是远不如她的。

这种走形式的婚礼至少确实给雪莱带来了这样一种益处：对那些原先以雪莱与玛丽姘居为借口而扬言要拒绝把两个孩子归还给雪莱的人来说，姘居的说法已无法成立了。但韦斯特布鲁克家并不因此而让步。年幼的查尔斯·雪莱和艾安茜·雪莱根据前咖啡馆老板的意见，向大法官阁下提呈申诉。"我们的父亲，"他们说，"他公开宣称自己是无神论者，并发表了一部亵渎神明的著作。该著作名为《麦布女王》，而且还附有注解。他还发表了另一部书。他在书中否认创世主的存在，否认婚姻的神圣以及一切最神圣的道德准则。"由于上述原因，这两个贞洁而又早熟的孩子要求不要让一个声名狼藉的父亲来抚养他们。他们宁可由法院指定的，诸如他们的外祖父或和蔼可亲的伊丽莎姨妈这样一些道德高尚的人来担负起抚养他们的责任。

[1] 菲利普·切斯特菲尔德（Philip Chesterfield．1694—1773），英国政治活动家和作家，著有《致儿子的信》。

雪莱的辩护律师已猜测到大法官的心情，而且也深知要为《麦布女王》这本书辩护是很困难的，因此，他谨慎地对此事避而不谈。他仅限于否认一部出自于19岁的少年之手的书籍的重要性。

律师为雪莱辩护道："尽管雪莱先生猛烈地抨击婚姻，然而他本人却在25岁之前已结过两次婚。虽然他以如此厌恶和轻蔑的口吻把婚姻说成是专制的锁链，然而他刚从这条锁链中挣脱出来，却又立刻为自己锻铸出一条新的，并甘愿重新充当它的奴隶。但愿雪莱如此明显的言行不一会使大法官阁下不至于认真对待他那幼稚的文章。"至于谈到把小孩托付给外祖父家抚养的意见时，律师说："我们认为有必要提请大家注意，约翰·韦斯特布鲁克先生根本没有任何资格教育雪莱先生的孩子。至于韦斯特布鲁克小姐嘛，反对她的理由就更多啰。她目不识丁，庸俗不雅，尤其是，当时年仅19岁的雪莱先生正是在她的怂恿和唆使之下，诱拐了年方17的韦斯特布鲁克·哈丽雅特小姐，因此，她是雪莱先生的同谋，而且似乎还可以说，此事全是由她一手策划的。而且，作为监护人，韦斯特布鲁克小姐那时已近30岁。如果她当初就像她应该做的那样行事，也就是说不失为她妹妹的一个忠诚的朋友与监护人的话，那么，这两个家庭如今所遭受到的那么多的不幸与羞耻都是可以避免的。"

巧言善辩的辩护律师希望能以雪莱的名义来否认他青年时代所持的观点，从而使他打赢这桩官司。但在雪莱看来，律师的诡辩是一种令人无法忍受的虚伪。于是，他拟就一份声明，呈给大法官阁下。他在声明中陈述道，他对婚姻的看法并无丝毫改变，而且还说，即使他心甘情愿地使自己的行为屈从于社会习俗，他也决不放弃批评这些俗规的自由。

大法官只得在他的判决理由中如实地录下了雪莱这一自供状。他判决道："我们面对着这样一个父亲，他妄图把他自己的指导原则强加于他有权操纵他们意见的人。他认为，把他自以为是道德的、高尚的生活方式灌输给这些人是他的职责，而法律却把这种生活方式看成是不道德的，放荡不羁的。……鉴于这种情况，我认为自己无权把这两个孩子判给他抚养。"然而，大法官阁下也避免把孩子判给令人厌恶的韦斯特布鲁克父女。他宣判把孩子交给一位名叫休姆的大夫照管。休姆是位军医，他负责培养查尔斯，届时把他送到某所由正统牧师主办的好学校去求学。至于小艾安茜，则由休姆太太负责教育。休姆太太要教她学会做晨祷和饭前祈祷，并指导她阅读一些好书，甚至在必要时也可指导她读些诗歌，不过，如要读莎士比亚作品的话，那只能读些删节本。每个孩子一年需付一百英镑，一切费用都包括在内。雪莱先生每年可去看望他们 12 次，但探望时必须有证人在场；约翰·韦斯特布鲁克先生同样也每年可去探望 12 次，但如果他愿意的话，可单独前去看望他们，不需有证人在旁。

这一判决使雪莱感到十分难堪。在某种程度上来说，它等于是以一种表面上显得温和而又合理的方式正式判处他被逐出文明人的社会。这也等于是给他签发一份证书，证明他已不可救药。

在诉讼期间，雪莱在令人神往的马洛乡镇上买下了一幢房子。爱丽儿终于同意与常人一样住进世俗的住宅里了。一条宽敞的回廊被改装成图书室，并且用维纳斯和阿波罗的大塑像点缀着。花园很大，一个长得异常美貌的小女孩与威廉·雪莱和克拉拉·雪莱一起在花园里玩耍。这个女孩就是克莱尔和拜伦的女儿，名叫阿尔巴。她的父亲正在威尼斯，据说他在那儿寻欢作乐，克莱尔很少得到有关他的消息。

雪莱近来所遭受到的不幸已在他的脸庞上留下了痛苦的痕迹。他腰背比以前伛偻多了，人也越来越消瘦，而且变得更加神经质了。胁部的剧烈疼痛常常使他难以入眠，医生无法帮他解除痛苦，便说这种疼痛是“神经紊乱”引起的。

雪莱的情绪日益低沉。生活已经给他带来了这么多的痛苦，他的好心好意也成了他那么多的不幸的根源，使他对任何举动都存有戒心。他感到自己有一种难以名状的强烈欲望，要远离形形色色可怕的人群，这些人对事物常会作出意外的反应，会由于冲动而做出骇人听闻的举动。他对改造现实世界已感到灰心丧气，因此，他已别无他求，只想在一个柔顺驯良的天地里去发泄自己的爱憎，聊以自慰。一些还很空洞的、迷离飘忽的诗歌题材就像影子一样萦绕在他的周围，以他悲伤的梦幻为养料而充实起来，并靠他的作用力而逐渐成形。

这些空中楼阁，水晶宫殿，长期以来一直以一层淡淡的薄雾对他掩盖了生活的真相，如今，却像被一种无形的力量托了起来似的，徐徐地从薄雾中显现出来，露出了它们的真面目。这些仙楼琼阁不再消失，而是有气无力地摆动着，在清澈的光辉中显得金碧辉煌，悠悠升向纯诗歌的高超境界。雪莱在它们原先所盘踞的位置上瞥见了活人的世界，难以耕作的褐色土地，粗糙的男人脸面，多愁善感的妇女，这就是他企望逃避的那个饱经沧桑的残忍世界。

雪莱时刻想撰写的诗篇是一部理想的革命史诗。他不愿在这部史诗中描写流血的场面，法兰西革命的英勇壮烈的事迹虽然动人，但那些流血的场面却使他读起来感到心情沉重。他希望写一部记载两个情人的丰功伟绩的长诗。他从自己的亲身经历中得到证实，只有女子忠贞不渝的爱情才能在人们心中激励起巨大的勇气。

莱昂和他的情人西丝娜[1]，这两位牧歌式的无政府主义者，就是雪莱和玛丽的化身。雪莱用他那支生花妙笔，尽情讴歌了这两个为自己的信仰壮烈捐躯的人物。他在诗中描写他们被推上火刑台就义前，在熊熊烈火中亲吻诀别，这亲吻是如此甜蜜，致使酷刑反而成了他们高尚感情的一次洗礼。雪莱自己也极愿意像他们那样英勇就义。他认为只有在双方思想一致与同甘共苦的情况下，爱情才能显示出它的力量，达到至高的境界。现在玛丽与他已结成夫妇，手头也比较宽裕，似乎已开始过上安逸生活。然而，他希望摆脱这种平淡无奇的幸福，幻想着轰轰烈烈的业绩和布满荆棘的险恶命运。在另一个时代和另一个国度里，他的命运也许就是如此。

雪莱独自跑到泰晤士河中的小岛上去写作。岛上人迹罕至；只有成群的天鹅在那儿栖息。他把小船停泊在高高的草苇丛中，安详地躺在船舱里，仰望着变幻莫测的天空，寻找着心目中的形象。这样静观空中云霞的微妙变幻，使他感到无比喜悦。他日益领悟到，他在人间的真正使命就是摄取瞬息万变的事物，抓住它们之间的细微差别，并用与这些事物同样委婉、华丽的语言把它们记录下来。

雪莱整个夏天都在进行着这一项引人入胜的工作。接着，他为了处理一些事务，又必须到伦敦去走一趟。此时，他因要

---

[1] 莱昂和西丝娜是雪莱所著长诗《伊斯兰起义》中的男女主人公。

赡养那么多的人，手头又开始拮据起来。他除了要负担玛丽和孩子们的生活费用外，还得抚养克莱尔和她的女儿，而且不时得接济葛德文家。他的新朋友利·亨特夫妇和他们的五个孩子也要靠他资助。他还答应每年给皮科克一百英镑，以便让皮科克安下心来从事写作优秀的小说。甚至连与他毫不相干的查尔斯·克莱尔蒙特[1]的事，他也得管。查尔斯·克莱尔蒙特在法国遇上了一位美貌动人的贫家女子，竟然也要雪莱替她备置一份嫁妆。雪莱为了应付繁多的需求，只得和从前一样，向高利贷者借债。有一天，葛德文对他说道："您是一匹纯种良驹，但受马蝇的阻挠，无法驰骋。"

幸好有玛丽在竭力把他拉回人间。雪莱也并不为此怪她。他现在只把玛丽看成是他那首长诗中的西丝娜的化身。玛丽是一位忧心忡忡的家庭主妇，不喜欢那些腿脚勤快，常来家中叨光的客人，皮科克就是其中之一，他每天晚上不邀而至，而且总要把一瓶酒喝得精光。她希望雪莱留意，趁早把他们仓促买下的马洛镇上的这所房子转卖出去。她见雪莱在家中挨冻受苦，希望他换一换环境，到气候温暖的地方去生活，去意大利也许正合适。她给他写了一封信，寄到伦敦。

我最亲爱的：

我请求你在信中把话讲得明确些，并请你把你所有的计划都告诉我。你已请人招贴出售房子的告示，但你事先是否已告诉马多克应该如何答复可能前来接洽的买主？另外，究竟是去意大利还是去海滨，你是否已作出了选择？

[1] 即克莱尔的弟弟。

我们的旅费和动身前购置必需品的费用，你可知道如何筹措？在我们临行前，你能帮我父亲一点忙吗？或者，我们还不如去住在海滨一所小房子里，这样，开支就可节省很多，岂不是更好吗？你至今还没对葛德文谈起你意大利之行的计划。如果你已作出决定，我想你最好是事先向他打个招呼，因为这类事至少应在临行的前几天就通知他为好。

今天，我第一次出门去走走。家里实在冷得可怕！我在火炉旁还是冻得发僵，但一走上大街，我反而觉得比屋里暖和，而且空气也清新。我以后想带威廉一起出来散步。为了这个缘故，我想叫你给他寄一顶水獭皮的帽子来，如果可能的话，你最好还是赶上星期一的邮车，让它把帽子捎来。应该买一顶目前流行的圆帽，请你跟店里人解释清楚，是给小男孩戴的，在帽檐周围要有一条窄一些的金色飘带，这样，即使帽子如嫌大的话，也可以用飘带系紧它。……现在我正被孩子们围着，阿尔巴又抓又嚷的，威廉用一条披巾裹着身子，在闹着玩，而克拉拉小姐正对着火出神。再见，我的爱，我无法形容我是多么焦急地想知道你的健康情况，以及有关你的事务和计划的一切情况。

阿尔巴与他们住在一起是玛丽抱怨的原因之一。他们原先对邻居们说阿尔巴是伦敦一位贵妇人的女儿，为了健康的原因，送到乡下来寄养的，但所有的人都能从克莱尔的态度上看出她就是阿尔巴的母亲，因此，把这孩子说成是雪莱所生的也不乏其人。于是，过去那种指控他们乱交的言论又在他们周围的邻居中沸沸扬扬，使作风正派的玛丽为此感到痛苦不堪。她之所以想去意大利，内中的原因之一就是他们此行可以把这个小女孩交还给她自己的父亲。

雪莱也只求一走了之。在这里，家庭、友谊、琐碎的事务都巧妙、曲折地在他周围筑成一道坚固的围墙，使他透不过气来。生活中那些无情无义、无事生非的人所掀起的一阵阵波澜在腐蚀着他那坚如磐石的意志。在这个国家里，王国的最高法官已剥夺了他的公民权，他时刻都感到身负枷锁，像是被人绑在刑柱上示众似的。他觉得，他在逃离英国的同时，又可能变得逍遥自在，赛过野马行空。到了异国他乡，他的生活就会像一张白纸，他可以在这一页白纸上像撰写一首优美的诗篇一样，谱写新生的篇章。

行期确定后，玛丽要求给孩子们举行洗礼。她认为，为了孩子们的幸福起见，最好还是从他们刚进入生活时就遵循世俗的常规。雪莱欣然同意。拜伦的女儿也与雪莱的孩子一道，在同一天里接受了洗礼，命名为克拉拉 · 阿莱格拉。

八　大理石女王与泥土女王

意大利一片晴空，万里无云。雪莱、玛丽和克莱尔三人又一次结伴而行，来到了阳光灿烂、令人流连忘返的世外桃源。这一次，他们仓促而又奇特地上路，虽有几个孩子与奶妈陪同随行，一路上倒也并没给他们增添多少累赘。

他们路过蒙塞尼，抵达米兰，先在米兰停留数日，等候拜伦的信息，因为雪莱事先已写信通知拜伦，说他女儿要到意大利来。在米兰停留期间，雪莱整天泡在大教堂里消磨时光，阅读《地狱》和《炼狱》[1]。他十分喜爱教堂里三扇巍峨的哥特式大窗户。一丝淡淡的光线透过窗户洒在教堂的祭坛上，很有宗教的神秘色彩。教堂已不再像过去那样引起他反感了。自从他历尽了千辛万苦以来，他满怀惊奇地发觉教堂很适合于他抒发感情，同时也是寄托人类崇高激情的最好场所，任何别的地方都不如它。在这色彩暗淡而又灼人的五颜六色的光线和幽雅肃穆的乐曲声中阅读着但丁的作品，他似乎觉得天主教已不再是招摇撞骗的玩意儿了。

---

[1] 《地狱》、《炼狱》是但丁所著《神曲》的第一、第二部。

拜伦的复信寄到了。信中说，他无论如何也不愿再见到克莱尔；不论什么地方，只要克莱尔一去，他就一定会立刻逃离的。至于小孩，他倒是愿意负起教育她的责任，但条件是孩子的一切事情必须由他一人做主。雪莱认为这些规定未免太苛刻了，便试图使拜伦缓和一些，但是，拜伦一心只想避免与克莱尔发生任何生活上的瓜葛，拒不让步。他们从一位在米兰与他们邂逅相遇的威尼斯人口中得知，这位“英国爵士”在威尼斯过着花天酒地的放荡生活，像个妻妾成群的回教徒一般，供养着大批娇娘。这种情况不免令人为阿莱格拉的教育感到担忧。雪莱规劝克莱尔宁可放弃向拜伦求援的任何念头，也不要把孩子交给拜伦照管。雪莱又像往常一样，自告奋勇地愿意负担她们母女俩的一切费用。但克莱尔高傲成性，她一向对阿莱格拉的出生引以为荣，想为女儿争得权益。她对那位哺育阿莱格拉的瑞士乳母伊丽丝绝对信任，决定把乳母与小孩都送往威尼斯，尽管雪莱一再爱怜地警告克莱尔，阿莱格拉还是被送到她父亲那儿去了。

不久，克莱尔接到了有关阿莱格拉的消息，这些消息使她深感不安。拜伦把孩子留在家中仅几个星期。起先，他因见女儿容貌美丽，在皮亚察 · 阿梅里纳 [1] 深得威尼斯人的赞赏和爱抚，心里很是沾沾自喜，引以为荣，但过不多久，他就对这类单调的游戏感到厌倦了，便把孩子托付给英国驻威尼斯的领事霍普纳的夫人照管。这位霍普纳太太究竟是何许人呢？她会怎样对待一个陌生的女孩呢？伊丽丝说她是位心地仁慈的太太，

[1] 皮亚察·阿梅里纳：位于意大利的西西里岛上。

但尽管如此，克莱尔已开始感到自己失策，懊悔不迭。她整整一年没有离开过自己的女儿；她十分疼爱这孩子，因为，她自己在这个世间已别无其他亲人，家庭摒弃她，情人又拒不见她，唯有这个孩子是她的亲生骨肉，可相依为命。雪莱见克莱尔如此悲伤，便自告奋勇，要陪她去威尼斯。玛丽眼看他们两人要做伴同行，心里尽管很不乐意，但也出于无奈只得同意。仆人保罗，足智多谋，手脚勤快，遂被选作雪莱的信使，陪同他们一起动身。

由于拜伦早已有话在先，不准克莱尔到他所在的任何一个城市，雪莱为了避免激怒他，决定让克莱尔先留在帕多瓦等待雪莱前去交涉的结果。但一旦离阿莱格拉已近在咫尺，克莱尔就按捺不住了。她想不露形迹，偷偷见一见她的女儿，于是便同雪莱共乘一条小船，在布伦塔河顺流而下。晚上，他们冒着狂风暴雨，横渡一泓泻湖，此时，在淅淅沥沥的雨幕中，威尼斯城的万家灯火已在远处隐约可见了。

翌日早晨，他们马上到霍普纳家里去，受到了霍普纳夫妇亲切而有礼貌的接待。霍普纳太太即刻派人去找伊丽丝和孩子。阿莱格拉长大了许多，她虽然脸色略显苍白，不如以前那么活泼，但仍然十分美丽，接着，大家一转话题，谈起了拜伦，谈了许久。霍普纳夫妇秉性正直，有着传统的道德观念；这一对真诚相爱的年轻夫妇，虽受到宽容的威尼斯的熏陶，待人比较厚道，但仍不免对拜伦这些男女私情感到气愤。他们摇着头，一五一十地述说着拜伦的艳事：

正像拜伦一贯爱炫耀那样，他在刚到这里的第三天便搞到了一艘游艇和一个情妇。这位情妇名叫玛丽安娜·塞加蒂，是一个呢绒商人的妻子。那呢绒商因呢绒销路不好，生意清淡，把房间租借给诗人居住，他这件事办得太不慎重，但也是出于无奈。这个女人 22 岁，生有一双绝美的黑眼睛，嗓音圆润动听。虽然她出身低贱，却仍然受到喜欢听她放喉歌唱的威尼斯贵族家庭的宠纳。她对这位借宿在她家里的英俊、慷慨、天才的异国贵族青年一见倾心，迷恋不舍，这也与最简单的化学反应一样，是势所必然的。至于那位威尼斯商人，他对此事倒也并不在意，反正拜伦腰缠万贯，挥金如土，何况按威尼斯的道德观念来说，做妻子的有个情人也是允许的。

霍普纳太太是位身材娇小、性情温柔的女人，一双传神的眼睛闪着睿智的光芒，显得机智灵巧。她带着一副悲天悯人的神情叙述着拜伦的风流韵事，这种神情是一般正经的妇女在谈到淫邪行径时所常有的。她的丈夫在一旁谨慎小心地补充道，事实上还远非如此。更有甚者，在威尼斯市民中，还议论纷纷，说这位英国爵爷在城里某个地方另有一幢秘密住宅，他虽已在那儿纳藏了一位缪斯，还嫌不够，竟然一下子聚集了 9 位女神。于是，闲话越传越神，拜伦便成了一个传奇式人物。途经威尼斯的英国人都把拜伦与尼禄王 [1] 和埃拉加巴勒王 [2] 相提并论。但老百姓都钦慕拜伦，妇女们在狂欢节时所戴的假面具的掩盖下，争相牵拉拜伦的衣袖，纠缠不休。克莱尔听到这些情况很不放心。她征求众人的意见，到底该怎么办才好。霍普纳领事劝她，无论如何不能让拜伦得知她已来到威尼斯，因为拜伦经常表示极端害怕见她到来。

下午 3 点，雪莱到复兴宫邸 [3] 去拜访拜伦，受到盛情接待，

---

[1] 尼禄王，罗马帝王，以残暴著称。

[2] 埃拉加巴勒王，罗马帝王，以放荡淫乐著称。

[3] 拜伦在威尼斯的住所。

这也许是由于雪莱是世上唯一能使拜伦以严肃、平等的态度与之交谈的人。甚至在雪莱向他解释了他们此行的目的和克莱尔想再见一见孩子的愿望时，拜伦仍显得沉静而有理智。他说他十分理解克莱尔的忧虑，还说他不能把阿莱格拉送还给她，否则，威尼斯人可能会指责他对孩子怀有厌倦之心，因为他们已在责备他过于任性、反复无常了。但是，他又说，他将认真考虑，是会找到一个万全之计的。他说完这些话后，便建议雪莱跟他一起去利多群岛上骑马散步。

一叶轻舟载着他们穿越泻湖，驶往岛上。在一条长满白术和海藻，被水半淹的茫茫海滩上，马匹早已备好。雪莱十分喜欢这一片荒凉的沙滩。在海边的浪涛声中策马驰骋使他感到心情舒畅。但一想到焦虑不安的克莱尔正在霍普纳家等候着他，不免有些扫兴。

拜伦议论着英国人对他所抱的那种极为愚蠢的态度。这些到威尼斯来的英国人都好奇地尾随着他，甚至为了到他的卧室里去一饱眼福，居然不惜重金，收买他的仆人。接着，他又怀着深情厚谊，为雪莱所遭的不幸大鸣不平。他说："如果当时我在英国的话，哪怕闹得天翻地覆，我也非要让他们把孩子交还给您。"说到这儿，把话题又转到人类的邪恶上去了。拜伦断定，人类是凶恶无比的："世界上的人彼此仇视……一个人倘若期待或指望从他们那儿得到别的东西，这只能说明他是个空想家。"

"为什么？"雪莱说，"您似乎是在承认人只能忍受其本能的制御，而无法控制这些本能……但我的信念却不是这样的。我认为，我们的意志能创造美德……即使心肠恶毒是天性所致，那也并不足以说明它是不可战胜的。"

拜伦指着那被夕阳金紫色的余晖染红了的古罗马贵族居住的城市说："上船吧！我给您看点东西。"他们在泻湖中泛舟片刻后，拜伦又开腔说："请朝西面看，仔细听着。您听见了钟声没有？"

这时，雪莱看到在一座小岛上，有一幢用砖砌成的楼房。这楼房别具一格，几乎没有窗户，房顶上高高耸立着一座四周敞开的钟楼。一口黑色的大钟背衬着红彤彤的天空在不停地摇晃着。在船桨的拍水声中似乎还夹杂着从远方隐隐传来的呼喊声。

"这是一座疯人院，"拜伦说，"我每天傍晚在这时候过湖，总听到一阵阵召唤疯人们去做祷告的钟声。"

"无疑是为了感谢造物主赐予他们的恩惠罗！"

"雪莱，您还是老样子！"拜伦粗鲁地说，"还是那么不信宗教，亵渎神明！……哎，您不会游泳吧？小心上帝惩罚您！……可是，您刚才说要控制我们的本能？……难道您不认为眼前这一场面就是我们生活的写照吗？良心就是召唤我们注重美德的一口钟……我们就像这些疯子一样，不知其所以地顺从于这种召唤。然后，夕阳西下，钟声止息，于是死亡便来到了。"

拜伦眺望着威尼斯，只见这水乡泽国在黄昏的余晖下，已呈现出一片暗玫瑰色。他颇有感触地说："我们拜伦家的人，都是年纪轻轻就夭折了。……无论是我父亲家的人还是我母亲家的人，他们都死得很早……我也会这样的，这倒也无所谓，但我要及时行乐，充分享受我的青春。"

翌日，雪莱怀着惴惴不安的心情去看望拜伦，但出乎意料的是，只见拜伦依然镇静自若，充满理智，他这才深感宽慰。拜伦表示愿意把他那一幢坐落在威尼斯附近的埃斯特山岗上的别墅让给雪莱和克莱尔住两个月，而且还准许阿莱格拉和她母亲一起小住一阵。雪莱只得接受拜伦好心的建议，马上提笔给玛丽写信，要她立刻前来团聚。

> 我亲爱的玛丽：
>
> 我只得事先不征得你的同意就擅自作出决定了，我也只好这样做。如果我做错了，那你就责备我吧；如果我做对了，那就吻吻我。至于我，是对还是错，我可是一无所知，只能有待事情的发展来判断是非。不管怎样，在这儿，至少我们可以免掉求人引见的麻烦。你将会见到霍普纳太太，她心地十分善良，长得也很美丽，像天使一般温柔。与此同时，如果她能再聪明一些，那她简直就是第二个玛丽了，不过，她却没有你那么完美。她那明亮而美丽的眼睛与你的眼睛十分相像，闪烁着同样的光芒，她的举止和你在认识一个人并喜爱他时的举止是一模一样的。……代我亲吻两个蓝眼珠的小宝贝。别再让威廉忘记了我，卡[1]还太年幼无知，是不可能记住我的。

玛丽在旅途上历尽了艰难。在佛罗伦萨，她在护照问题上遇到了不少麻烦，耽搁了很久。小克拉拉正在长牙，一路上，因暑热、疲乏和奶水的改变，备受折磨，到埃斯特时，这个小女孩已患重病。

[1] 雪莱和玛丽对他们的女儿克拉拉的昵称。——原注

整整半月，克拉拉一直发烧不退。埃斯特的那位大夫看来是个十足的庸医。雪莱与玛丽决定带着孩子去威尼斯另求良医。到了富齐纳，奥地利海关拦阻他们，并扬言不准他们过湖。雪莱怒不可遏，以惊人的力量硬是冲了过去，跳上一艘轻舟。这时年幼的卡的小嘴和眼睑都在奇怪地痉挛着。一路上，她几乎像是已完全失去了知觉。到了旅馆，她的病情更加恶化。一位医生诊断后，脱口便说这孩子已毫无指望了。果然，不出一个小时，她便安静地死去，看不出有丝毫痛苦的迹象。

玛丽怀里抱着她那已死的女孩，呆呆地出现在一家陌生客栈的门厅里。霍普纳太太闻讯赶来，把玛丽接到自己家中。翌日上午，雪莱登上一叶轻舟，把小孩尸体运往利多岛上，而玛丽则竭力控制自己的悲痛。葛德文的原则之一就是：只有个性懦弱的人才沉溺于悲痛之中，不能自拔，如果我们硬着心肠，以大无畏的精神去忍受痛苦，偷偷地自我排解，那么，悲痛是持续不了多久的。葛德文的女儿在这一点上和他的见解是一致的。卡下葬后的第二天，玛丽在日记上写道："阅读《恰尔德·哈罗尔德》[1]的第四歌。下雨。游览公爵府、叹息桥……与霍普纳太太同去学士院。观赏几幅好画。拜访拜伦爵士，见到福娜利娜。[2]"

福娜利娜是拜伦的新情妇，看上去就是个俗不可耐、粗野不文的女子。"您会看到她是挺美的，"拜伦事先对雪莱这样说过，"一双乌黑的大眼睛，朱诺[3]般的身材，一头鬈发在月光下

[1] 即拜伦所著《哈罗尔德游记》。

[2] 福娜利娜是拉斐尔所绘的画中女子，据说她是面包商的女儿，画家的情妇。玛丽因拜伦的情妇是某个面包商的妻子，便在日记中，用这个代名称呼她。

[3] 朱诺，天神朱庇特的妻子。

闪闪发亮。这种女子愿为爱情赴汤蹈火，连下地狱也在所不惜。我就喜爱这类动物。我爱美狄亚[1]当然要胜过世上一切女子。”

这位漂亮的面包店老板娘，的确是一头珍奇动物，而且桀骜不驯。她生性凶悍，是个十足的泼妇，所以仆人见了她无不畏惧，就连拜伦的船夫，即那个身材魁梧的蒂塔也怕她几分。她嫉妒成性，虚伪透顶，令人讨厌。只要她一换下那件漂亮的披肩，穿上华丽入时的裙子，戴着插羽毛的帽子，就显得格外愚蠢可笑。拜伦常把她陆续添置进来的裙子和羽毛帽扔进火里，一烧了之，但她还是照买不误。不过，拜伦对她的种种狂妄举动还能容忍，因为这女人很能博得他的欢心。他喜欢她那蓬勃的朝气、威尼斯的口音以及她的过激言行。拜伦认为，这个女子的近乎动物的粗野灵性要比任何一个有头脑的女性更能使自己得到消遣。多亏了她，拜伦才灵感横生，写诗顺利，一挥而就。诗中韵律铿锵，用某种自然而动人的狂热烘托着热恋中的女子和激越奔腾的海洋般的热情。

雪莱夫妇本是温文尔雅的一对情侣，象征着人类的文明。在他们的心目中，这奇异的野女人除了引起他们心中的不悦之外，是一无可取的。他们时常交换颓伤的眼色。他们在威尼斯逗留的短短几天里，雪莱得以仔细观察了拜伦爵士的生活，严格而正确地判断了他的为人。这位诗人整日沉湎于酒色，行为放荡，纵欲过度，竟与那些被他的船夫们从大街小巷上胡乱拉来的女人鬼混在一起，寻欢作乐。玩腻之后，他又对自己的行为大为不满，便信口开河地大放厥词，口口声声说人是最卑鄙可耻的。他那类愤世嫉俗的言语，在雪莱看来，只不过是用来

[1] 美狄亚，希腊神话中科尔喀斯国王的女儿，以巫术著称，曾帮助伊阿宋取得金羊毛。后遭伊阿宋冷落，由爱生恨，杀死自己与伊阿宋的孩子，毒死伊阿宋的新欢。

遮盖其兽性行径的一副华丽的面具而已，早已分文不值了。

雪莱夫妇终于回到埃斯特，但已物是人非。他们失却了一个女儿。触物伤情，他们沉浸在绵绵的凄切、悲伤之中。然而，这幢房子却令人赏心悦目。花园里一片齐墙搭成的葡萄架，直通一座玲珑可爱的凉亭，这小小的凉亭便成了诗人最喜爱的歇身之处。极目远眺，首先映入眼帘的是古老的埃斯特城堡[1]；然后，苍翠夺目的伦巴第平原，宛如一片绿色的海洋，一望无际，其间，有一幢幢色彩鲜艳的别墅，掩映在茫茫的烟雾之中，远远看去犹如一座座小岛，点缀着沧海碧波；最远处就是孤零零的帕多瓦和威尼斯。威尼斯城中鳞次栉比的圆屋顶和金光四射的钟楼在蔚蓝的天空中闪闪发光。

雪莱勤奋地工作着。他开始写作《解放了的普罗米修斯》，这是一部以《约伯书》为题材的抒情诗剧。他试图用像鸟儿振翅那样轻快的韵律来谱写这秋色的沉郁之美。但令人心醉神驰的工作激情一旦消失，雪莱就重又感到自己孤寂飘零，被人遗忘。他觉得，这艘岌岌可危的小船正载着他们这一小群被暴风雨从英格兰冲激出来的青年，在异国的天空下行驶着，而痛苦之神的手却执掌着小船的橹舵，主宰着他们的命运。

[1] 意大利王子的府邸。

九　罗马公墓

一个月的时间一晃而过，雪莱他们必须把别墅归还拜伦，而且也得把阿莱格拉送回去。寒冷而多雨的冬季使雪莱产生迁居南方的愿望。他需要温暖和同情，这样才能感到幸福。变幻不定的气候和人地生疏的城市勾起了他的无限愁思。

通往罗马的道路在成片的葡萄田中间蜿蜒伸展，两边的葡萄树都已发红。每走一步，便会见到驾车的乳白色公牛，这些公牛就像维吉尔笔下所描绘的那样健美。雪莱他们途经弗拉拉、波伦亚。在波伦亚，教堂、雕像和绘画比比皆是。见了这么多精湛的艺术杰作，他们的脑袋简直就变成建筑师的万宝全书或者是一家陈设得琳琅满目的版画店了，大有应接不暇的感觉。他们经过里米尼、斯波莱托和特尔尼这几座具有浪漫色彩的城市后，来到了幽静的罗马郊区。这里的景物既幽雅又引人入胜。当他们进城时，高空中有一只雄鹰围着他们的头顶在翱翔，盘旋不休。

罗马废墟那宏伟、凄凉的景色深深地打动了他们的心。雪莱对一座英国公墓很欣赏，这座公墓位于塞斯提乌斯[1]的陵墓

[1]　塞斯提乌斯（Cestius），古罗马执政官。

旁，是他生平所见到的最美、最庄严肃穆的墓园。这里安葬着那些在风华正茂之年便悄离人间的妇女和刚开始人生便夭折的孩子。微风习习，轻拂着墓旁的树木，树梢上的枝叶飒飒作响，这正是人们愿作长眠的安息所在。

经过三个星期的旅行，雪莱他们安抵那不勒斯。他们租了一幢住房。从住所望出去，便是蓝色的海湾，水色天光总是变幻莫测，没有霎时的雷同。只见维苏威火山上烟雾袅袅、昼夜不休，海面上倒映出它那雄伟的山影和红彤彤的火光。这里虽然缺乏使温带国家更富有魅力的终年明媚的风光，但很像英国的春天，气候温暖宜人。他们到庞贝、萨勒诺和倍斯坦姆等地匆匆走马观花一番，那里美丽壮观的景物在他们的脑海里只留下一片茫茫的、模糊不清的印象，就像做了一场迷离恍惚的梦一样，事后根本就回忆不清了。然而，尽管风景如画，他们仍然郁郁寡欢。

他们谁也不认识。对他们三人来说，这种永久的孤独已变得越发难堪，不可忍受了。他们虽然身在阳光明媚的意大利，但心里却在思念着里士满、马洛，甚至伦敦。如果没有朋友，这高山和蓝天又算得了什么？社交的乐趣才是生活的根本。我们所熟知的那些画面，其本身也许是平庸无奇的，然而回忆却引人入胜地给它们涂上了一层乐融融的色彩。当我们缅怀这些亲切的画面时，眼前的景色无论多么真实、多么美妙，也都会立刻烟消云散，化为乌有。

他们眼看街上一些穷人在向另一些穷人问好，不禁也心怀羡慕。雪莱感到自己对人类满怀温情，不料却发现自己在人世间总是孤孤单单，被人遗忘，于是痛苦顿时在心中油然而生。玛丽觉得，现在她无论身在何处，都是“一个落魄异国的游子”，这一点尤其使她苦恼。她又有身孕了，克莱尔已成了她不堪忍受的包袱；家中佣人又无事生非。那意大利仆人保罗诱惑了瑞士奶妈。玛丽非要保罗正式娶伊丽丝不可，结果，这无赖只得同意，但随即便带了妻子远走高飞，并扬言要伺机报复。克莱尔又得了一种使玛丽感到费解的怪病，而且病势险恶。

他们在那不勒斯深感不快，对这里的一切都十分厌倦，于是便决定回罗马。一种要不时改变生活的强烈愿望在困扰着他们，就像病人妄想在病床上寻找一个凉爽的位置一样，不管他如何辗转反侧，他身上的热度总是随着他的身躯一起挪了过来，任何努力都是枉费心机。罗马春季的燥热似乎已把小威廉折腾得疲惫不堪。医生劝告他们火速带威廉去北方，不料，他们刚要动身时，孩子突然得了急性赤痢。

雪莱捏着他那小男孩的手足足有 60 个小时，始终没放开过。他越来越依恋这孩子。这个孩子生性颖悟，感情丰富，机灵敏锐，满头金栗色的秀发细腻得像缕缕金丝，皮肤娇嫩，白里透红，一双炯炯有神的蓝眼睛，活泼的眼神中带着几分严肃。他熟睡时，那些意大利女子都踮着脚尖走进房来，争相用手指点着他，彼此低声倾诉着对孩子的爱怜。当他已到临终垂危之时，医生还以为他得救了。而他却只再活了 3 天，终于在一个阳光灿烂的中午悄然死去。

雪莱和玛丽把孩子埋葬在英国公墓里，这墓地正是雪莱上次路过罗马时曾经赞赏过的那片寂静得十分迷人的地方。和煦的春风仍在树叶丛中轻轻吟唱。雪莱悲恸地眼看他那死去的孩子被掩埋在一座古墓旁，就此消失在阳光沐浴着的花草丛中。

范妮……哈丽雅特……小克拉拉……威廉……他感到似乎

有一股瘟气在包围着他，并在他所热爱的人中间蔓延开来，相继夺走他亲人们的生命。

诸神似乎都在幸灾乐祸地对这对年轻夫妇施加残酷无情的打击。迄今为止，雪莱夫妇都已勇敢地承受了这接二连三的无情打击。但这一次，玛丽已丧失了斗争的勇气，不再挣扎了。

雪莱把玛丽带到乡下，住在一幢漂亮的别墅里。玛丽对一切都无动于衷，她只是悲哀地缅怀着儿子的一举一动，回忆起他在那不勒斯海滨的沙滩上留下的小脚印，他那生动地表达内心的喜爱、惊奇和快乐的天真烂漫的言语。玛丽常常沮丧地一动不动，双目瞠视着远方，显得麻木不仁，只有当她牵挂着罗马的墓园时，才从沉静中醒过来。她要在墓前给他美丽的孩子竖一块白色大理石墓碑，供上许多鲜花。

葛德文得知玛丽悲痛欲绝的情况时，便对她严加责备。他认为玛丽把世俗的痛苦表露出来是有损于她坚强的性格的，她不该自暴自弃，甘与一班平庸的女性为伍。她还缺乏什么呢？她不是已经有了由她亲自选择的称心如意的丈夫了吗？她不是已有了财产，从而也就有了可使自己有益于人类的手段了吗？“诚然，你现在已失去了一个孩子。但除了孩子以外，世界上还有其他的一切，有一切真、善、美的东西，有一切有权要求你为之呕心沥血的事物存在着。这一切总不能因为一个3岁孩子的死亡而变得微不足道，毫无意义吧！”

就连雪莱也在悄悄地埋怨玛丽：

我亲爱的玛丽，
你现已奔赴哪里，

竟撇下我一人，

让我在这冷酷的人世间孑然无依。

你可爱的身影犹然尚存，

但你，

却向那孤独的道路上逃匿，

殊不知，孤独会把你引向痛苦的深渊，

那儿只是凄凉漆黑一片……

对于雪莱来说，他自有他的空中楼阁作为藏身之处。当他隐遁其中时，生活中凄恻的悲剧只不过成了一场荒诞的噩梦而已，再不会萦绕于他的心胸之间，就这样，他写完了《解放了的普罗米修斯》。这部长诗再一次体现了精神与物质之间的斗争，自由人反对世俗的斗争，这是他全部著作中永恒主题的新翻版。诗中把朱庇特隐喻为卡斯尔雷爵士；那个戴着手铐脚镣的泰坦[1]就喻示着雪莱，他是一个满怀着希望，深信“善”必定取得最后胜利的牺牲者。无论是万里无云的晴空，还是一阵阵暖人心田的西风，这一切都成了雪莱借以歌颂他那屡遭不测的乐观信念的题材，这种信念在他心中是永存的，他所遭受到的任何不幸都没能把它摧毁掉。

把我当作你的竖琴吧，有如树林：

尽管我的叶落了，那有什么关系！

……

让预言的喇叭通过我的嘴唇

[1] 泰坦，希腊神话中的巨人，即指普罗米修斯。

把昏睡的大地唤醒吧！要是冬天

已经来了，西风啊，春日怎能遥远？[1]

雪莱夫妇在玛丽的分娩期临近时动身去佛罗伦萨，以便届时能就近找到良医。其实，最好的医生倒是佛罗伦萨本身。生活在佛罗伦萨这座城里，即便很孤独，也绝不令人苦恼，因为这里到处都渗透出但丁[2]的气息，就像与但丁在一起生活似的；他们在这里可与萨沃纳罗拉[3]平起平坐，还能看到乔托[4]在他们身边擦肩而过。在教堂里布鲁涅连斯基[5]和多那太洛[6]仍在友好地竞相媲美。街上比比皆是的雕像也比其他地方更富有生气，更令人感到亲切。广场上，佼佼的胜利者大卫[7]的塑像在向邦迪涅利[8]的愚蠢的尼普顿[9]和笨拙的赫拉克勒斯[10]的塑像挑战。他们面对着德拉·罗比亚[11]的儿童塑像，即使不认识过路的小孩，心中也不至于会觉得那么痛苦。

雪莱喜欢在圣·米尼阿多山上俯瞰佛罗伦萨的市容。只见脚下鳞次栉比的玫瑰色屋顶线条分明，因雨水而暴涨的阿尔诺河夹带着黄色的污泥浊水在那些年久失修的古老房宇间奔腾而过，这些房屋活像奔到岸边和桥上来竞相观潮的人群。通过河

---

[1] 雪莱于1819年写成了《西风颂》，这是最后的几句。

[2] 但丁（Dante，1265—1321），意大利著名诗人，生在佛罗伦萨。著有《神曲》、《新生》。

[3] 萨沃纳罗拉（Savonarole，1452—1498），意大利宗教改革家。

[4] 乔托（Giotto，1266—1337），意大利画家兼建筑家。

[5] 布鲁涅连斯基（Brunelleschi，1377—1446），意大利伟大的建筑家之一。

[6] 多那太洛（Donatello，1386—1466），意大利雕刻家。

[7] 大卫，《圣经》中记载的古以色列国王，少年时杀死勇士歌利亚。在佛罗伦萨有多那太洛雕刻的胜利者大卫的塑像。

[8] 邦迪涅利（Bandinelli，1488—1560），意大利雕刻家。

[9] 尼普顿（Neptune），罗马神话中的海神。

[10] 赫拉克勒斯（Hercule），希腊神话中的大力神。

[11] 德拉·罗比亚（Della Robbia，1400—1482），意大利雕刻家。

谷，便是一片苍翠的青山，在远处隐隐可见。

在这种令人心旷神怡的气氛中，玛丽重新领略到生活的乐趣。在他们包伙的那家寄居所里，她已开始与“楼下的房客们”搭腔交谈了。她迅速而顺利地度过了分娩。当她看到自己怀中重又抱着一个婴孩时，她喜笑颜开了，这是从威廉死后她第一次露出笑颜。

她给这个儿子起名叫珀西·佛罗伦萨。

十　女大当嫁

人生祸福，总是接踵而至。一个朋友带来另一个朋友，更是势在必然。曾经深受孤寂之苦的玛丽和珀西，虽不寻朋觅友，却一下子成了一小群活跃而又意气相投的朋辈的中心人物。

机缘造就了这一奇迹。雪莱的胁部病痛又复发了。冬天里，亚平宁山脉狂飙骤起，佛罗伦萨寒气刺骨，这使雪莱不堪忍受。于是，医生劝他到背风的比萨去居住。

在比萨，雪莱的一位表兄弟托姆·梅德温寻上门来。梅德温是驻印度的龙骑兵团的一名前军官，自诩有文学造诣，早就有意寻找族中这位唯一的文人，作为他志同道合的伙伴。他十分令人讨厌，但为人忠厚，而且还把一对讨人喜欢的夫妻——威廉斯夫妇——介绍给雪莱夫妇。

爱德华·威廉斯与梅德温一样，也是龙骑兵团的一位前军官。据他自己说，他之所以退伍，是由于身体欠佳。这是一个为人坦率，十分纯朴，毫不自负，对一切事物都感兴趣的男子。雪莱夫妇对他深有好感，并觉得他的妻子十分漂亮，饶有风趣。她举止温文尔雅，是位出色的音乐家。这两对夫妇顿时很融洽。雪莱夫妇终于领略了这样一种甜蜜的生活：不拘礼仪的随意登门拜访，高雅的赞美，孕育着至交魅力的信任。

一旦有了一个社交集团，一些孤单飘零的人便加入了进来。投入他们这个圈子的人有：一位爱尔兰伯爵泰阿弗，一位希腊亲王马弗罗高达托和一位不平凡的意大利牧师巴希阿尼。这位可尊敬的牧师教授巴希阿尼长有一副威尼斯宗教判官似的凶神恶煞的面庞，目光逼人，人称他为“比萨城的魔鬼”。这个人爱好女人和油画，是个没有宗教信仰的牧师，没有教授职位的教授，同时又是古玩收藏家，诉讼代理人，在行的鉴赏家和万事的撮合人。他总会找到一所待出租的豪华府邸，并从房客和房东双方索取佣金；向人推荐一位意大利文教授，并跟他分享教课薪金；把打算出卖一幅安德烈·戴勒·萨尔多[1]名画的一位侯爵名字神秘地透露给过路的英国人。

巴希阿尼一踏进某家的宅门，当天便能同这一家人打得火热。他称玛丽和她的女友珍妮[2]为“英国美女”。他身为比萨一些名门豪府的好友和忏悔牧师，却把这些权贵富豪的秘闻说给玛丽和珍妮听，以此逗乐她俩。

牧师巴希阿尼所讲的故事中有一个深深打动了雪莱的心。本城的要人之一，维维阿尼伯爵，不久前娶了一位比他年轻得多的女子作续弦。伯爵膝前有前妻所生的两位长得花容月貌的女儿，而新伯爵夫人却嫉妒这两位少女的美色。她缠得丈夫同意把她俩幽禁在比萨的两所修道院里，一直关到有人情愿不要妆奁娶她们为妻为止。巴希阿尼自两位伯爵小姐孩提时期起就

[1] 安德烈·戴勒·萨尔多（1486—1531），意大利名画家，生于佛罗伦萨。他所作的画以构图得体、色彩调和著称，均价值连城。

[2] 即爱德华·威廉斯的妻子。

认识她们，在雪莱面前热情洋溢地称颂她们的才貌。他对姐姐埃米莉亚尤为推崇备至，简直把她说成是个天才。

“真可怜哪！”巴希阿尼说道，“她在修道院里活像一只笼中之鸟，无从施展她的才华。她这个人是专为爱情而生的，却无所可爱，眼看着自己在虚度年华。昨天，她在修道院里浇花，百感交集地对花儿诉说：‘是啊！你们生来为的就是开花结籽，但就我们这些有思维能力的生灵来说，我们降生于人世间则为的是要有所作为，绝不是为了在此憔悴湮灭的……’这所圣安娜修道院是个骇人听闻的所在；眼下，修女们在那儿冷得瑟瑟发抖，只能用一只土罐盛些暖灰取暖而已。您会怜悯她们的。”

雪莱因近年来夫妻生活安适宁静，他身上原有的那种路见不平、仗义行侠之心沉睡已久。牧师的这个故事又唤醒了他的游侠心肠。他刨根究底，对年迈的伯爵大为愤慨，对美貌的受害者深感兴趣，从而使巴希阿尼无法抵御从中撮合的乐趣——干这类事正是老头们的最大乐趣——于是他自告奋勇，建议带雪莱到圣安娜修道院去。

修道院的屋宇确实是破旧不堪。两位来访者穿过几乎要坍塌的环门，牧师便径自去找埃米莉亚。不多一会，靡非斯特把玛甘泪[1]带了出来。牧师的话并非夸张其事。这位少女果然容貌出众：她的黑色秀发，像希腊女神一样简单地盘结着；她那完美无瑕的侧影，像是一位技艺高超的雕塑家的精心杰作；她那苍白的脸色，使她那双有时炯炯发光，有时流露出一种似睡

[1] 靡非斯特和玛甘泪是德国诗人歌德所作的诗剧《浮士德》中的魔鬼和少女。魔鬼靡非斯特诱惑老博士浮士德出卖灵魂，让他恢复了青春，与天真无邪的少女玛甘泪恋爱。这里把巴希阿尼喻为魔鬼靡非斯特，把埃米莉亚喻为玛甘泪。

非睡、朦朦胧胧的媚态的眼睛显得更为动人，而这种媚态使某些意大利女郎远远胜过所有的东方女子。

埃米莉亚刚走进阴森森的会客室里，雪莱顿觉为之倾心。这爱慕之情并非是一种肉欲引起的邪念，而是出自一种甘愿献身和顶礼膜拜的需要，一种愿为自己所崇拜的人作出自我牺牲的需要。在他的心灵深处总是萦绕着这种由完美无缺的外表美和无懈可击的内心美相结合的理想形象。他铭记着像珀尔修斯护卫安德洛墨达和圣乔治[1]护卫公主之类的神话，从而离奇地幻想充当一位受迫害的动人女子的护身骑士。这种离奇的想法便是他以前所感受到的一切爱恋之情的基础，促使他当初带了哈丽雅特私奔，使她免遭父亲的迫害；尔后，又促使他爱上了玛丽，因为，当时玛丽正陷于痛苦之中。这一类感情完全是激情和恻隐之心的混合物，两者所占的比例究竟有多少，连他自己也无从知道。这种感情起初也许是暧昧不清的，但他后来却善于使它纯洁化。而今，正是这种感情才把他的诗的创造力激发到登峰造极的境地。

过去，在相当长一段时期里，他以为在玛丽身上找到了这种神秘情人的形象。在他的眼中，她无疑跟这样一个神秘情人相差无几，就像一个女性在其情人眼中看来近乎仙女一样。于是，雪莱有生以来也许是第一次觉得，当薄雾消散时，展现在他眼前的这个现实女性，几乎同他理想中的形象相契合。然而，共同生活已使他发现，玛丽身上还有一些与这个尽善尽美的幻影不太相符的特点。身为家庭主妇和母亲的玛丽，和婚前在斯金纳大街当闺女时英勇、温柔的玛丽相比，已更为实际

[1] 圣乔治（Saint George），传说中的骑士。

了，显得趣味索然。雪莱曾把她的为人说成是“豁达、明理、头脑清晰”。而现在，她的待人处世却近乎冷淡；她的嫉妒有时竟到了真正卑劣的地步。更有甚者，他对她已认识得过于深切，不可能再把他的幻想依附在一个已经变得如此切实无误的形象上了。

而这个美貌而神秘的埃米莉亚却可以称得上是下凡天仙的化身，因为雪莱对她一无所知。他终于在这所异国的修道院里遇到了他自少年时期起就一味追求的幻影。每当他以为业已捕捉住这种令他崇拜的瞬息即逝的幻影时，它却又烟消云散。结果，只是让他面对着一位有血有肉的女子而已，使他的心灵惨遭创痛。

埃米莉亚走进会客室时，先对关在笼中的一只小鸟说了一席话。在雪莱看来，这些话是人世间最富有诗意的了。

“可怜的小鸟啊！你萎靡得要死啊！我为你鸣不平哪！你听到结群的同类在呼唤你，见它们展翅飞向遥远而陌生的地方，该是多么痛苦啊！而你却和我一样，注定要在这儿虚度年华，了此残生……喃！我何不释放你呀！”她乐于这样以意大利方式滔滔不绝地即兴赋诗。这类即兴写就的各种诗歌内容既丰富多彩，又不乏其感染力。雪莱觉得她禀赋聪慧，有天才。他请埃米莉亚准许他偕同妻子和小姨再来探望她。她欣然同意了。

雪莱在向玛丽述说这次探望的情况时，并不隐瞒自己的感受。他俩都是柏拉图著作的真诚读者，因此，玛丽深知雪莱所生的爱恋之情只不过是对至高无上的美神的膜拜而已。不过，她内心却希望这种膜拜最好以一具塑像为对象，或是希望雪莱像但丁一样永不跟他的贝雅特丽齐[1]讲话。然而，当雪莱请她前往探视这位美貌的囚徒时，她还是愉快地陪他去了。

玛丽承认埃米莉亚长得俊美，“希腊雕像”气息极浓，而且具有颇为惊人的口才。但她内心深处却认为自己更喜欢英国妇女纯朴的矜持，而不喜欢这个感情过于外露的意大利天才。玛丽觉得埃米莉亚说话声音太响，虽说她的手势无疑是具有表现力的，但却表达得不雅致。玛丽还认为，埃米莉亚还是在默不作声时更讨人喜欢。她小心翼翼地不让自己这些印象流露出来，而是向埃米莉亚表示出深笃的友谊。

更易动感情的克莱尔却与雪莱一样，被埃米莉亚的美色征服了。当玛丽带些小礼品、书籍，以及一根金链赠给这位女囚徒时，克莱尔则因穷困而只能以情相赠，也就是出些力气教埃米莉亚英文而已。埃米莉亚欣然接受她的这份情礼。从此，在修道院和比萨城之间书信往来不绝。信内尽是些诸如“亲爱的姐姐！……受崇敬的玛丽！……多情的珀西！……亲爱的兄长！”之类的昵称，甚至还有“可爱的未婚夫”那样的肉麻词儿，其神秘的意思自不待言。不过，“亲爱的玛丽姐”有时却显得颇为冷淡。“但您丈夫对我说，这种表面上的冷淡只是掩盖着一颗火热的心的浮灰而已。”

实际情况是，“亲爱的玛丽姐”已有些惶惶不安，因为雪莱素来喜欢在感情的幻想世界中遁世隐身，而今他正在埃米莉亚周围建造这样一个幻想世界。他在为她写一首爱情长诗[2]，想把它写得跟但丁的《新生》或莎士比亚的十四行诗一样神妙。

---

[1] 贝雅特丽齐是一位佛罗伦萨女子，但丁 9 岁时见到她，认为是最理想的美人，一直念念不忘，他所著的《新生》就是歌颂她的。

[2] 即《心之灵》。下面所引的译文见查良铮所译《雪莱抒情诗选》。

他在这首诗中宣告了他的恋爱观念：

……呵，我从来没持有
一般人所抱的信条：我不认为
每人只该从人世中找出一位
情人或友伴，而其余的尽管美丽
和智慧，也该被冷落和忘记——
这就是今日的道德规范，它成了
许多可怜的奴隶所走的轨道：
他们在世俗的通衢，以疲倦的脚步
直走向死人堆中的家——坟墓，
总拽着一个友伴，甚至是一个仇人，
看呵，这旅途多漫长，又多么阴沉！
真正的爱情不同于黄金和泥土，
它不怕分给别人，越给越丰富。
爱情像是理智，照临的真理越多，
就越辉煌……
……
假如用心只爱、用脑子只思索、
生命只消磨于、精神尽力在雕塑的
一个物象，一个形体，于是给爱情
建立了永远埋葬它的墓陵。

他还在诗中着力描绘埃米莉亚的形象。这一段绘声绘色的诗词，便是一曲颂扬这个女囚风姿的赞歌：

一片温香好像是她的衣裙
和她的散发飘下；她灵活的动作
有时使她的一束发髻松落，
于是缕缕芬芳便随风掠过；
……
……神圣的生命之光
颤动地流过她的四肢，有如月亮
在夜雾的包围下散发一轮光晕，
独自运行在六月平静的天空。
……
伴侣！姐妹！天使！我命运的向导！
这命运一直如此不幸，噢！我知道，
……埃米莉亚，
现在，一只船正泊靠在港口，
……

这便是最热忱地邀请她一同前去漫游那令人神往的幻境：

我们的呼吸将交融，我们的心胸
互相靠紧，我们的脉搏一起跳动；
……我们将合成一体，
使两个躯体含有一种精神，
……

玛丽为了自我排解，一再对自己说，所有这些美丽的辞藻都是雪莱针对埃米莉亚尽善尽美的本质而言的，并不是他对一个长着一头乌发的俏丽女郎抱有非分之念。尽管她这样往好处设想，但见到雪莱如此热衷于写作，她心中仍不免万分痛苦。幸而雪莱专心致志地埋头写作，没有余暇去探望这位诗中的女主人公。而正当这位柏拉图式的精神情人在汇集有关埃米莉亚的虚幻形象时，这位女主人公却接到了她那伯爵父亲对她所作的建议。这些建议简直是厚颜无耻透顶。

维维阿尼伯爵已为埃米莉亚物色到一个丈夫，此人同意不要嫁妆就娶她为妻。伯爵要她自作决断。这位丈夫并无太多可取之处。他名叫某某皮翁狄，住在沼泽地带的一座城堡中，距此甚远。埃米莉亚以前从未见过这个人，而且在结亲那天之前也不可能见到他。这种土耳其式的包办婚姻是令人十分厌恶的。但她能指望什么呢？雪莱这个矮妖国国王既然已经和很实在的玛丽结了婚，当然是不可能搭救她逃出牢笼的。如果她嫁给这位皮翁狄，这也许就是她美满生活的起点。如果这个男人得不到她的垂青，她也可能会遇到别的中意郎君。再说，即使居身于沼泽之乡，那儿也该有不少“侍从骑士”吧。

雪莱在完成他的诗歌之前，就获悉埃米莉亚已出嫁了。

事隔6个月后，玛丽写信给一位朋友道：

> 埃米莉亚嫁给了皮翁狄。据说，她使他和他的母亲日子很不好过。我们和她之间的这种意大利式友谊的结局，使我想起了这首童谣：
>
> ……
>
> 我遇见一位女郎蛮俏丽，
>
> 她来向我施个礼。

我送给她糕点，
我送给她甜酒，
我给她糖块甜蜜蜜。
唉！这个小妞儿好犯贱，
开口向我索要白兰地！

您不妨把“白兰地”换之以买白兰地所需的钱（决非一小笔款子），这样，您就会了解雪莱这一段柏拉图式恋爱的始末了。

雪莱也在信上附笔：

我不屑再读我的这首诗；看到它，我就受不了。我所歌颂的人物简直是一片轻飘的浮云，而不是一位天仙。我认为，人总是有所爱的，爱这或爱那，本是人之常情。但我得承认，对一个有血有肉的人来说，犯错误是在所难免的。而我的过错就在于，欲在一堆尘俗的行尸走肉里寻求一个也许会永存不朽的形象。

十一　侍从骑士

克莱尔在刚离开威尼斯的一段时日里，还经常通过霍普纳夫妇得知一些有关阿莱格拉的消息。这个小女孩在挨着冻，变得沉静而又刻板，活像个小老太婆。霍普纳太太的意思是，最好别让她留在威尼斯。但要跟她那位日益沉湎于淫逸，过着放荡不羁生活的父亲就此事进行有益的商榷，那简直是不可能的事。

嗣后，接连数月，领事夫人始终奇怪地保持着沉默。孩子的讯息全无。克莱尔不免为此忧心忡忡。她连续写信去询问也无济于事，仍得不到对方的回信。后来，她终于获悉，在拜伦的生活中发生了重大的变化。拜伦身染重疾，卧床不起。当时，相伴于病榻左右的霍普纳对他述说，他的那些风月艳情远非像他自己所认为并希望的那样使威尼斯社交界深恶痛绝，而今却反而成了他们引以为消遣的话题。大家都说他被那些狡猾的淫妇玩弄着、骗窃着，她们还用当地的方言嘲弄他。“唐璜”听了勃然大怒，当即把复兴宫邸里的女祭司们统统遣送回她们各自的老巢。

拜伦病刚愈，大家又在他久已不出入的威尼斯各处沙龙里见到了他。他在这些场合中遇见了当时最美丽的一位女子——娇小年轻的吉西奥利伯爵夫人。这位夫人不久前刚嫁给一位高贵的小老头，她时值 17 芳龄，是个长着一头金栗色秀发的尤物。拜伦这位慕色的朝圣者觉得她相貌出众，体态优美，胸脯长得尤其令人销魂。初次相逢的当天晚上，拜伦在离开沙龙时就塞给她一张小纸条。她十分巧妙地接过字条。字条上约定了一次幽会时间，她果然如期赴约。鉴于向她诉说爱情的人是个年轻英俊的大诗人，而且出身高贵、腰缠万贯，于是，她芳心自乱，万分庆幸，便立刻委身于他。

数日后，吉西奥利伯爵带了娇妻去拉文纳城。特里莎[1]请拜伦随后前往。“这位娇娘却忘记了这一点：女子在委身之前可以随心所欲地差使一个男子，而献身后却不然了！”浪漫而又持久的爱情观念正是拜伦所厌恶的事。他不屑于随行，根本就没挪动寸步，而且还对自己执意拒绝的举动颇感自傲。

吉西奥利夫人从拉文纳写信给他，说她病得很厉害。凡乞求爱情要告失败的事，乞求怜悯却会顷刻告捷。“唐璜”动身上路了，但途中仍在弗拉拉和其他城市里停留，以便欣赏当地的美人儿。他虽然装出一副冷漠、甚至是厌倦的样子，但还是心甘情愿地赶路。像拜伦夫人或克莱尔那样秉性聪慧的女子，很快就会使他生厌。他过分蔑视女性，也就不要求情妇是个有内秀的精神伴侣。威尼斯那些漂亮的面包房老板娘和商人老婆都是一批跟他自己有天壤之别的货色。然而，吉西奥利伯爵夫人则不然，她有一股子多情而又令人心醉的傻气，还有名门闺秀的风度，两者结合得正合拜伦的脾胃，因此，她不用煞费心

[1] 吉西奥利伯爵夫人的小名。

机就把这位终生情思多变的人缠得紧紧的了。“唐璜”竟成了她忠诚而又多情的看护。“如果我失去了她，”他当时写道，“我也就失去了一个甘愿为我冒极大危险的人。这样一个人，我有一切理由去爱她。要是她命赴阴曹，我真不知该如何是好，我定会肝脑涂地，以死相报，而且，我希望自己将这样做。”

当这位被他征服的人——同时又是他的征服者——非得离开拉文纳前往波伦亚时，他跟随着她，成了一个典型的“侍从骑士”。“但是，并不能说我不觉得自己是在甘心下流。与其当一班游手好闲女人的阿谀之徒或执扇之辈，还不如当一名笨手笨脚的种植者，当一名靠设陷阱狩猎的蹩脚猎人或无论何等样的人……而我却偏偏当上了‘侍从骑士’，正是上苍有灵啊！实在叫人莫名其妙。”

克莱尔获悉了拜伦这一段艳史的详情，而且还得知他已把阿莱格拉叫到波伦亚去了。她一想到自己的女儿住在拜伦的新情妇家里，就感到惊慌不安，因为这个女人决不会贸然去爱怜阿莱格拉的，相反，倒有不少理由嫉恨这个孩子。她情绪激动地写了一封信，要求把阿莱格拉接回来。拜伦复信道：“我决然反对雪莱家里所采用的教育孩子的方法，因此，我认为，若把我的女儿送还你处，就等于把她送进医院……与其如此，我还不如让她回英国去，或者送她到修道院里去。但是，孩子离开我，绝不是为了去饿死的，或是去吃不熟的水果而积食致死的，更不是为了把她教养成相信上帝是不存在的。”

克莱尔接到这封信时，在她的日记里痛苦地注上一笔：“收悉拜伦爵士关于不熟的水果及上帝的来函。”随即大哭一场。她觉得拜伦的这个计划令人可怕：他居然要把阿莱格拉送进修道院去！要知道，意大利的修女们根本就没清洁概念，而且压根儿就不会对孩子有任何爱怜之心哪！为此，克莱尔给拜伦写了几封信去，信中的语气绝望，措辞激烈得几乎到了蛮不讲理的地步。而拜伦却写信给雪莱，一则为了抱怨她这一态度，二来也为了警告她，要不然，就可能在将来绝不跟她通信。

雪莱复函道："我对克莱尔给您去信的内容是全然不知的。她的信，我曾读过一两封，但由于我觉得这两封信十分荒谬而且过于孩子气，我曾恳求她别寄走。她却对我说，她早已写了并寄了另外一些信件给您。使我感到惊讶的是，您居然会被克莱尔所写的信激怒……她渴望见见自己的女儿，这也是很自然的事。她因为失望而恼火，又因为恼火而写了些越轨的言词，这一切都是合乎情理的。我那可怜的小姨呀，她内心痛苦，而且身体欠佳。您理应尽可能宽容她才是。对待柔弱的人就应该像对待国王一样，决不能追究他们的责任。"

雪莱自己也需要用这种高姿态来对付妇道人家的龃龉，因为他妻子和小姨之间的口角已闹得他的家里不得安宁。玛丽越来越容易发脾气了。葛德文不时向她开口要钱，逼得她心烦意乱。雪莱决定对岳父的这些要求置之不理，他已先后给了他那位岳父约莫有五千英镑的款子，但还是无济于事，对方仍然不知足。他付出了这一高昂的代价所换得的仅仅是一些令人心酸的学识，并对他岳父这种不高尚的品质有所认识而已。对此，他深感痛心。鉴于葛德文频频来信责备玛丽，使她的乳汁起了质变，雪莱便函告这位哲学家说，从今以后要截取并查禁他的信柬，如果书信中涉及经济问题的话。"玛丽没有而且也不应该有金钱供她支配。要是她有了钱，这个不幸的人将会向您倾其所有的。像您这样一位父亲——我想说的是，像您这样一位才识高超的天才——在与一个如此聪慧的女儿通信时，是决不会缺乏话题的。而今，您来信已不再有分文可得，您就干脆不给她写信了。对这一事实，仅有一种解释而已，我就无须对您明言了。”爱丽儿的态度变得强硬了。

玛丽在为她的父亲担忧，克莱尔则在为她的孩子操心，她俩都肝火正旺。她们对这个家中仅有的一位男子所怀有的崇敬心情，非但挽救不了她俩之间的友爱，反而成了这种情感的障碍。玛丽不惜一切要使克莱尔感到她在这个家里是碍事的。结果，克莱尔只得又忍气吞声。一位英国老太太替她在佛罗伦萨找到一个家庭教师的职务，她便毅然前往。

雪莱为了抚慰克莱尔，给她写了好些温情缠绵的长信。即便这些书信是清白无辜的，他还是没让玛丽过目，并且，他还恳请克莱尔在给她姐姐玛丽写信时千万不要提到他们之间通信的事。雪莱对这种不坦率的举动是深感内疚的。过去，他把爱情理解为各类想法和行动的始终如一，因此在情人之间是绝无必要作任何解释的。但生活所带给他的东西却并非如想象的那样完美无缺，而且还不得不安于现状。纯正而毫无矫饰的真情对某些人来说却是致命的砒霜和鸩酒；而玛丽正是这种人，她只能容忍用水稀释而变得十分淡漠的真情。

十二　两封密信

R.B. 霍普纳给拜伦的信

我亲爱的爵士：

您必定会因我改变了对希洛[1]的看法而感到惊讶。然而，您的惊讶是有道理的，因为我对他的看法确实已和当初截然不同了，不过，如果我向您揭露这个骇人听闻的秘密，我希望您别让雪莱夫妇知道您已得悉这个秘密。这样做，既是为这位不幸的妻子着想，同时也是为霍普纳夫人和我本人着想。我可以肯定，您会觉得我的这一要求是很合乎情理的，因此，您一定会照此行事的。那么，现在我就愿意向您透露事情的真相了。为了替您的女儿阿莱格拉着想，您有必要知道此事。因为，您原先已下定决心不把她交给她的母亲抚养，所以事情的真相大白后定将使您的高尚决心更为坚定。

要知道，雪莱夫妇在这儿寄居时，克莱尔因和雪莱有

[1] 希洛系拜伦给雪莱起的外号。——原注

私情已怀身孕。您一定记得，当时曾听说她经常闹病，而且总是由一位医生看护着。我也许心地不够仁慈，我相信，她当时所服用的大量药物，并非仅仅是为了恢复健康。那时，她尽管怕鬼怕盗贼，但却宁可孤身只影留在埃斯特，而不愿跟雪莱夫妇一起待在这儿。其中情由，我现在也已明白了。

不管怎样，他们终究是离开了这儿，到那不勒斯去了。到了那不勒斯后，雪莱在某天晚上被唤至病得很厉害的克莱尔身边。他的妻子见叫的是他，当然觉得很蹊跷。虽说她并不知道他俩之间的关系的性质，但是，雪莱对她的冷淡，以及克莱尔对她的嫉恨，她是握有足够证据的。由于雪莱要她保持镇静，她也就不敢干预了。

他们派人去找来了一位助产婆。这一对十分相配的情人根本没做任何准备工作来迎接这个行将临世的不幸生灵，只得买通了助产婆，让她把婴儿送到育婴堂去。就这样，婴儿生下才半个小时，就进了育婴堂。想必，他们以一笔巨款为代价，买通了医生，替他们严守秘密。在克莱尔的产期里，雪莱夫人对她的健康深感不安，可是又不能接近她。这两个畜生非但没说几句起码的好话，以答谢她对克莱尔所表示的关怀，反而从那时起更为变本加厉地恨她，并用最卑劣的手段对待她。而且，克莱尔还用尽心机，不择手段地要让她的丈夫抛弃她。

可怜的雪莱夫人虽然心生疑团，却仍蒙在鼓里，对他俩在那不勒斯的那段风流艳事浑然不知。由于这种伤风败俗的事只能给她平添痛苦，她不知道倒反而更好。这段故事我们全是从伊丽丝的口中听来的。她今年和一位英国贵妇一起，在这里度过了夏天。那位英国贵妇对她赞许备至。伊丽丝还向我们述说，克莱尔曾肆无忌惮地对雪莱夫人说，她希望雪莱夫人快死，并还当着雪莱夫人的面责问雪莱，说他怎么能跟这样一个人一起生活。

我想，您听了这个故事后，对于我对雪莱有不好的看法也就不至于会感到惊讶了。我承认他的才能。您曾经说过这样一句话：一个人可以是“狂热地反对道德”的，同时又保持贞节，不失为正人君子。但这种说法我是不会再相信的了。我曾听人讲起有“窃贼的体面”这一说，但这种所谓的体面，只是意味着他们的切身利益而已。对雪莱来说，用他所公开侈谈的那些见解，把自己装扮得尽可能得体些，固然能切合他自身的利益，但依我看来，体面显然并没感化他的行动，他的所作所为根本谈不上是光明磊落的。我深恐此信写得颠三倒四，前后互不连贯。但我决不能容许自己第二次重新谈起这个令人厌恶的话题。我希望您就按这封不成文的书信去尽力理解吧……再见，我亲爱的爵士。请您相信，我是您忠实的仆人。

R.B. 霍普纳

1820 年 9 月 16 日于威尼斯

拜伦给霍普纳的信

我亲爱的霍普纳：

您的来函和文件尽管因误了一班信使而姗姗来迟，但毕竟还是寄到了。虽说伊丽丝的招供在这里仅能作为对公共司法部门的一种供词而已，然而，希洛的风流艳事则肯定是真实的。您一定记得，当初伊丽丝曾表示出一种要回到他们那儿去的强烈愿望。而现在她却离开了他们，并辱骂他们。至于这些事实嘛，那是不太会有疑问的。这些事实跟他们的所作所为是极其相像的。请您尽可放心，我将遵循您的忠告，照办不误。

永远忠于您的

拜伦

十三　拜伦爵士的沉默

拜伦曾邀请雪莱去拉文纳一见，说有要事相商。雪莱应邀赴约，发现这位专事寻花问柳的游子容光焕发，心宽体胖。他以前在威尼斯时，由于过着花天酒地、放荡不羁的生活，总是面带倦容，而现在却是满脸红光，神采奕奕。吉西奥利伯爵夫人对他的管束已使他放弃了颓废淫荡、拈花惹草之类的艳事。就连他的仆人弗莱彻也长胖了。他俩犹如人体及其影子，随着身体的发胖，它所投下的身影也就肥大些。

拜伦的宅邸富丽堂皇，他的生活方式像王室一样豪华。雪莱在大理石的阶梯上遇到各种各样的动物。它们像在大自然里一样，生活得逍遥自在。8 只大狗，3 只猴子，5 只猫，一只鹰，一只鹦鹉和一只猎鹰在那里处置着这个动物之家的纷争。马厩里容纳着 10 匹马。

拜伦怀着深厚的友情接待雪莱。这两位朋友彻夜不眠，彼此咏诗，讨论不休。“唐璜”新近创作的赞美诗使雪莱钦佩不已。与拜伦爵士这位天才相接触，总使雪莱有望尘莫及之感。跟拜伦这些精湛有力的诗篇相比，他自己的诗就显得十分脆弱无力。他对拜伦说，他认为拜伦的才能完全能写一篇堪与希腊人的《伊利亚特》[1]媲美的当代史诗。但是，拜伦装作蔑视流芳百世的想法，并假装对诗歌的兴趣只在于每一篇赞美诗至少要换它个1000畿尼，仅此而已。

雪莱这个苦行僧又不得不再一次使自己适应于挥金如土的拜伦的生活方式了：中午起床，下午2点钟早餐，接着工作到傍晚6时，晚上6时到8时骑马散步、晚餐，然后是通宵达旦地闲聊，直至次日清晨6时。

拜伦并非仅仅谈论他自己的诗。他当天就以一种世交的友好态度，把在意大利的英国侨民中广为流传的一些丑闻告诉了雪莱。而且，他还向雪莱出示了那封记载着伊丽丝指控雪莱的信，尽管他已答应霍普纳夫妇决不泄露机密。此外，他还声明自己从未相信过这种荒谬绝伦的说法。但是，霍普纳夫妇如此轻而易举地听信了那些诽谤者的谗言，使雪莱深感痛苦，他抑制不住内心的悲愤，立即给妻子写信。

雪莱给玛丽的信

……拜伦爵士对我说了一件事。此事使我心烦意乱到了极点，因为它表明了人心的恶毒已到了如此令人失望的地步，以致连我自己也无从解释。当我听到这类事情时，我的耐心和人生哲学都在经受着严峻的考验。而且，我还应该忍住气，克制住自己，为的是不至于去寻觅能永不再见人面的阴暗的藏身之处。伊丽丝似乎是……（接着，他便对玛丽叙述了霍普纳信中所列举的一切控告）……请您

[1]《伊利亚特》，希腊诗人荷马所作长篇叙事诗，主要叙述特洛伊战争最后一年的故事。

设想一下，对一个性格像我这样脆弱而又敏感的人来说，要在这种处境下继续在这个丑恶的人类社会中斗争下去，那是多么艰难啊！您应该给霍普纳写一封信，驳斥他们的诬告，并列举出您对我深信不疑的证据来，倘若——这当然是前提喽——您认为，应该而且还能够证实这种控告是纯属捏造的话。我无须教您该说些什么话，而且，我认为也没有必要激起您应有的义愤，来驳斥这种只有您出面才能予以彻底驳倒的诬蔑不实之词。请把信先寄到我这儿，然后，再由我把它转寄给霍普纳夫妇。

玛丽给雪莱的信

我亲爱的雪莱：

我虽然已悲愤过度，但还是立即写了那封辟谣信。现将该信随此便函附上。倘若抄写任务不是太可怕的话，请您代为抄写一份，我自己实在无能为力。请您把您来函中涉及这一诬告的片断也抄录下来，我曾试着把它抄下来，但我没能做到。我认为，我与其这样做，还不如死了的好。我把伊丽丝最后的一封来函也给您寄上。请您把此函一起附去，或不附也可以，您认为怎样更好，就怎样办吧。唉！我最心爱的朋友呵，我昨晚是怀着错综复杂的心情给您写信的。我俩的小舟确实是被风暴颠簸得不堪忍受了，但请您一如既往地爱我。但愿上帝收容我那两个已经归天的孩子，这样，我们就将有足够的毅力来反击我们的仇敌……

再见吧，最亲爱的，请您自己珍重为要。不管怎样，我一切均好。对我来说，刺激业已过去，而且，我蔑视这种诽谤，但我决不应该不经辩驳而让它长久存在下去。承蒙拜伦爵士不弃，拒不相信无耻的诽谤。我对他的这番好意，深表由衷的谢意。

又及：

请您不要因为我曾在那不勒斯讲起过克莱尔的病，而认为我不谨慎。还是正视事实为好。他们都是些狡猾之徒，同时又十分恶毒。我把这封仓猝写就的信又重读了一遍，不过，把当时阅信后的初步感受表达出来，必定更好，更贴切。

玛丽·雪莱给霍普纳夫人的信

两载已逾，迄未通信。今方命笔，重递信息。然奈在此境况之下给您写信，内心深感痛惜……

我写此信是为了替我有幸与其结合的那个人进行辩护，使他免遭最卑鄙的诽谤。我爱他，尊敬他，超过了对任何一个活着的人的感情。正因为您从前是那样的善良，我当然应该把这一情况写信告诉您，以及告诉您的丈夫。每当我想到，我对你们两位只应心怀感激之情时，我总是万分高兴。但是，要把这事原原本本地告诉你们，对我来说确实是件难事。

雪莱已赴拉文纳，现正在拜伦爵士家做客。今天，我收阅了他的来函，气得我双手直哆嗦，几乎连笔也拿不住……有人说克莱尔是雪莱的情妇，还说……我以我的名誉向您发誓，这些肮脏话，我实在无法落笔。我把雪莱来信的部分片段寄给您，以便您亲眼目睹我将要予以驳斥的东西，但这种东西是如此卑劣、恶毒和不真实，而且还骇人听闻得出乎臆想之外，我是不屑去抄录它的。与其去抄它，还不如一死了之，更为痛快。

但是，你们居然对此轻信不疑。我亲爱的雪莱是世上最纯洁、最高尚的男人。这样一个正人君子在你们的心目中居然会一无是处，会这样被人诋毁，这真叫我深感痛心，而这种痛心实非语言所能表达！我和我丈夫结合后的生活从未被人骚扰过，这还用得着我对你们说吗？爱情曾导致了我们当初的轻率行为，但这种爱情则由于我们相互尊重和绝对信任而日益深沉、笃挚，永无止境……

凡很了解我的人，对我的诺言总是信得过的。不久前，我父亲在来信中对我说，他从未听我说过一句谎话。而你们既然这样轻易听信了谎言，对千真万确的真话也许就很难入耳了。我以天上及人世间对我是最神圣的一切东西来向你们发誓，我已有誓在先，倘若我写下一句谎言，必将罚我一死。我以我最亲爱的孩子的性命来发誓，据我所知，对雪莱的这一切控告都纯属捏造。

难道我所说的还不足以说服你们？难道你们还不信？我恳求你们，收回你们对伊丽丝这样一个卑鄙人物的好意，并写信告诉我，说你们对她那无耻的故事已不再有丝毫的相信了，以此来弥补你们业已犯了的过失。以前，你们对我们很好，这种情义，我永远也忘不了，但现在我要求你们主持正义。你们应该相信我。我郑重其事地请求你们，请你们以正义为怀，坦率地承认你们现在已相信我了。

雪莱把这封信拿给拜伦看，而且还向他询问霍普纳夫妇的通讯地址，但拜伦却请求雪莱让他负责把信寄给他们。

“霍普纳夫妇，”他说，“已迫使我许了愿，要我决不对您讲起此事。既然如此，那么，当我公开向他们承认自己没有遵守诺言时，我总该遵循某些礼仪。这就是我之所以要亲自把信寄去的理由。再说，由我在信中从旁注释，将只会增加这封信的分量。”

雪莱听后欣然同意，并把信交给了他的东道主。然而，玛丽却从未收到回信[1]。

拜伦想同雪莱商榷的重要问题是有关阿莱格拉的命运之事：倘若拜伦离开拉文纳，这孩子该如何处置。吉西奥利夫人想要到瑞士去；拜伦却宁可去托斯卡纳省。他请求雪莱写信给伯爵夫人，要把佛罗伦萨和比萨的生活描绘成令人神往得足以打动她的心，同意上那儿去。

雪莱从未见过他那朋友的情妇，但他对于有人求他干预熟人事务的那一套已习以为常，因此他就毫不犹豫地写了这封受人之托的信。信写得十分有力，果然是马到成功。拜伦和他的女友将在比萨和雪莱夫妇相聚之事就这样突然决定了。至于阿莱格拉，拜伦同意把她也一起带去。克莱尔既然已经不在比萨，那么，带这孩子去也就不见得会碍什么事了。

雪莱在离开拉文纳之前，先到巴尼阿卡瓦罗修道院去探望这孩子。他觉得，她长得比以前高了，但也更弱不禁风，更苍白了。她那黑色的秀发成卷地垂于肩头。她在她的同伴中间显得

[1] 拜伦爵士死后，玛丽的这封信被人从他的文书堆里找了出来。拜伦为了维护自己的安宁，用最可靠的办法处置了这封信，他压根儿没把信寄走。——原注

俨然是一个血统纯正高贵的孩子。一种深思默想的严肃神色已把她以往的活泼掩盖掉了。

起初，她见了雪莱还是怯生生的，但在雪莱把一条从拉文纳带来的金链条送给了她后，她就变得较亲近了。她边奔边跳绳，领他到修道院的花园里去。她跑得那么快，几乎使雪莱跟不上她。她让雪莱看她的小床和椅子。他问她，该向她的妈妈捎些什么话。

“让她给我寄一个吻和一件漂亮的衣服来。”

“那么你想做件什么样的衣服呢？”

“金丝缎子的。”

而捎给她爸爸的话是：

“叫他来看我一次，而且要叫他带我妈妈一起来。”

这个口信是难以向她那位高贵的父亲转达的。

雪莱觉得，虚荣心是这孩子的主要特性。她受的教育不多，却会背诵很多祷文。她谈论天堂，梦想着上天堂，而且对圣人名字也熟悉得异乎寻常地多。这种教育正合拜伦的心意。

十四　米兰达[1]

这风月场中高贵的游子[2]行将光临比萨，使雪莱夫妇在该城所组合成的那个小小的社交集团沉浸在欢快的兴奋之中。这种亢奋的情绪，是国君们出外巡游时常会在他们所到之处激发起来的。玛丽遵照雪莱的吩咐，租赁了城中一幢最华丽的空宅：朗法兰奇宫。她在好友威廉斯夫妇的帮助下，张罗着准备工作，把这所古老的宅邸布置就绪，已能接待拜伦爵士了。隔不多久，吉西奥利伯爵夫人和她的父亲冈巴伯爵作为先遣人员，先期抵达。雪莱夫妇热诚恭候，殷切接待。这个娇小年轻、多情而又幼稚的意大利美人儿，使他俩惊喜万分。"她真是一个可爱的女子，"雪莱说，"如果说我还稍懂人情，并对我的拜伦还有所了解的话，我预感到她很快就会对自己疯狂的轻率抱憾的。"

"唐璜"本人也终于驾到了。比萨城的男女老幼全都凭窗观

[1] 米兰达是莎士比亚所著《暴风雨》中的人物。她是被逐出米兰公国的公爵普洛斯彼罗的女儿。公爵带女儿流落到一荒岛，见到被妖魔拘禁的小精灵爱丽儿。公爵释放了爱丽儿，以供自己使唤。后来爱丽儿帮助米兰达嫁给了那不勒斯王子菲迪南。此处把米兰达喻为威廉斯的夫人珍妮。雪莱便是爱丽儿。

[2] 即指拜伦。

看这位“英国混世魔王”和他的兽队招摇过市。这队浩浩荡荡的人马确实值得一看：5 辆马车、7 名家仆，9 匹马在前开道；一批狗儿、猴子、孔雀和朱鹭等在后压阵。雪莱夫妇见了这种排场，对他们所租的那幢宅邸将会在拜伦心中产生什么印象，颇为担忧。但那宅邸却很中拜伦的意。拜伦声称，他喜欢这幢中世纪的古老住房。其实，这幢房子是 14 世纪的建筑，但这位高贵的爵士总是混淆各种建筑风格。那些阴暗潮湿的地下室显得很有浪漫色彩，使他尤为满意。他把它们称作地道和地牢，吩咐下人搬几床垫子下去，并住了进去，作为下榻之处。

拜伦一到比萨便成了城里那个小社交集团的头面人物，雪莱则仍是该社团的道德楷模。人们登门拜访拜伦是出于好奇和崇拜，而到雪莱府上做客则是出于同情。雪莱很早就起床，阅读歌德、斯宾诺莎或卡尔德隆[1]的著作，直到中午；然后走进松林里，在这种完全孤寂的环境中一直写作到黄昏时分。拜伦却在中午太阳照顶时才起身，简单进过午餐后，出去骑马、蹓腿和射击；晚上去探望他的情妇，流连至深夜 11 时方归，接着便开始写作，经常工作到凌晨两三点钟，然后，在头脑发热、神经兴奋的状态中就寝，迷迷糊糊地，整个上午都赖在床上。

拜伦很快就得到比萨城里的英国侨民们的垂青。就连那些最严谨的清教徒也不能对一个冠冕堂皇的爵士过分苛求了，因为他替他们把一种美滋滋的英国虚荣心的缩影带到了一个异国的国土上。此外，他要引起公愤的愿望难道不正表示着最正统的敬意吗？如果说，冷漠是一种冒犯的话，那么反过来，挑战

[1] 卡尔德隆（Pedro Calderon，1600—1681），西班牙著名诗人和剧作家。

岂不是谦卑的一种形式吗？如果他不出入搞社交活动的沙龙，没女人可献殷勤，没晚宴要回请，那他是不能活的。难道人们没看到这一点吗？人们对他是十分宽容的。但当他硬要别人接受雪莱时，却遭到固执的反对。雪莱在世俗场合中，很自然地产生一种厌烦情绪，而且总是让这种情绪溢于言表。在道德方面，人们猜出，他偏重于“精神”，而不重“文字”；就“赎罪”和“原罪”两者而言，他更相信“赎罪”。相信人的完美性，这是最不能饶恕的，因为，这种信念促使人有欲望。轻佻之徒远远觉察到这种信念的威力，总要穷追不舍，非摧毁它不可。那些“确实高贵”的仕女们总是把雪莱夫妇当作形迹可疑的人看待。

雪莱对此不屑理会。他对夜晚新鲜空气的偏爱，胜过于赌场里烟雾缭绕的气氛的千百倍。但玛丽却希望被人邀请。一位贝克特夫人常举办舞会。拜伦说：“她苦于有7位正值择偶妙龄的女儿。这‘一窝雌性动物’到了这一年龄，是非要跳舞才能生存的。”要去见识一下贝克特夫人的舞会，便成了玛丽念念不忘的一个强烈的愿望。“大家都去的嘛。”她说。雪莱听了，抑郁踌躇，不由仰天长叹道：“大家！这个荒唐无稽的妖精是怎么样的？玛丽，你曾见过它吗？”玛丽为了博得“大家”的好感，甚至于试着去参加由英国圣公会牧师主持的祭仪。但牧师一边讲经抨击无神论者，一边目不转睛地死盯着她，以致她虽有满腔从俗的热情，却还是意识到她作为雪莱夫人的尊严不允许她再去参加这种宗教仪式。

在雪莱看来，这些令人烦恼的社交，这些晚宴和舞会，都庸俗得出奇。在他20岁时，他就认为轻佻是有罪的，甚至断定它是该受鄙视的；他现在对这一切更是深恶痛绝。他觉得，玛丽的抱怨连连和频频惋惜，实在可笑到了极点。为了躲开这些难堪的埋怨，他就经常到威廉斯家去避风头。在他们家里，他所需要的那种和谐温柔的气氛似乎又失而复得了。爱德华·威廉斯性格开朗，为人慷慨，光明磊落。至于他的妻子珍妮，举止娴静、文雅，性情温柔，声音柔美。这一切，犹如一座静谧美丽的花园，使她成为一个令人宽慰的可爱人物。在雪莱 20 岁时，她也许就不至于会这样博得他的欢心了，他那时幻想着一个热情而又坚强的处女，但现在，他对女子所要求的是忘我甚于魄力。

珍妮善于歌唱。她那动人的歌喉使雪莱暂时忘却他那些悲哀的回忆和家庭不和。过去，被哈丽雅特刺伤了的他，曾以一种无比快乐的心情，注视着玛丽那张像是充满了甜蜜盟誓的面庞。现在，旧梦又重现了：他又觉得玛丽也在怨天尤人，不那么十全十美了，甚至使他感到厌倦；他喜欢在珍妮的身上冥想出一个安提戈涅[1]的不朽形象，这个安提戈涅无疑是他前世所爱过的。

只不过，他现在已不再像以前那样认为有必要摧毁一切再予重建，或者非得抛弃玛丽而与珍妮私奔不可了。珍妮已经跟一个正人君子结了婚，是个有夫之妇，他愿永远作这个男子的光明磊落的朋友。更何况，玛丽是个心地善良的不幸女子，他决不能轻易伤害她的感情，触动她的愁肠。他爱珍妮，但这只是一种无望的，而且几乎是毫无欲念的精神恋爱而已。

珍妮倒也能圆滑自如地适应这种骑士式的感情游戏。她时常用手抚摸雪莱的前额，并竭力以她那温柔而有魔力的情怀医

[1] 安提戈涅是希腊悲剧诗人索福克勒斯于公元前 440 年所著的悲剧《安提戈涅》中的女主人公。

治他凄楚的创痛。对雪莱这个因深受创伤而疲惫不堪的诗人来说，这一对年轻夫妇是幸福和友谊的甘美源泉，这似乎正可以让他流连，消除他的苦闷和焦躁。珍妮和爱德华好比是那对美满的情人——米兰达和费迪南王子，雪莱则好比是对他俩忠心耿耿的爱丽儿。在这一对幸福的情人周围，一个被俘的纯洁的精灵满可以自由飞翔。

威廉斯夫妇经常对雪莱讲起他们的一个朋友：特里劳尼。特里劳尼是个非凡的人物，他当过武装民船的船长及海盗，29岁时，他已随船跑遍世界上所有的海洋，而现在却热切地渴望加入比萨城里小小的英国侨民团。特里劳尼常给他俩来信催问："如果我来，我能结识雪莱吗？尤其是，我能结识拜伦吗？有可能接近他吗？"

威廉斯既然已跟这两位诗人很亲近，对他们早已失去了神秘感，而且也不再有畏惧心理。于是，他带着稍许有些不耐烦的口气复信道："您定将见到他们。雪莱是世上最纯朴的人，不拘小节……至于拜伦，那就全取决于您自己了。"

特里劳尼于某天夜阑人静时抵达比萨，立即风尘仆仆地前去拜访威廉斯夫妇。正当他们三人谈得起劲的时候，特里劳尼透过虚掩的房门，瞅见暗处有一双炯炯发光的眼睛注视着自己。珍妮站起身来，笑着说："进来吧，雪莱。这位就是我们的朋友特里劳尼，他刚到一会儿。"

雪莱羞红着脸，腼腆地走进房里，热烈地握住水手的双手。特里劳尼惊讶地打量着雪莱。他简直不能相信：一个被人视为天才的堂堂男子汉，一个在英国被当作魔鬼深受排挤、并被大法官剥夺了为父权利的叛逆者，竟然会长着这样一张女性化的脸庞。雪莱也欣赏着特里劳尼粗犷而有胆略的模样儿，赞许着这位武装民船船长的黑髭须和他那张有五分像阿拉伯人的俊脸。他俩都惊奇得无话可说。珍妮为了打破这种窘人的沉默，便问雪莱手上拿的是什么书。

“卡尔德隆的《奇妙的魔法》。我正在翻译这本书中的几页。”

“喔！请念给我们听听吧！”

雪莱终于松了一口气，摆脱了这种像在梦幻中发生的、令他讨厌的介绍礼仪，变得落落大方了。他立刻不再拘泥，打开书本，喜滋滋地开始口译。他译得格律完美，用词确切。这下子，特里劳尼才深信不疑他当真是雪莱了。

特里劳尼听他译完，抬起头来，却不见这位朗读者了。他不得其解地问道：“咦，他在哪儿啦？”

“谁？”珍妮说，“雪莱吗？哎呀！他像个幽灵似的来去无踪，神出鬼没，没人知道他到哪儿去了，也不知他是怎样离去的。”

翌日，雪莱亲自带领特里劳尼去见拜伦。进了拜伦的住所，情况就迥然不同了：大理石的门厅，巍然宽阔的阶梯，气势凌人的仆人和仗势欺人的狗。特里劳尼像所有的人一样，发觉拜伦身上有着天才所具有的堂堂仪表，但这位伟人的谈吐却庸俗得使他感到震惊。拜伦似乎是在扮演一个角色，而且所扮的还是一个过了时的角色，即摄政时代[1]的浪荡子。拜伦叙述了一些演员、酒鬼和拳斗者的故事，以及他曾怎样泅渡赫利斯蓬特海峡[2]。这件泅渡的伟绩尤其使他津津乐道。

到了3点钟，下人们牵来了马匹。他们3人骑马散步了好长时间后，到一家小客栈里歇脚。一名仆人拿来了手枪，并在

[1] 英国的摄政时期（1810—1820），指乔治三世因病而由亲王威尔斯当摄政王的那段时期。
[2] 即现在的达达尼尔海峡。古希腊人把它称为赫利斯蓬特海峡。

客栈后面的空地上，插了一根木杆，木杆顶端的缝隙里嵌有一枚钱币。准备就绪后，拜伦、雪莱和特里劳尼就轮番射击。他们的枪法都很出色，命中率不相上下。特里劳尼见雪莱虽有女性的外貌，打起枪来却不失为堂堂男子汉大丈夫，心里很高兴。

在归途上，他们谈论起文学和谐调、流畅的诗韵。特里劳尼引用了《唐璜》中的两节诗句作为例子，顿时使拜伦对他肃然起敬。于是，拜伦勒马来到他身边，同他并驾齐驱。

"好吧，"拜伦说，"得请您承认，您原先指望在我身上发现一个'雅典的泰门'[1]或'鞑靼人帖木儿'的，而现在，使您惊讶的是，您发现我只是一个玩世不恭，对任何事物均予冷嘲热讽的凡夫俗子吧。"

说毕，他喃喃念道：

"世界好比一束干草，
世人犹如争夺干草的蠢驴……"

特里劳尼随同雪莱和玛丽一起回家。

"拜伦竟与我所设想的他迥然不同啊。"他对他们夫妻俩说道，"他一点也不神秘，讲话过于随便，说了好些不该说的话。他似乎像一个妇道人家一样嫉妒和冲动，也许比女人更危险。"

"玛丽，"雪莱说道，"特里劳尼已看透了拜伦。我们从前是多么愚蠢哪！竟会那么长久地看不透他！"

"这是因为，"玛丽说，"特里劳尼是和活人生活在一起，而我们却是和死人生活在一起呀。"

---

[1] 莎士比亚所著剧本。剧中主人公泰门被喻为愤世嫉俗的人。

十五　钦慕雪莱的三位弟子

专程前来比萨向两位伟大的诗人表示钦慕之情的那位水手，很快就发觉，自己反而成了这两位伟人的钦佩对象。当特里劳尼不在场时，拜伦确实曾这么评论过他："如果我们能斗胆教会他洗净双手，并且让他不再说谎，那么，我们准可以造就他，使他成为一位绅士。"话虽这么说，但实际上，拜伦常常是十分敬重特里劳尼的。拜伦和雪莱都与所有的艺术家一样，他们之所以进行创作，仅仅是为了自我安慰而已，否则，他们就无法生活下去。因此，像特里劳尼这样一位实干的活动家，对这两位舞文弄墨、富于幻想的人来说，简直就是一个令人羡慕的非凡人物。

雪莱经常向特里劳尼请教该如何正确运用航海术语，并与他一起伏在阿尔诺河两岸的沙地上描绘船的龙骨、船帆和航海图。

"我这辈子简直是白活了，"雪莱说道，"早知这样，我也该当一名水手。"

"不抽烟、不骂人的人是当不成水手的。"特里劳尼回答道。

拜伦一直把自己设想成一名凶残的海盗。他内心可能、也正想从真正的海盗那儿学会一套名副其实的海盗习惯，因此，他在特里劳尼面竭力使自己显得是个天不怕、地不怕的人物，尽说些玩世不恭、胆大包天的话。特里劳尼很快就觉察到自己对拜伦颇有影响，于是便暗自许下心愿，想利用这一点来为雪莱效点劳。

“您知道吗？”有一天特里劳尼对拜伦说，“只要您在您下次发表的文章中替雪莱说几句好话，您就蛮可以给雪莱帮不少忙。您以前不是曾经为那些远不如雪莱这样有才能的人帮过忙吗？”

拜伦神色不快地说：“特里劳尼，每一行职业都有它的秘诀。如果我们给一位通俗作家捧场喝彩，他就会照样付给我们代价，连本带利，分毫不差。但是，替雪莱捧场？那可是找错门了，为他喝彩叫好，完全是不生息的投资……谁会读雪莱的作品？再说，如果他肯放弃他那些形而上学的论调，那么，他根本就不需要我来帮忙，便能名扬四方。”

“但是，为什么您那些朋友对他这样放肆？他们在您府上遇见他时，甚至都对他不屑一顾。他毕竟与他们一样，也是出身于名门，同样也受过良好的教育……他们究竟怕什么呢？”

拜伦微微一笑，摇了摇头，神秘地凑近特里劳尼耳旁说道：

“雪莱不是基督教徒。”

“那您的朋友们呢？他们是吗？”

“这请您去问他们自己吧！”

“就我来说，”特里劳尼说道，“哪怕在您的餐桌上遇到一个魔鬼，我也会把他当作您的朋友，与他以礼相待的。”

那位朝圣者[1]神色严峻地瞅着特里劳尼，一心想弄清楚这句话有什么双关含意。然后，他策马靠近特里劳尼，巧妙地装

[1] 指拜伦。这里是讽刺拜伦信奉上帝。

出一副敬畏的神色，俯身向特里劳尼轻轻地说道：

“魔鬼可是神通广大的人啊！”

特里劳尼与威廉斯夫妇共处时，他就直言不讳地把自己的观察归纳出来。他们三人好像是表演悲剧时的合唱队，他们心地善良，自知生来就不配扮演主要角色，于是，就从对主要演员的评价中取得乐趣，并以此为快事。

“我认为，”特里劳尼说，“拜伦是嫉妒雪莱的。不过，每当拜伦发表一篇《哈罗尔德游记》新章节时，读者争先恐后地购买，因而他的出版商就必须得叫警察来坐镇，以保护店铺，而可怜的雪莱却连十个读者都没有。拜伦拥有财产、爵位、才貌、荣誉、爱情……”

“是啊，”威廉斯说，‘但是，拜伦是他自己情绪的奴隶，也是女人的奴隶，凡是稍为果断些的女子都能制御他。而雪莱好强，他把自己裹在坚实的核桃壳里，投进阿尔诺河中，横在那儿，甘当中流砥柱，顶住汹涌的急流，执意不肯让河水把他冲走。他果然顶住了险风恶浪。雪莱有坚定的信念和一套自成体系的理论。拜伦多变，他对自己的信念连两个小时也坚持不了。他深知自己有这一弱点，但也并不因此而原谅自己。这从他在谈论雪莱的不幸时所用的那种沾沾自喜的语调中就可以看出来了。”

“拜伦，”珍妮说，“是一个被宠坏了的孩子……但他们两人都不了解世人；雪莱过于热爱世人，而拜伦却对他们爱得不够。”

“雪莱身上最可怕的东西，”特里劳尼说，“就是他毫无自我保存的本能。……有一天，我当着他的面，纵身跳进阿尔诺河。他对我说，他因为自己不会游泳而感到遗憾……我对他说：‘您不妨试一试。您仰卧在水面上，就可以浮起来的。’他脱下衣服，毫不犹豫就跳入水中。不料，他竟直沉河底，而且还像瓮中的鳗鱼一样，呆在那儿，一动不动。……要不是我把他捞了上来，他早就淹死在河里了……”

珍妮听了这番话感叹连连。自杀的念头一直萦绕在雪莱的心头，这一点她并不是不知道。雪莱常说，他所热爱过的人几乎都是这样死去的。

“然而，他看上去似乎并不是很痛苦。”

“不，那是因为他生活在他的梦幻中。但是，在现实生活里，他无法使他的思想在社会上占主导地位，他的作品无人问津，不能畅销，他的家庭生活又不美满。您以为他并不因此而痛苦吗？对他来说，死亡想必就像是从噩梦中清醒过来一样。”

“他相信来世这一说。”特里劳尼说，“那些把他说成是无神论者的人，实际上并不了解他。他常对我说，他现在认为上个世纪的法国哲学完全是错误的，而且也是有害的。在他内心深处，柏拉图和但丁早已战胜了狄德罗。然而，他对既定理论所抱的态度仍一成不变，而且并不因此而有悔意。……我曾问他：‘您为什么称自己是无神论者呢？这样做，妨碍了您在社会上出人头地。’他回答我说：‘这其实是戴上一副魔鬼的脸谱来吓唬那些笨蛋的。’”

这个“合唱队”就这样众人一心地议论着。然而，他们对雪莱的仰慕在很大程度上是由于他目前暂遭失败而酿成的，也许他们并没清楚地意识到这种感情产生的本质的原因。人总是心甘情愿去爱那些受自己怜悯的人，而不愿意去爱自己所羡慕的人的。人也总能从别人偶然遭到失败的事例中找到论据来为自己的不走运作辩解，并以此聊以自慰。而崇拜与怜悯相混合的情感倒是爱的一种可靠的保证。但对威廉斯夫妇和特里劳尼来说，要他们像热爱可怜的雪莱那样去爱名声显赫的拜伦，无疑他们会感到那是非常勉强的。

正当这三位弟子在兴致勃勃地议论这位不在场的老师时，雪莱正在比萨城郊的松林里写作。曾几何时，松林中一棵大树被海风刮倒在池塘上，这树干悬空倒折在塘边，形成了一个天然的藏身之地，雪莱就像一只野鸟似的，惬意地栖息在里面。每当有人走向这个树洞时，远远地就可以看到地上有好些散乱的纸片，纸上写满了未完成的诗句。

雪莱沉醉于梦幻之中，忘却了晚饭时间和自己的存在，这时，玛丽就来寻找他。特里劳尼陪伴着玛丽，他已成为这位被冷落了的夫人的“侍从骑士”，并在向她献着海盗式的殷勤，这倒正好替这位正派的夫人消愁解闷。玛丽走得疲惫了，便独自坐在树林边上休息。特里劳尼继续到树林深处去搜寻诗人。一天，特里劳尼发现雪莱正沉溺于遥远的幻想中，不敢冒昧惊动他；后来，特里劳尼把干燥的松针踩得吱吱作响，这才引起他的注意。特里劳尼从地上拾起一本埃斯库罗斯[1]的作品，一本莎士比亚的戏剧集，再有一张字迹潦草的纸，纸上写着《给珍妮，并赠吉他》。但由于字迹潦草，特里劳尼只能辨认出开头两行字：

是爱丽儿致意米兰达：

[1] 埃斯库罗斯（Aischulos，约公元前525—前456），古希腊三大悲剧家之一。代表作有《被缚的普罗米修斯》，《俄瑞斯忒斯》等。

拿去这音乐的奴隶吧……[1]

特里劳尼呼喊着雪莱的名字，雪莱回过头来，轻声地答道：“喂，请进来。”

“这就是您的工作室吗？”

“是啊！这些树木就是我的书籍。写作时，一心不能二用，注意力决不能分散。在家里就不会有安静的环境。关门声、脚步声、门铃声总在耳边回旋着，并且在大脑里引起回响，驱走了幻影，打乱了思路。”

“但在这儿，您照样也听见潺潺的流水声和鸟鸣声啊。”

“河水如时光一般悄悄流逝，而自然界的各种声音都能抚慰人的心田，使人静下心来。只有人类这种动物是不谐调的，使我感到别扭……哦！很难领会我们为什么要活在这世上。这样活着，无论对于我们自己，还是对其他人，都是永久的痛苦！”

特里劳尼打断了他的话头，提醒他，说他的妻子正焦虑不安地在树林边等候着他。雪莱猛地跳起身来，一边匆忙拣起书本和纸张，把它们塞在自己的口袋和帽子里，一边叹息道：“可怜的玛丽，她真不走运，她不能忍受孤独，而我又怕社交……可以说是一个活人配上了一个死人。”于是，他宛如林中仙子似地迈着轻盈的步履走出树林。

雪莱找到玛丽后，忙不迭地向她表示歉意。玛丽尽管心中确实惶恐不安，但她具有葛德文式的节操，善于隐藏起自己内心的感情，反而像开玩笑似地打趣道：“珀西，你真是个笨鹅。如果我不在想我的书而在想别的东西，那我是在想歌剧，在想

[1] 见查良铮译本《雪莱抒情诗选》。

要从佛罗伦萨给我寄来的新裙子，尤其是在想那个可以装饰我的头发的常春藤花冠，我可不是在想你，你这大傻瓜！我离家时，我那双缎子鞋还没送到……这才是要紧事。”

然而，在玛丽的这种强颜欢笑中，难免总夹杂着某种勉为其难的东西。

十六　《撒母耳记》（下）第13章第23节

拜伦事先已答应雪莱，要带阿莱格拉一起来比萨，但他却并没把她带来，而是独自一人光临了比萨。克莱尔闻讯，也从佛罗伦萨赶来，在城郊徘徊，希望能偷偷看一看自己的亲生女儿。当她得悉她女儿被留在巴尼阿卡瓦罗修道院里时，心中焦虑万分。她的那些意大利朋友向她介绍了这座修道院里的情况，把它描绘得很糟糕，令人触目惊心：修道院建在罗马尼阿省里的一大片沼泽地中间，那里的气候极为恶劣，有损于健康；修道院里一点不讲卫生，伙食差得令人发指，屋里也从不生火。克莱尔一见到熊熊的炉火，就无法不想起她那可怜的小宝贝正在那儿挨冻受苦。

这位生性高傲的小妇人出于母爱忍痛作出了崇高的牺牲。她写信向拜伦表示，如果拜伦答应把阿莱格拉送进一所优秀的英国学校去受教育，那么，她便同意这辈子决不再去见自己的亲生骨肉。她还在信中说道："要不然，我内心总有一种无法解释而又令人不安的感觉，这种感觉在告诉我，说我今后再也见不到她了。我已无法长久抵御这种感觉。"

拜伦根本就不予复信。有几位朋友劝克莱尔设法把女儿夺过来，但雪莱却要求她耐心等待。雪莱也完全同意克莱尔的意见，认为拜伦未免太残酷，但他不赞成轻举妄动。他说："拜伦爵士执拗成性，你奈何不了他。克莱尔，你想必还记得，当初你以鄙夷的神色，满不在乎地拒绝接受我的劝告，现在你追悔莫及了。这是我在《占卜书》的第二集中已给你算定了的，如果你还要等待续集，那么你也许还会付出更大的代价。"[1]

雪莱去和拜伦交涉。但拜伦一听到他提起克莱尔的名字，就摆出一副不耐烦的架势。"哦！"他说，"女人不哭哭啼啼地寻事生非就活不成。"雪莱把克莱尔所了解到的有关修道院里的卫生情况告诉拜伦。拜伦却说："我怎么知道呢？我从来没到那儿去过。"接着，雪莱又把克莱尔的忧虑和疑惧详详细细地告诉了他，拜伦听了，脸上居然露出一种表示满意的狞笑。

"我好不容易才克制住自己没动手揍他。"雪莱告辞出来时，对一位年长的英国朋友说，"我真是气极了，我看错了人。他毕竟是本性难移，恶习难改，就像这扇门一样，凭它怎么变法，总还是一扇门而已。"

"您这种宿命论的观点是荒谬绝伦的，"那位老绅士说，"如果我鞭打这扇门，那么，门是变不了的，它依然还是一扇门。但如果拜伦被狠狠地揍上一顿，他就会一反现在那种不人道的常态，而变得十分人道。这都是因为他的朋友们的懦弱，才把他纵容成这么一个蛮横无理的霸王。"

克莱尔得知雪莱这次交涉没有成功，她显得十分绝望，致

[1] 雪莱的意思就是指第一次他劝告克莱尔不要把阿莱格拉交给拜伦抚养，克莱尔拒不听从。现在是第二次劝她要慎重从事。如果克莱尔再不听从，那么事态会发展得更严重。

使雪莱，甚至玛丽，都认为不能再让她一人留在佛罗伦萨，孤苦无依地在陌生人家中生活下去了。他们原先就打算与威廉斯夫妇一起去海边避暑，度过夏天的，于是，索性就邀请克莱尔与他们同往。

雪莱决意要趁这次去乡间小住的机会，尽兴地畅游一番。他和威廉斯早就与特里劳尼谈妥，由特里劳尼委托他的朋友罗伯茨船长在热那亚给他们造一艘小船。他们事先就把这艘船命名为“唐璜”，以表示对拜伦的敬意。拜伦自己也定购了一艘更大的游艇，并把它命名为“博利瓦”。雪莱与威廉斯自以为他们已成了地中海的主人，心中十分高兴。但他们的妻子对此却并不那么热心。当她们的丈夫在沙滩上绘着航海图时，这两位少妇却在一起散步。她们一边高谈阔论，一边沿路采摘紫罗兰花。

“我讨厌这条小船。”玛丽说道。

“哦！我跟您一样，也讨厌这条船。”珍妮答道，“但您说了也无济于事，也许还会使他们扫兴哩。”

要使他们美好的计划兑现，就必须在海边租到两幢房子。但雪莱和威廉斯费尽心机，总也找不到合适的房子。拜伦爵士原想找一幢华丽的府邸，结果也不得不很快就放弃了这一念头，因为在那儿就连简陋的渔家住房也休想找到。威廉斯和他的妻子决定再亲自走一趟，作最后一次尝试，而且为了排遣克莱尔的愁思，他们还特意邀她做伴。

他们一行三人走了才几个小时，拜伦爵士就写信给雪莱，说他刚接到了有关阿莱格拉的坏消息：罗马尼阿省正在流行斑疹伤寒，修女们事先没采取任何预防措施；阿莱格拉本来已体弱多病，精力不济，很快就染上了热症，就此一命呜呼。“我并不认为我有什么可指责自己的。”拜伦补充道，“在任何情况下，我对我的愿望和感情都是确有把握的。有时候，我们总会设想，假如这样做或那样做的话，那么许多事情就可以避免了，但每日每时都在告诉我们，这些事是不可避免的，我想，时光是不饶人的，它将继续自行其是，而死神却早已完成它的杰作了。”

雪莱夫妇得讯后连忙去拜访拜伦。他的脸色比平时更加苍白，但却显得更加镇静自若。

两天后，威廉斯夫妇与克莱尔风尘仆仆地外出归来。雪莱由于眼下克莱尔离拜伦近在咫尺，生怕她获悉这个不幸消息后也许会干出些莽撞的举动来，因此，他决定在动身去避暑之前对克莱尔不露一点口风。威廉斯此去并没找到他们所需要的两幢带家具的房子，他跑遍了沿海一带，只找到一幢有待出租的空房子，这幢名叫马尼府的大楼房，外表已显得很陈旧，屋里空空荡荡，不带任何家具，楼下有一座临海的露天凉台，不时受浪花拍击，海水时进时退，哗哗之声不绝于耳。

雪莱不顾一切，执意要让克莱尔尽快离开此地，便毅然决定租下马尼府。两家人住在一起是否欠妥？那倒无关紧要。那儿不是没有家具吗？他们可以从比萨把家具运去。当雪莱豁出去要办某件事时，任何东西都抵挡不了他的意志，他的意志就像是一股汹涌澎湃的激流一样，势不可当。他说：“我要勇往直前，直到某件事阻止我前进方甘罢休。然而，任何事情都阻挡不了我的。”

关卡和船夫给他设置了重重困难。但他意志坚定，不顾外界的任何压力，仰仗着这股坚如磐石的毅力硬是把这重重障碍一一予以克服了。没过几天，这两家人终于迁往海边，安顿就绪。

马尼府是一幢傍水背林的白色楼房。它面临碧波万顷的大海，背靠一片树林，几乎建于滔滔白浪之间。一座露天凉台由弓形结构支撑着，突出在美妙绝伦的斯佩西亚海湾上。底层因只要海潮稍涨就会被海水淹没，所以不能住人，只能存放一些捕鱼工具和桨橹。二楼有一间大餐厅，餐厅的一端通向威廉斯夫妇的卧室，另一端与两间小卧房相连，其中一间由雪莱占用，另一间由玛丽和克莱尔合用。

房子是不敷使用的。第一天晚上，他们彼此交换着心中不愉快的感受。浪涛拍击着崖石，发出一阵阵呜咽似的悲鸣声，令人感到凄然。威廉斯夫妇与雪莱夫妇一心想着克莱尔的不幸。克莱尔对此毫无疑虑，反而把他们的情绪不佳归咎于房子过分狭窄，自己与他们住在一起给这两对夫妻造成了诸多不便。她就直言不讳，对他们说出了自己的想法，并提出要回到佛罗伦萨去。这两对夫妇都竭力反对她这样做。珍妮在玛丽耳边悄声说了几句话，她们便站起身来，向威廉斯夫妇的卧室走去，接着雪莱也随后跟了过去。克莱尔走近前去一看，见他们几个人在室内一隅热烈地交谈着什么，但一见到她，谈话戛然而止。于是，她二话不说，脱口就问："阿莱格拉死了吗？"

翌日，克莱尔写了一封措词激烈的信给拜伦。拜伦把信退给雪莱，并抱怨克莱尔对他太生硬，他还请雪莱转告克莱尔，说他准备让克莱尔一手处置有关他们的女儿的丧葬事宜。克莱尔以阴森森的嘲弄口吻答复他，说她信得过他，今后一切事宜都有赖于他去妥善处理，她别无所求，只要得到孩子的一缕头发和一张肖像以志纪念。拜伦一下子变得意外地驯顺，立即派人给她送来阿莱格拉的一幅精巧的缩像和几绺金头发。克莱尔向马尼府的朋友们道别后，便回到佛罗伦萨，孤零零地生活在陌生人中间了。这些陌生人对她内心的痛苦既然一无所知，也就不至于会常常勾起她的悲哀之情。

高贵的拜伦爵士决定要让人把他的女儿安葬在英国哈罗区的教堂里，并要在阿莱格拉的墓壁上竖立一块大理石的墓碑，上面镌刻如下字样：

> 纪念阿莱格拉，
> 乔治·戈登·拜伦爵士之女，
> 1822 年 4 月 20 日卒于巴尼阿卡瓦罗，
> 时年 5 岁 10 个月。
>
> 我必往她那里去，但她
> 将不再回到我这儿。
> 《撒母耳记》(下)，
> 第 13 章，第 23 节。[1]

但是，哈罗教区的副本堂神父和几位教区财物委员会成员认为，在他们管辖的教堂里安葬一个私生女是有犯教规的，尤其是在墓志上写明她父亲的姓名更是有伤风化。因此，克莱尔的女儿就这样被埋葬在教堂外，而且也没像原先所拟定的那样在墓上刻碑文。

阿莱格拉在世时，拜伦爵士的大驾从未光临过巴尼阿卡瓦

[1] 此处原书引文出处有误，应为《撒母耳记》(下)，第 12 章，第 23 节，圣经原文为"我必往他那里去，他却不能回到我这里来。"

罗修道院，孩子死后不久，他却来朝拜了这所修道院。这个地方本来还有些生气，现在却给拜伦爵士带来了一种伤感而浪漫的色彩。他在这儿产生了对死亡的深思冥想，找到了对他自己进行反省的托词：“我必往她那里去，但她将不再回到我这儿。”《撒母耳记》（下）说得确实有道理。

十七　安身之地

马尼府使雪莱心醉神驰。这里荒僻、幽静，屋后有一片浓密的树林，屋前是乱石参差、树木成荫的海湾，贫穷的渔家村落星罗棋布。这一切都使雪莱为之流连忘返。

玛丽在这儿却感到失望和痛苦。她又怀有身孕，时常恶心，情绪也不安定。她愿意迁居城里，可以就近请良医治疗。沿海一带粗俗的居民和他们那种令人费解的方言都使她产生恶感，而托斯卡纳的幽雅却至今还令她着迷，这两种迥然不同的情绪同样强烈地萦绕在她的心际。在比萨时，玛丽曾因有珍妮·威廉斯作伴而感到愉快，但现在，珍妮的在场已开始使玛丽感到苦闷不堪。共同料理家务，这对女子说来是一种严峻的考验，她们常常因为仆人和锅碗瓢勺之类的琐事而发生龃龉。况且雪莱过多地在玛丽面前推崇珍妮，把她说得完美无瑕，而且，为她精心谱写的小夜曲也未免太多了。

雪莱对妻子的抱怨总是报以一贯的好脾气。他百般温柔地爱抚她，柔声细气地安慰她。“可怜的玛丽，”他说，“一个秉性贤良、心灵纯洁的女子，倘若她不能感召他人，引起充分的同情，那才是像坦塔罗斯[1]似地活受罪呀。”

雪莱心中明白自己无法改变玛丽的想法，而且他也知道玛丽这些弱点的起因就在于她目前身体欠佳，因此他只得怀着爱怜的心情忍耐着。玛丽之所以要责备雪莱，主要是因为他太冷漠，凡别的男人认为有价值的，而且也有必要去争取的东西，他却一概漠不关心。她仍一如既往地像第一天见到雪莱时那样崇拜他。玛丽觉得，她只有在雪莱身上才能找到一股自己赖以依靠的力量。但是，说不上是什么东西在作祟，这种力量对雪莱本身却毫无用处，这真叫人捉摸不透。他似乎根本就不考虑自己的个人利益。在他的心目中，他自己的人格是与众不同的，所有男人的人格都深受他们的个性的局限，而他自己的人格却通过一种光华在发扬光大，直到影响他的朋友、甚至那些素不相识的人为止。至于人类社会的风俗习惯，他仍然是不闻不问的，根本就没把它们放在心上。

雪莱每月要去里窝那城提取年金，每次都带回满满一袋斯库迭[2]。他到家后，把钱币一下子全都倒在地板上，然后就利索地用煤锹把这些白花花的银币堆在一起，垒得像一块糕饼似的，再用鞋底把它踩平。接着，他又用铲子把钱币分成两堆，一半给玛丽付房租及家用，另一半再一分为二，一半给玛丽零花，剩下一半归雪莱自己。但是，玛丽深知“归雪莱自己”的含意，也就是说，是给葛德文（虽然他多次起誓不给）、克莱尔和亨特夫妇的。

一天，玛丽请了几位有名望的英国客人来马尼府用餐，他

[1] 坦塔罗斯（Tantalos），古希腊神话中的一位国王，因触犯主神宙斯，被罚立在齐胸深的水中，身后有果树。他口渴欲饮，水就流去；腹饥欲食，果子就被风吹走，因此永远又饥又渴。此处指玛丽虽然具有美好的德行，但遇到实际情况却无济于事。

[2] 斯库迭（Scudi），意大利古银币。

们都好奇地想看看这位诗人。但到了该吃晚饭时，雪莱还没回家，于是宾主就不再等他，纷纷入座。“哎呀！我的天啊！”其中的一位夫人突然发出一声惊叫。玛丽转过头去一看，只见雪莱全身上下一丝不挂，在女仆身后躲躲闪闪地穿过饭厅。

“珀西，”玛丽怒喝道，“你怎么竟敢这样放肆？”

她这样苛责未免冒失，因为雪莱感到自己被人曲解，干脆就不再躲藏，挺身而出，径自走近饭桌，要为自己申辩。太太们都急忙双手掩脸，不敢看他。不过雪莱的那副样子倒还是挺可爱的，他头发上挂满了海草，他那湿漉漉的纤细身躯上散发出一阵阵海盐的香味。但玛丽对这意外事故却深为惊恐。

雪莱和威廉斯像孩童似的，怀着焦急的心情等待着他们的小船。从里窝那方向驶来的任何一艘陌生的帆船，一绕过莱里西海岬，就立即会把他们两人吸引到海滩上来。

阿莱格拉死后，雪莱就写信给罗伯茨船长，请他把船名由“唐璜”改为“爱丽儿”。凡是会使他回忆起拜伦的一切事物，他全都感到厌恶。但当那艘小游艇驶来时，帆上竟然仍用大号字母书写着“唐璜”的字样。他见了这个名字不禁大惊失色，勃然大怒起来。原来，这是拜伦在暗中搞鬼。拜伦得知雪莱要改船名，气得火冒三丈，便吩咐罗伯茨，无论如何硬要把那恶魔似的印章刻在这位柏拉图式的人物[1]的小舟上。雪莱和威廉斯亲自动手用温水、肥皂和刷子洗刷他们这艘可怜的小船，一心想把这个可耻之徒的名字擦掉。但他们却没能如愿以偿，甚至试用了松脂也不见效。他们只得去征求专家们的意见，不

[1] 指雪莱。

料，这些行家却说必须把帆割去一块，然后，再重新缝制，否则就无法搞掉这些字母。雪莱主意已定，决不善罢甘休，终于大功告成。

从热那亚护送这艘小船到这里来的那位船长觉得小船航行得不错，速度很快，但在风急浪高的坏天气里却不大容易驾驶。威廉斯和雪莱是两位热心的外行。当初，他们因被一艘船型优美的王家游艇迷住了心窍，硬要营造商按这艘王家游艇的模型制作他们所订的这艘小船。结果，在建造这艘小船时，不得不用了两吨铅才能使船身保持平衡，甚至在这种情况下，这艘船有时还不大好掌握。

“爱丽儿”号的两位主人想只用一名年轻的实习水手，而由他们自己驾驶这艘小船，出海试航。威廉斯曾在海军服役三年，自以为很精通航海之道。而雪莱却像女人一样笨手笨脚，但热情很高。他先是被船缆搞得手忙脚乱，然后，一边手握舵把，一边阅读着索福克勒斯的作品，在这次出航过程中，他好几次差点儿摔出船外，翻身落水。但是，他从未感到这么快乐过。特里劳尼见到他这样在操作，就捏住威廉斯的胳膊，把他拉到一边，劝他另找一位熟悉这海湾的高明水手。但威廉斯却因此被特里劳尼挫伤了感情，很不服气，他自己现在是船长，又有雪莱做帮手，根本没必要换人，这已足以对付了。

“雪莱！只要您不把他的头发剪短，不把他那些希腊悲剧扔进海里，不把他的双臂浸到柏油桶里去齐肘泡上一泡，您就休想把他培养成一名有用的水手。”

“爱丽儿”号吃水太深，无法在马尼府前面的海滩上停泊。威廉斯全仗一位木匠的帮助，造了一艘极小的舢板船，靠这一叶小舟往来于“爱丽儿”号与海岸之间。这艘小木船构造简单，只在龙骨上盖了一层涂沥青的漆布，很不结实，稍有风浪便颠簸不停，但它倒成了雪莱最心爱的玩物。他挺喜欢坐在这艘船身轻巧的小船内，随波荡漾。

一天晚上，雪莱见珍妮与她的两个孩子正在海滩上嬉戏，便请他们登上他的小船，他说："稍许留神些，所有的人都有位子可坐。"珍妮跳上小船，小心翼翼地蹲在船里，小船被压得下沉了许多，船舷离水面只有一个手掌的高度。只要有一阵微风拂过或孩子们稍有动静，就会使小船颠覆。

珍妮还以为雪莱只是想在海岸附近的浅水处漂浮一阵，不料，雪莱却想在这位妩媚动人的女子面前显显身手，炫耀一下他划船的本领，于是他便双手划桨，很快就把船划到了海湾湛蓝的深水处。到了那儿，雪莱就不再划动，却堕入了深沉的遐思中，把珍妮吓得魂不附体。她提心吊胆，忐忑不安，怀着试探的心情轻轻地向雪莱提了几个问题，但雪莱并不回答她。突然间，他抬起头来，显得春风满面，仿佛被一种突如其来的想法唤醒了似的。他快乐地说道："让我们一起去解开这个神秘的谜吧。"

如果珍妮惊叫起来，她的两个孩子就会性命难保，必定要葬身海底了。因为如果雪莱做个急剧的动作，小船定会倾向一侧，那么海水就会把他们淹没。而珍妮却只是愉快而轻声地答道："不，谢谢，现在不忙，我想先去吃了晚饭再说，孩子们也想吃饭了……再说，你瞧，爱德华与特里劳尼一起回家了，如果他们看见我们不在家，一定会吃惊的，爱德华又该说这小船不大牢靠了。"

"不牢靠？"雪莱愤愤不平地说，"我会驾它去里窝那的。我会驾着它走遍天涯，去什么地方都行。"

珍妮听他这么说，觉得死神已收起了翅膀，他们死里逃生了。

“您还没写那支印度曲子的歌词吗？”她漫不经心地问道。

“写完了，不过还得让您给我奏一遍……”

雪莱一边说着话，一边把船划到浅水滩。珍妮看到已可蹚水登岸，就赶紧抱起孩子跳下船，她由于动作匆促，把小船也弄翻了，竟把雪莱扣在沙地上，他那模样儿就像一只藏在甲壳里的螃蟹。

“珍妮，你疯了吗？”她丈夫一边赶来搭救雪莱，一边说道，“要是你们再等一会儿的话，我们就可以把你们扶上岸来。”

“不，谢谢，我总算是死里逃生了……这小船简直是一口可怕的棺材。我以后再也不坐这小船了。他居然还说要去解开这个神秘的谜！其实，最大的谜可就是他自己……谁能预料到他会干出什么来？……我真想离开这儿，要不，我总是心惊胆战的。”

但是，雪莱那稚气未脱的脸庞倒显得神采飞扬，天真无邪，似乎在这美妙的夏天里，任何事情都不会扫他的兴致。晚上，他喜欢与他的朋友们一起乘着月光，登上“爱丽儿”号，夜航一番。玛丽坐在他的脚边，把脑袋枕在他的膝上，回忆十年前的往事，当时，她就是这样与他一起横渡了波涛汹涌的英吉利海峡。在这十年的时间里发生了多少事情啊！人生是多么坎坷，多么风云莫测啊！这远远要比他们两人所设想的更为艰险、多变！

珍妮坐在船尾，弹着吉他吟唱一首印度的小夜曲。雪莱在柔和的月光下抬头仰望六月的夜空中闪烁着阵阵雨光的云朵。他头脑空空，什么也不想，只感到他的灵魂已融化在那皎洁如霜的月光中，融化在一片清幽的芳香之中。他神思恍惚，物我两忘，躯体仿佛在美妙的憧憬中消失了。他已不再是凡夫俗子，而只是一股升腾而起的火热的雾气，在空间里轻快地悠悠飘荡。夜色中浮动着的馨香、皓月的银光和珍妮那悦耳的歌声交织成一组神秘的和声，以它们的谐音在雪莱内心深处奏出一曲动人心弦的仙乐，袅袅如缕，经久不息。此时，他仿佛离开了混浊的人间，遨游在另一个世界里，它的纯洁与滢澈犹如一股涓涓的清流，他重又沉湎在美丽的幻影之中了，想起了水晶宫殿和透明的薄雾。很久以来，这一切都是他心目中唯一的现实。从今以后，他知道还存在着另一个崎岖而不受外界骚扰的世界，那里有的只是缠绵的柔情和感官无法觉察到的梦幻似的轻歌、光晕般的曼舞。在这生气勃勃的高超境界里，女人的嫉妒，为金钱而生的烦恼和政治纷争对他来说都显得十分渺小，根本不足以损伤他那令人难以置信的幸福。此时，他真愿能快乐地昏厥过去，并像浮士德那样惊呼道："哎唷！请你留下吧！你是多么美哪！"

十八　爱丽儿得到了解脱

很久以来，雪莱一直想邀请他的朋友亨特一家到意大利来。债主的追逼和政敌的攻击使亨特夫妇在英国的处境十分窘迫和潦倒。雪莱准备负担他们的旅费，但他的收入却无法维持这对夫妇和他们 7 个子女的生活。经再三向拜伦游说，雪莱把拜伦说得动了心，同意与亨特一起创办一份自由主义报刊。这份报刊将在意大利出版，并且优先登载拜伦所有的作品，而光是这后面一项优先权就足以保证这份报纸取得成功，同时也保证亨特能发财致富，不愁生计。拜伦在这种合伙办报中是无利可图的，相反却只会失过于得，因此，这确是他对亨特的慷慨赐予。然而，更有甚者，他居然还同意把他在比萨的那幢府邸的底层腾给亨特一家居住，雪莱则负责给亨特他们添置家具。此事就这样说妥了。一切安排就绪，亨特一家的大队人马就动身上路了。

亨特一家经长途跋涉，好不容易才于 1822 年 6 月下旬到达里窝那。特里劳尼驾驶着“博利瓦”号，已在港口迎候他们。雪莱和威廉斯也已事先乘坐“爱丽儿”号浩浩荡荡地进了港。见面后，大家相聚一堂，欣喜万分。亨特一家人由雪莱带领向比萨进发，而威廉斯则留在里窝那等待他的朋友[1]返回，然后再一起乘船回家。

可惜，亨特一家与拜伦初次接触就令人十分不快。亨特为人忠厚，是一位正直的作家，同时，在家中也是一位好父亲，好丈夫。拜伦虽然认为亨特的政治见解未免过于偏激，却仍对他存有爱怜之心。但是，拜伦觉得他的妻子玛丽安俗不可耐，实在无法忍受。这个女人是一个平等主义者，这种人一辈子老是念念不忘不平等的事物。她为了表示自己决不低三下四地把拜伦这位高贵的爵士奉若贵人老爷，便对他十分无礼，这种轻侮的态度就连最谦逊的人也会感到难堪。当她与那位可爱的吉西奥利夫人在一起时，她甚至还摆出一副英国贵妇人的姿态。拜伦对她始终以礼相待，但十分冷淡。

刚过一昼夜，拜伦爵士已心生厌倦。7个孩子在屋里到处乱窜，毁坏物件。“简直是一群霍屯督[2]人，比那些耶胡[3]还要肮脏，还要害人不浅。”他厌恶地瞧着这群小坏蛋，在楼梯口放了一条大狼狗把守，以免他们闯到楼上。他对狗说：“别让这些小伦敦佬到我们那儿去。”他对办报之事也已兴趣索然了。

雪莱本该于当天动身返航的，但他不愿在事情安排妥当之前就撇下亨特。他渐渐地使拜伦的态度软了下来，对玛丽安规劝了一番，并百般劝慰他的朋友亨特，因此一天天推迟自己的行期，直到一切都妥善解决为止。他那坚忍不拔的性格终于战胜了拜伦那傲慢的沉默。他总算与拜伦讲妥，报纸的创刊号上将发表《裁判的幻象》[4]，这样肯定能使报纸畅销。威廉斯一直

[1] 指雪莱。

[2] 霍屯督（Hottentot）人是西南非洲的一个种族。

[3] 耶胡（Yahoos），英国作家斯威夫特所著《格列佛游记》中的人形兽，比喻粗汉，乡愚。

[4] 系拜伦的诗作。——原注

在里窝那等候雪莱，等得他心焦如焚，坐立不安。他从未这么长久地与妻子分离过，急得他连声抱怨。雪莱接二连三地给他写信，向他解释自己迟迟不归的原因。

7 月初，天气闷热得令人窒息。"意大利的骄阳如火如荼。"农夫们只得在太阳当头的日中时分停止在田里的工作。雨水不足，旱情严重。牧师们举着圣像，列队迎神，祈求上苍降雨祐民，这种景象到处可见。

8 号上午，雪莱与特里劳尼到达里窝那后，立即去银行取款，然后，到各家商店为马尼府采购各类用品。接着，三位朋友一起匆匆径奔港口。特里劳尼想驾驶"博利瓦"号陪伴"爱丽儿"号一起返航。此时，天空逐渐阴沉下来，不一会就乌云密布，一阵微风从莱里西刮起。罗伯茨船长断定暴风雨即将来临。威廉斯归心似箭，执意要起航。他肯定地说，他们只需 7 个小时便可到达目的地。

中午时分，雪莱、威廉斯和他们的见习水手已登上"爱丽儿"号；特里劳尼也登上了"博利瓦"号作起航的准备。港口里的水上巡逻船开来检查他们的证件。"这是'唐璜'号吗[1]？船主是珀西·雪莱吗？行了。"特里劳尼没有防疫证书，试图蒙混过去，那水上警官便威胁他，说他如果想不办手续蒙混过关，就得扣留他 15 天，罚为检疫期。特里劳尼只得乖乖地表示立即就去照章办理，但威廉斯再也按捺不住了。再说，此时已是下午两点钟，他们该争分夺秒，不能再白白浪费时间，更何况海上风势正小，如不及时出发，他们在夜幕降临时回到家中是很困难的。

---

[1] "爱丽儿"号原名"唐璜"号，登记时用的原名，故巡逻船查问时，仍用原名。

“爱丽儿”号几乎与另两艘意大利帆船同时起锚出港。特里劳尼见此情景，满心不快，只得抛锚泊船，降下船帆，手持望远镜眼巴巴地看着两位朋友的船离去。他船上的那位热那亚舵手对他说：“其实，他们应当在今天早上动身，在凌晨 3 点钟或 4 点钟动身就万无一失了……他们驾驶得离海岸太近，激流会使他们在浅水滩上搁浅的。”

“陆地上的风马上就会吹过去的。”特里劳尼说。

“他们也许会吃风过多，”热那亚人说，“这艘船既无甲板，又无名副其实的水手，却配备着这么一副帆具，简直是在发疯！……你瞧那儿，天际呈现出的这些黑线，上面还有团团乌云在翻滚着，还有这水面上的烟雾。魔鬼又在准备作恶了。”

罗伯茨船长站在堤上，也在观察“爱丽儿”号的动向。当他已望不见它时，他还是放不下心来，便爬上灯塔柱上远眺，只见一阵急风暴雨扑向小船，小船上立即收起一部分帆具。接着，滚滚的乌云把小船完全遮住了。

港口码头上，空气炽热得令人窒息。某种使人心头沉重的宁静仿佛把空气都凝结住了。特里劳尼已经精疲力竭，便钻进船舱，不由自主地打起盹来。过了一会，他被一阵铁链声吵醒，原来是海员们重新又在向海中增抛新锚。整个港口出现了一阵紧张不安的骚动，这种忙乱是暴风雨来临之前所常见的。每条船上都在卸下船帆和桅杆，系上缆绳，轧轧的铁锚声响成一片。空中顿时乌云笼罩，变成漆黑一团，海面就像一块黑铅那样平静、阴沉；阵阵凉风拂过水面，激不起一丝波纹；大滴大滴的雨点拍打在海面上，水花四溅。渔船都挤成一团，争先恐后地急速驶过。耳边只听见阵阵哨声、口令声、叫喊声。突然间，霹雳一声，雷声大作，压倒了人们的喧哗声。

数小时后，天空放晴，特里劳尼和罗伯茨用望远镜久久地探索着整个海湾，在静静的海面上已看不见一丝船影。

两位夫人在海湾的另一端等候着她们丈夫的音讯。玛丽神情不安，忧心忡忡，这酷热的盛夏使她心惊胆战。她的小威廉就是在这样的天气里死去的，她忐忑不安地瞧着自己怀中的婴孩。这孩子身体倒挺好，正在起劲地吃奶。但是，玛丽坐在凉台上，面对着这世界上最美妙的景致，却情不自禁地郁悒起来。她的眼睛里无缘无故地饱噙着就要夺眶而出的泪水。她心中暗暗想道："只要他，只要我的雪莱回来，我就会幸福了。他会安慰我的。如果他的儿子生病，他也会治好他的，并且还会鼓起我的勇气。"

星期一，珍妮收到她丈夫星期六写的一封来信。他在信中写道，雪莱一直因故留在比萨，"如果他星期一还不来，我就独自搭船先回。请等着我，我最晚星期一到家。"这封信正好是暴风雨大作的那天邮到的。玛丽和珍妮见海上波涛汹涌，压根儿就没想到这不堪风浪一击的"爱丽儿"号会在这种天气起航。星期二，下了一整天的雨，那节奏单调的绵绵细雨淅淅沥沥地洒落在平静的海面上。星期三，风从里窝那方向吹来，有好几艘帆船顺风驶抵这里，其中一条船上的船主说，"爱丽儿"号是在星期一启碇出发的，但玛丽和珍妮并不相信他的话。星期四，仍然刮着顺风。两位妇女一刻不离凉台，引颈鹄候。她们每时每刻都以为见到了白帆高耸的小船在绕过海岬，徐徐驶来。到了半夜，她们仍然坐在凉台上守候着，心里焦虑不安地猜测，不知她们的丈夫是否因得了什么病而耽搁在里窝那。由于夜色逐渐深沉，珍妮坐立不安，愁绪满怀，她决定于次日早晨租船前去寻访他们的踪迹。但翌日凌晨，狂风大作，海上怒涛滚滚，船夫都拒绝出海。到了中午，送来了一叠信件，其中有一封是亨特写给雪莱的。玛丽战战兢兢地把信拆开。信中写道："请来信告知你们是如何到家的，因为星期一你们走后，天气变得极为恶劣，我们为此深感不安。"

信从玛丽手中滑落下来，她急得全身发抖。珍妮拣起信来，读了一遍，说道："照这样看来，一切都完了。"

"不，亲爱的珍妮，还没到一切都完了的地步。不过，这么等待着实在叫人受不了。请跟我来，我们一起去里窝那。为了不耽误时间，我们尽快从陆路赶去，碰碰我们的运气吧！"

从莱里西到里窝那走陆路要经过比萨。她们俩在比萨停留片刻，去拜伦家询问音讯。她们到拜伦家的门口敲了敲门，一个意大利女仆在里面应声问道："谁呀？"（因为此时天色已晚）然后就给她们开了门。拜伦已经上床就寝了，但吉西奥利伯爵夫人满面堆着笑容，下楼来招呼她们。她见到玛丽形容怕人，苍白得像大理石一样，她不禁惊讶万状，止步不前。

"他在哪儿？您知道雪莱的情况吗？"玛丽问道。这时，拜伦也已继他情妇之后走下楼来。他只知道雪莱已于星期日离开比萨，星期一上船动身，那天天气确实不好。别的事情，他就一无所知了。

两位妇女不肯留下来休息片刻，就动身去里窝那。她们于凌晨两点钟到达里窝那。车夫把她们送到当地一家旅店，她们在那儿既没见到特里劳尼，也没见到罗伯茨船长。于是，她们只得和衣躺下，等待天亮。早晨6点钟，她们跑遍了里窝那所有的旅店，在"环球"旅社找到了罗伯茨。罗伯茨满面惊慌地走下楼来，她们从他那儿知道了这可怕的一周内所发生的一切事情。

然而，他们仍然抱着一线希望。“爱丽儿”号也许被暴风刮到科西嘉岛或厄尔巴岛上去了。玛丽与珍妮立即派人到海湾那儿搜寻，逐村细细查问，是否有人看到过遇难船只的漂流物。到了早晨 9 时，她们就在特里劳尼的陪伴下匆匆赶回马尼府。途经维亚雷焦镇时，有人告诉她们，在海滩上发现一只小舢板和一个水桶。特里劳尼急忙赶去察看，发现小舢板确实是“爱丽儿”号上的那只小船。但也许是因为遇到了坏天气，船上的人嫌小艇累赘，把它从船上扔进海里的。珍妮和玛丽回到马尼府时，当地村民正在过节。整个晚上，歌舞声响彻夜空，使她们俩无法入眠。

特里劳尼事先关照海洋巡逻船上的人员，如果谁能提供一些消息的，一定有赏。过了五六天后，特里劳尼被叫到维亚雷焦，在那儿的海滩上发现了一具尸体。尸体的模样十分可怕，惨不忍睹，因为尸体上所有没被衣服遮住的皮肉都已被鱼类咬得满是鳞伤。但那细高的身形是特里劳尼十分熟悉的，毋庸置疑，这尸体就是雪莱的残骸。他在这具尸体的一个上衣口袋里找到一本索福克勒斯的作品；在另一个口袋里有一本济慈[1]的诗集，这本书是打开着放在兜里的，读这本书的人好像是因为暴风雨的突然来临而中止了阅读，匆促之间把它放进口袋去的。威廉斯和见习水手的尸体几乎是在同时，也被人找到了。他们两人的尸体是被海水冲到岸边的，与雪莱的尸体相距不远，却更加血肉模糊。特里劳尼请人把三具尸体埋在沙滩上，以防海浪把它们冲走。埋好后，他立刻向马尼府飞奔而去。

---

[1] 济慈（John Keats，1795—1821），英国诗人，著有《夜莺颂》、《秋颂》 等抒情诗。

特里劳尼在马尼府的门槛上却步站定。他没有瞧见一个人影，只有一盏灯亮着。也许这两个寡妇还在彼此设想一些理由，对丈夫的生还寄予一丝希望。特里劳尼不禁回想起他最后一次到此拜访的情景。那时，这两家人聚坐在凉廊上，繁星倒映在他们脚下一平如镜、波光粼粼的海面上。威廉斯喊道："多美的夜晚啊！"特里劳尼乘船绕过海湾，划近"博利瓦"号。那时，远远传来珍妮用吉他伴唱的歌声。接着，雪莱那刺耳的笑声震动了寂静的夜空。特里劳尼怀着幸福的心情久久地倾听着从这两个美满的家庭所传出的愉快的欢乐声。

一声叫喊打断了特里劳尼的幻梦。卡特琳娜奶妈在穿过大厅时瞅见特里劳尼站在门口，就叫了起来。特里劳尼硬着头皮上楼，不经通报便走进房中，玛丽和珍妮正在那儿相对而坐。他进屋后一言不发。玛丽·雪莱那对褐色的大眼睛紧紧地盯着他，目光强烈得令人难以置信。她叫了一声："难道没有希望了吗？"特里劳尼无可回答，默默地走出房来，吩咐奶妈把孩子们送到他们的母亲身边去。

十九　尾 声

玛丽倒是希望把雪莱埋葬在他生前觉得十分优美的罗马公墓里，紧挨他儿子的墓边。但是，这里的卫生条例是不允许把被海水浸泡过的浮尸转移到别处去的。特里劳尼建议按古希腊人的方式在海滨火化两具尸体。殡仪日期确定后，特里劳尼派人通知了拜伦和亨特。是日，他自己乘坐“博利瓦”号赶到火化现场。托斯卡纳的地方当局派了一班士兵到现场协助，他们身穿杂役制服，手持铁锹与镐。

先掘威廉斯的尸体。他的朋友们站在灼人的沙滩上，静静地看着士兵们操作。他们怀着悲伤、恐怖和好奇的复杂心情等待着第一具残骸被发掘出来。他们先瞧见了黑丝手帕的一角，然后看见了衣领，最后，整具尸体终于被掘了出来。这尸体已腐烂得不成样子。士兵们稍一碰它，四肢顿时就脱离躯干。士兵们是用大钳子进行工作的，这些大钳子与动苦刑时的刑具很相似。

拜伦看着这一堆不成样子的骸骨和皮肉说道：“这是一具人的尸体吗？不如说这是一副山羊的残骸呢。”他内心悲恸万分，但偏要竭力掩饰这种感情，因为他觉得这有失于自己的身份，显得很小市民气，于是，故意在外表上不露痕迹，装得泰然自若。当士兵们拿起头颅骨时，他对他们说：“等一下！让我看一下颚骨。”接着，他又说：“我可以从牙齿上认出一个我曾与之交谈过的人来……我总是看着人家的嘴，因为嘴会说出眼睛试图隐藏的心事。”

一大堆引火的松木已准备停当，堆得老高。特里劳尼拿火把点燃这堆束薪，透着松脂香味的熊熊烈火在凝滞的空气里升腾而起。烈火散发出一股灼人的热量，使围观的人不得不向后退缩。骸骨燃烧起来时，给熊熊的烈火增添了一阵阵纯洁的银光，拜伦和亨特在火势稍弱时走近前去，在松木堆成的灵床上洒下香料、盐和酒。

“走吧！”拜伦突兀地说，“既然海水淹死了我们的朋友，咱们就来试试这海水有多大力量吧……当他们的船沉没时，他们到底离岸有多远？”

此时，在拜伦的忧伤情绪中无疑还掺杂着这样一种乐观的信念：自己既然曾泅水横渡过赫利斯蓬特海峡，想必是不至于会被这细浪滚滚的海洋所吞噬。他脱去衣服，跃身入水，很快就游远了。特里劳尼和亨特在后跟随他游去。他们从海面上回头观望，海滩上熊熊燃烧着的火堆只不过是一朵闪烁不停的小小火花而已。

第二天，轮到为雪莱举行火化仪式了。雪莱的尸体是在前些日子被掩埋在维亚雷焦镇附近的沙滩上的，掩埋的地点位于大海与松林之间。

这一天，风和日丽。在强烈的阳光下，令人炫目的、黄澄澄的沙滩与蔚蓝的海水交相辉映，蔚为奇观。从树梢上望去，只见远处亚平宁山脉此起彼伏，白皑皑的峰峦勾勒出一幅线条隐晦、犹如云石般冷谧的背景，画面上云雾缭绕。这壮丽的景色是雪莱生前深为赞赏的。

本地许多孩子都来围观这一罕见的场面。但人人都保持着肃静，就连拜伦也神色沮丧，浮想联翩。“啊！这个意志坚强如钢的人，”他寻思着，“这就是这个有着非凡勇气的人所遗留下的东西……普罗米修斯，你曾向朱庇特挑战……而你现在却这副样子……”

士兵们挖掘着，却始终找不到尸体。突然，发出一声低沉而空洞的响声，这说明铁镐已劈碎了头颅。拜伦不禁起了一阵寒噤。他忽然想起自己和雪莱一起在日内瓦湖中遇到暴风雨的那一段情景。他们在湖上遇险的那天，雪莱交叉抱着双臂，气概英勇，却又无能为力。在拜伦看来，雪莱的这一形象就是他壮丽的一生颇确切的象征：“人们都把他判断错了……在我所认识的人中，他是最好的一个人，最不自私的人。……他是一位地地道道的绅士！他也许就是上流社会的沙龙里最完美的人物。”

雪莱的尸体上撒满了石灰，几乎已全部被烧焦。大家又把香料、油和盐投入火焰中，还在尸体上泼了大量的酒，酒几乎溢流成河。熊熊燃烧的烈火灼热得使空气也颤动起来。烧了将近三个小时，雪莱那颗巨大的心脏还没化尽。特里劳尼把手探入烈火堆里，取出了这块遗骸。已被一位士兵用镐劈裂了的头颅骨像是一口锅似地张开着，里面的脑髓被烈火煮得沸滚，经久不息。

拜伦不忍目睹这一惨状。他又像头一天那样，一丝不挂地跳入海中，向停泊在海湾深处的“博利瓦”号游去。特里劳尼把骨灰和发白的骸骨抄起，装入他随身带来的一只用黑丝绒衬里的橡木骨灰匣里。本地的孩童们好奇地看着他。他们彼此相告，说是把这些残骸带到英国去后，死人就会从他们的骨灰中复活过来。

现在也许应该把这个故事的几个主要人物的结局交代一下。

蒂莫西·雪莱爵士一直活到91岁。玛丽从他那儿得到一份微薄的津贴，但必须答应，在老迈年高的男爵在世时决不发表她丈夫的遗诗和传记。蒂莫西·雪莱男爵去世后，珀西·佛罗伦萨继承了爵位和财产；因为哈丽雅特所生的儿子已在幼年时夭折。

不幸的遭遇把玛丽和珍妮这两位寡妇结合在一起，彼此相依为命。在相当长一段时期里，她们俩一直住在一起，先是住在意大利，后来又回到伦敦居住。她们丈夫生前的好友对她们忠心耿耿。特里劳尼向玛丽求婚，而那位怀疑主义者霍格后来也向珍妮求婚。玛丽婉言拒绝了特里劳尼的要求，推托说她认为玛丽·雪莱的名字非常动人，她永远也不愿改掉这个名字。而珍妮却答应了霍格的求婚，但她在举行婚礼时承认，她并没与威廉斯结过婚。她的正式丈夫住在印度某地。她说这些话并不是为了吓唬霍格，而是为了使他们免去一切仪式。从此，他们俩形影不离，相敬如宾地生活在一起。霍格的为人虽然精明、勤勉，但仍不免是一个庸庸碌碌的律师，他缺乏口才与热情。到晚年，他成了一位胆小怕事、十分消沉的老先生，整天阅读希腊文和拉丁文作品，以排遣愁思。

克莱尔一直待在欧洲大陆，在俄罗斯当一名小学教员。后来，她在蒂莫西爵士去世后得到雪莱遗赠给她的一笔数目可观的款子，使她晚年免遭贫困。

这三位妇女年纪越大，就越是争吵不休。珍妮硬说雪莱生前在比萨和马尼府居住的最后几个月中一心只爱她一个人。这些话传到玛丽耳边，她怒不可遏，再也不愿见到珍妮。珍妮逐渐变成一位有些耳聋的老妇人，但仍然显得很可爱，当她谈起雪莱这位诗人时，双目依然闪烁着喜悦的光芒。

克莱尔花了好几年的工夫在准备撰写一本书。她在这本书中想以雪莱、拜伦和她自己的事情为例来说明，一个人要获得终身幸福就必须对爱情抱有世俗的想法，否则是谈不上什么幸福的。但是，她有些精神失常，不得不长期休养。后来，她在佛罗伦萨度她的有生之年，皈依了天主教，热衷于从事慈善事业。

大约在 1879 年，一位搜集有关拜伦和雪莱的资料的年轻人前来请求克莱尔回忆一下有关这两位诗人的往事。他刚说出这两位诗人的名字，只见这位老妇人布满皱纹的脸上马上就呈现出一阵少女般的微笑，这种腼腆但又含意深沉的微笑曾在她 20 岁的妙龄时期里使她显得十分妩媚动人。

“好吧，”她说，“我猜想您也和别人一样，您以为我那时爱的是拜伦吗？”

由于他十分惊讶地注视她，她接着又说：

“年轻的朋友，总有一天您会更好地理解女子的心。我曾被拜伦所迷惑，但我并不爱他……没准我会爱上他，但事实并非如此。”

他们沉默了半晌。末了，那来访者踌躇不决地问道：

“夫人，难道您从没爱过吗？”

她脸涨得通红，一言不发，定睛注视着地面。

“雪莱呢？”他低声问道，声音低得几乎听不清。

“我全心全意地爱着他。”老妇人满怀激情地答道，她连眼皮也不抬一下。

然后，她带着一副迷人的媚态，在他的脸颊上轻轻地拍了一下。

为好奇的读者作的注释

最好的原始资料是 R. 英彭出版的《书信集》。在默里先生出版的未发表过的《拜伦通讯集》里也可找到一些重要信件。

霍格所著的《雪莱传》是一本生动有趣的书，但意思极不连贯。梅德温所著的《雪莱传》写得平庸无奇。特里劳尼写的《雪莱、拜伦和作者本人的经历》从任何角度来看都是一本十分出色的书。威廉斯的《日记》稍为逊色，不十分有趣。皮科克所写的《一生》只是对了解雪莱和哈丽雅特的离婚经过有些用处。

在现代的传记中，多敦所著的传记（两卷）是必读之书。另外也可阅读克拉顿 · 布罗克的《雪莱，常人与诗人》，格里布尔的《雪莱的浪漫生活》，加尼特的《雪莱的遗物》，罗塞蒂的《雪莱的意大利朋友》，安娜 · 麦克马恩的《与雪莱一起在意大利》，格雷厄姆的《与雪莱、拜伦和济慈的最后联系》。有关雪莱的死，目前描写最真实的是圭多 · 皮亚齐所著的书。

F. 拉勃曾发表了一本法文版的《雪莱的一生》和雪莱作品的译文集。M. 科苏尔也曾用法文发表了一篇有关《雪莱的青年时代》的论文。

关于雪莱的诗集，应该读一下 F. 汤普森的评论。安德烈·谢弗里永在《英国研究》一书中的那篇精彩的专论尤其值得一读。

雪 莱 年 谱

谭立德

1792 年 8 月 4 日　珀西 · 比希 · 雪莱出生于荷斯汉附近，瓦恩汉的菲尔德庄园。

1802—1804 年　在勃莱特福德附近的锡安山学校学习。

1804 仲夏—1810 年　在伊顿求学。

1810 年　发表《扎斯特鲁齐》（4 月）和《维克多和卡齐尔的诗的原作》（9 月）。10 月进牛津大学学习，结识托马斯·杰斐逊·霍格。发表《马伽雷特·尼乔尔逊的遗篇》（11 月）和《圣 · 伊尔维纳》（或《玫瑰十字会会员》）（12 月）。回家过圣诞节，与哈丽雅特 · 格罗夫绝交。

1811 年　3 月 25 日因发表《论无神论的必要性》小册子被开除出牛津大学。6 月，开始与希契纳小姐通信。8 月 28 日与哈丽雅特 · 韦斯特布鲁克结婚。11 月，去凯齐克居住，遇骚塞。

1812 年　1 月开始与威廉 · 葛德文通信。2 月 12 日至 4 月 4 日，访问爱尔兰，散发了《致爱尔兰同胞书》，并在都柏林发表有关天主教徒解放问题的讲话。6 月至 8 月，在林茅斯，撰写《致埃伦巴勒爵士的信》和《麦布女王》。10 月，在伦敦遇葛德文。

1813 年　2 月，写完《麦布女王》(6 月发表)。重游爱尔兰。4 月，在伦敦。6 月，艾安茜出生。7 月至 10 月在布拉克内尔。10 月至 12 月在爱丁堡。12 月在温索尔租赁一所房子，以后几个月中经常往返于布拉克内尔和伦敦之间。

1814 年　年初发表《驳自然神论》。7 月与哈丽雅特最后决裂。与玛丽·伍尔斯特奈克拉夫特·葛德文结合。7 月底至 9 月中，去法国、瑞士等地。11 月，哈丽雅特分娩，查尔斯·比希出生。

1815 年　1 月，雪莱的祖父去世。秋季，撰写《阿拉斯特或孤独的精神》。

1816 年　1 月，玛丽分娩，威廉出生。3 月，发表《阿拉斯特或孤独的精神》。5 月到 9 月，在瑞士，结识拜伦。12 月 10 日哈丽雅特自杀。12 月 30 日与玛丽正式结婚，然后去意大利，遇利·亨特。

1817 年　2 月 5 日与济慈初次会面。3 月在马洛镇。被剥夺抚养哈丽雅特身后留下的子女。开始撰写《伊斯兰起义》。9 月 2 日克拉拉出生。

1818 年　1 月发表《伊斯兰起义》。4 月到意大利。游览比萨、里窝那等地。8 月，与拜伦一起在威尼斯。9 月，去埃斯特。克拉拉死。写作《亚平宁山道》,《解放了的普罗米修斯》第一幕。11 月，游览罗马和庞贝，并在那不勒斯逗留。

1819 年　离开那不勒斯。3 月 5 日与 6 月 10 日，在罗马，写《解放了的普罗米修斯》第二、第三幕。6 月 7 日，小威廉夭折。6 月至 10 月，在里窝那附近。写完长诗《钦契》。10 月，去佛罗伦萨。11 月，珀西·佛罗伦萨诞生。写作《有关改革的哲学见解》、《“虐政”的假面游行》、《西风颂》和《解放了的普罗米修斯》第四幕。

1820 年　1 月，去比萨。6 月，去里窝那。发表《解放了的普罗米修斯》和其他诗篇。8 月，去比萨附近的圣朱利亚诺。写作《阿特拉斯的女巫》和《俄狄浦斯暴君》。10 月 30 日回比萨。

1821 年　1 月至 2 月，写作《心之灵》(6 月发表)。2 月，济慈去世。2 月至 3 月，写作《诗辩》，结识威廉斯夫妇。5 月 8 日至 10 月 25 日，主要在圣朱利亚诺。6 月，写作《阿童尼》(此文于 7 月在比萨印刷)。8 月，去拉文纳拜访拜伦。写作《海拉斯》。10 月，拜伦到比萨。

1822 年　1 月，爱德华·约翰·特里劳尼到比萨。发表《海拉斯》(春季)。5 月 1 日，迁居斯佩西亚海湾附近的马尼府。6 月，写作《生命的胜利》。6 月 20 日在里窝那遇利·亨特。7 月 8 日，在海上遇难身亡。

图书在版编目（CIP）数据

雪莱传／（法）莫洛亚著；谭立德，郑其行译．—杭州：浙江大学出版社，2013.8

书名原文：Ariel ou la vie de Shelley

ISBN 978-7-308-12183-5

Ⅰ.①雪… Ⅱ.①莫…②谭…③郑… Ⅲ.①雪莱，P.B.（1792～1822）－传记 Ⅳ.①K835.615.6

中国版本图书馆CIP数据核字（2013）第201761号

雪莱传

[法] 安德烈·莫洛亚 著　　谭立德 郑其行 译

责任编辑 王志毅
文字编辑 张兴文
营销编辑 李嘉慧
装帧设计 姜艳艳
出版发行 浙江大学出版社
（杭州天目山路148号　邮政编码310007）
（网址：http:// www.zjupress.com）
排　　版 北京百川东汇文化传播有限公司
印　　刷 北京天宇万达印刷有限公司
开　　本 635mm×965mm　1/16
印　　张 17.75
字　　数 199千
版 印 次 2013年9月第1版　2013年9月第1次印刷
书　　号 ISBN 978-7-308-12183-5
定　　价 42.00元

浙江大学出版社发行部联系方式：（0571）88925591；http://zjdxcbs.tmall.com

浙江省版权局著作权合同登记图字：11-2013-196